AF401987

Bibliothèque de Philosophie scientifique

D' GUSTAVE LE BON

Psychologie de l'Éducation

L'éducation est l'art
de faire passer le conscient
dans l'inconscient.

TREIZIÈME ÉDITION

Augmentée de plusieurs chapitres sur les méthodes
d'éducation en Amérique

PARIS

ERNEST FLAMMARION, ÉDITEUR

26, RUE RACINE, 26

Treizième mille.

Psychologie de l'Éducation

PRINCIPALES PUBLICATIONS DU D' GUSTAVE LE BON

1° VOYAGES, HISTOIRE, PHILOSOPHIE

Voyage aux monts Tatras, avec une carte et un panorama dressée par l'auteur (publié par la *Société géographique de Paris*).

Voyage au Népal, avec nombreuses illustrations, d'après les photographies et dessins exécutés par l'auteur pendant son exploration (publié par le *Tour du Monde*).

L'Homme et les Sociétés. — Leurs origines et leur histoire. Tome Ier : Développement physique et intellectuel de l'homme. — Tome II : Développement des sociétés. (*Épuisé.*)

Les Premières Civilisations de l'Orient (Égypte, Assyrie, Judée, etc.). Grand in-4°, illustré de 430 gravures, 2 cartes et 9 photographies. (Flammarion.)

La Civilisation des Arabes. Grand in-4°, illustré de 366 gravures, 4 cartes et 11 planches en couleurs, d'après les photographies et aquarelles de l'auteur. (Firmin-Didot.) (*Épuisé.*)

Les Civilisations de l'Inde. Grand in-4°, illustré de 352 photogravures et 2 cartes, d'après les photographies exécutées par l'auteur. 2° édition. (*Épuisé.*)

Les Monuments de l'Inde. In-folio, illustré de 400 planches d'après les documents, photographies, plans et dessins de l'auteur. (Firmin-Didot.) (*Épuisé.*)

Lois psychologiques de l'évolution des peuples. In-18. 9° édition.

Psychologie des foules. 1 vol. in-18. 15° édition.

Psychologie du Socialisme. 1 vol. in-8°. 6° édition.

Psychologie de l'Éducation. 1 vol. in-18. 13° mille.

Psychologie politique. 1 vol. in-18. 6° mille.

2° RECHERCHES EXPÉRIMENTALES

La Fumée du Tabac. 2° édition augmentée de recherches nouvelles sur l'acide prussique, l'oxyde de carbone et divers alcaloïdes nouveaux que la fumée du tabac contient. (*Épuisé.*)

La Vie. — Traité de physiologie humaine. — 1 volume in-8° illustré de 300 gravures. (*Épuisé.*)

Recherches expérimentales sur l'Asphyxie. (Comptes rendus de l'Académie des sciences.)

Recherches anatomiques et mathématiques sur les lois des variations du volume du crâne. (Mémoire couronné par l'*Académie des sciences* et par la *Société d'Anthropologie de Paris*.) In-8°. (*Épuisé.*)

La Méthode graphique et les Appareils Enregistreurs, contenant la description de nouveaux instruments de l'auteur. 1 vol. in-8°, avec 63 figures dessinées au laboratoire de l'auteur. (*Épuisé.*)

Les Levers photographiques. Exposé des nouvelles méthodes de levers de cartes et de plans employées par l'auteur pendant ses voyages. 2 vol. in-18. (Gauthier-Villars.)

L'équitation actuelle et ses principes. — Recherches expérimentales. 3° édition. 1 vol. in-8°, avec 73 figures et un atlas de 200 photographies instantanées. (Firmin-Didot.) (*Épuisé.*)

Mémoires de Physique. Lumière noire. Phosphorescence invisible. Ondes hertziennes. Dissociation de la matière, etc. (*Revue scientifique.*)

L'Évolution de la Matière (18° mille), avec 62 figures. (Flammarion.)

L'Évolution des Forces (10° mille), avec 40 figures. (Flammarion.)

L'Évanouissement de la Matière. 1 vol. in-18. (Librairie du *Mercure de France.*)

Il existe des traductions en Anglais, Allemand, Espagnol, Italien, Danois, Russe, Arabe, Polonais, Tchèque, Turc, Hindoustani, Japonais, etc., de quelques-uns des précédents ouvrages.

Bibliothèque de Philosophie scientifique

sychologie de l'Éducation

PAR

GUSTAVE LE BON

L'éducation est l'art de faire
passer le conscient dans l'inconscient.

TREIZIÈME ÉDITION

Augmentée de plusieurs chapitres sur les méthodes d'éducation
en Amérique.

PARIS

ERNEST FLAMMARION, ÉDITEUR

26, RUE RACINE, 26

1910

PSYCHOLOGIE DE L'ÉDUCATION

PRÉFACE

DE LA TREIZIÈME ÉDITION

Cet ouvrage a eu beaucoup de lecteurs. Ses nombreuses éditions et ses traductions en plusieurs langues [1] le prouvent. Cependant son influence sur les universitaires est restée très faible. Encadrés par de rigoureux programmes, les professeurs ne peuvent enseigner que les matières de ces programmes, et ils les enseignent nécessairement avec les méthodes qui servirent à leur propre instruction.

Bien d'autres raisons, d'ailleurs, s'opposent à la transformation de notre système d'éducation. On les trouvera exposées dans cet ouvrage. Elles montrent pourquoi les meilleures volontés seraient impuissantes aujourd'hui à rien changer.

Une preuve nouvelle de cette impuissance me fut fournie dans la circonstance que voici :

A la suite de la lecture d'une des premières éditions de ce livre, un éminent sénateur, que je ne connaissais que de réputation, le professeur Léon Labbé,

---

1. Sur la première page de la traduction russe on lit : « Cette traduction a été faite par le général Serge Boudatevsky, sur le désir exprimé par son Altesse Impériale, le grand duc Constantin Constantinovich, président de l'Académie des sciences et directeur des Ecoles militaires de la Russie ».

membre de l'Académie des sciences et de l'Académie de médecine, vint me voir pour m'entretenir de son intention de prononcer un discours énergique au Sénat dans le but d'obtenir la réforme de notre enseiguement. Le savant académicien revint plusieurs fois discuter ce sujet avec moi. Le résultat final de nos discussions fut que pour transformer notre système d'éducation, il faudrait d'abord changer l'âme des professeurs, puis celle des parents, et enfin celle des élèves. Devant cette évidence, l'illustre sénateur renonça de lui-même à prononcer son discours.

Dans mes précédentes éditions, je m'étais borné à dire quelques mots de l'enseignement à l'étranger. Considérant qu'il serait utile d'entrer dans des détails. j'ai consacré plusieurs chapitres de cette nouvelle édition, à étudier les méthodes d'éducation adoptées par les professeurs dans le pays où l'enseignement atteint son plus haut degré de perfection : les États-Unis d'Amérique. Cet exposé montrera combien est profond l'abîme séparant leurs conceptions des nôtres. Guidés par une psychologie très sûre, les maîtres savent développer chez l'élève l'esprit d'observation, la réflexion, le jugement et le caractère. Le livre joue un rôle très faible dans cet enseignement et la récitation un rôle nul. C'est exactement le contraire de ce qui se passe dans notre Université. De l'école primaire à l'enseignement supérieur, le jeune Français ne fait que réciter des leçons. De rares esprits indépendants échappent à l'influence universitaire, mais la grande masse des élèves en gardent toute leur vie la funeste empreinte. Et c'est pourquoi, si nous avons en France un petit noyau d'hommes supérieurs qui maintiennent un peu notre rang dans le monde, les hommes moyens, vrais soutiens d'une civilisation, nous font de plus en plus défaut. Comment se formeraient-ils, puisque notre enseignement ne les crée pas?

On trouvera à chaque page de ce livre la preuve, fournie par les universitaires eux-mêmes, que tout leur enseignement consiste à faire réciter des manuels. Dans la plus réputée de nos grandes Écoles, l'École Polytechnique, la méthode est la même. L'élève se borne à apprendre par cœur, pour les réciter le jour de l'examen, des choses qui, n'étant entrées dans l'entendement que par la mémoire, seront bientôt oubliées.

Le très pauvre enseignement donné dans cette École a été fort bien jugé par un ancien polytechnicien, actuellement inspecteur général des Mines, M. A. Pelletan, dans un mémoire publié par la *Revue générale des Sciences* du 15 avril 1910. En voici un court extrait :

L'instruction tournée uniquement vers les questions d'examen y perd tout caractère scientifique et n'exerce que la mémoire. Comme on ne demande au polytechnicien que d'apprendre son cours, et qu'on n'exige de lui aucun travail personnel, rien ne permet de distinguer sa véritable valeur : ceux qui ont beaucoup de mémoire et peu d'intelligence peuvent obtenir des notes de supériorité, même en mathématiques. On les retrouve souvent à la sortie dans les premiers rangs.

La transformation de notre enseignement étant à peu près impossible, à quoi peut bien servir un nouveau livre sur l'éducation? Ne sait-on pas, d'ailleurs, que les piles innombrables de ceux qui paraissent journellement sur ce sujet n'ont guère d'autres lecteurs que leurs auteurs ?

C'est justement ce que je me disais lorsque, il y a plus de sept ans, navré de l'état d'abaissement où nous conduisait notre Université, je songeais à rédiger ce volume. Je me résolus cependant à l'écrire, d'abord parce qu'on ne doit jamais hésiter à dire ce qu'on croit utile, et ensuite parce que j'étais persuadé que, tôt ou tard, une idée juste finit toujours par germer, quelque dur soit le rocher où elle est tombée.

Je n'ai pas regretté la publication de cet ouvrage. Il a eu des lecteurs nombreux, sur lesquels je ne comptais guère, et une influence spéciale moins espérée encore. Cette influence ne s'est pas exercée sur une Université, trop vieille pour changer, mais sur une catégorie d'hommes auxquels je n'avais nullement songé.

Il est advenu, en effet, que mes recherches ont fini par trouver un écho dans une importante école, destinée à former nos futurs généraux. Je veux parler de l'*École de guerre*, établissement très heureusement soustrait à l'action de l'Université. De savants maîtres, le général Bonnal, le colonel de Maud'huy, et bien d'autres y ont inculqué à une brillante élite d'officiers les principes fondamentaux développés dans cet ouvrage.

C'est dans la profession militaire surtout que devait apparaître l'utilité de méthodes permettant de fortifier le jugement, la réflexion, l'habitude de l'observation, la volonté et la domination de soi-même.

Acquérir ces qualités, puis les faire passer dans l'inconscient, de façon à ce qu'elles deviennent des mobiles de conduite, constitue tout l'art de l'éducation. Les officiers ont parfaitement compris ce que les universitaires n'avaient pu saisir. Une nouvelle preuve m'en a été fournie par l'ouvrage récent de M. le commandant d'état-major Gaucher, *Étude sur la psychologie de la troupe et du commandement*, où se trouvent reproduites les conférences faites par lui à des officiers pour leur exposer les méthodes d'éducation que j'ai développées, en me basant sur les données modernes de la Psychologie. Ce sera peut-être par l'armée que notre Université subira la transformation qu'elle refuse d'accepter.

Ce n'est pas seulement dans l'armée française que les principes d'éducation établis dans cet ouvrage commencent à se répandre. Dans une fort remarquable étude publiée par *The Naval and military Gazette* du 8 mai 1909, l'auteur s'exprime ainsi :

« On n'a jamais donné une meilleure définition de « l'éducation que celle due à Gustave Le Bon : « L'édu- « cation est l'art de faire passer le conscient dans « l'inconscient ». Les chefs de l'état-major général « anglais ont accepté ce principe comme la base fon- « damentale de l'établissement d'une unité de doc- « trine et d'action dans l'éducation militaire dont « nous avions si besoin. »

L'auteur montre très bien l'application de ce principe dans les nouvelles instructions de l'état-major. Ce dernier a fort bien compris que ce n'est pas la raison mais l'instinct qui fait agir sur le champ de bataille, d'où la nécessité de transformer le rationnel en instinctif par une éducation spéciale. C'est de l'inconscient que surgissent les décisions rapides. « L'habileté et l'unité de doctrine doivent, par une éducation appropriée, être rendues instinctives. » On ne saurait mieux dire.

1.

LIVRE PREMIER

LES ENQUÊTES SUR LA RÉFORME DE L'ENSEIGNEMENT

CHAPITRE PREMIER

Les nouvelles conceptions des maîtres de l'Université en matière d'enseignement.

I

L'histoire des persévérantes et très inutiles tentatives faites depuis trente ans en France pour modifier notre système d'éducation est pleine d'enseignements psychologiques. Elle contribue à prouver à quel point la destinée des peuples est régie par leurs idées héréditaires et combien illusoire cette indéracinable conception latine que les institutions sont filles de la raison pure et peuvent se modifier à coups de décrets

Depuis longtemps les voix les plus autorisées ne cessent de proclamer l'absurdité de notre enseignement. Tout a été tenté pour le réformer. Chaque réforme n'a cependant servi qu'à le rendre plus mauvais encore.

On trouvera dans cet ouvrage les raisons de ces insuccès. Elles tiennent, en partie, à l'ignorance profonde des causes réelles de l'infériorité de notre enseignement. On ne saurait guérir un mal dont les origines sont méconnues.

C'est en lisant les six énormes volumes de la dernière enquête parlementaire sur l'éducation qu'on peut le mieux constater l'étendue de cette ignorance. Comment les choses entrent-elles dans l'esprit? Comment s'y fixent-elles? Comment apprend-on à observer, à juger, à raisonner, à posséder de la méthode? Ce sont justement ces questions fondamentales qui n'ont guère été abordées. Les personnes ayant déposé devant la commission ont été à peu près unanimes à constater que les résultats de notre enseignement étaient déplorables. Pourquoi déplorables? C'est ce qu'elles semblent avoir complètement ignoré.

II

Frappé d'une telle méconnaissance de certaines notions fondamentales de psychologie, j'avais essayé dans cet ouvrage de mettre en évidence les raisons réelles de l'infériorité de notre enseignement et de montrer que les programmes, causes supposées de tous les maux, y étaient très étrangers.

Si nos idées héréditaires étaient susceptibles de changement, ce livre aurait pu être utile. Je suis bien obligé de confesser que, malgré son succès de vente, il n'a — en France du moins — éclairé ni convaincu un seul universitaire. Les maîtres de notre enseignement en sont encore à chercher les causes d'une infériorité que je m'imaginais avoir mises nettement en évidence.

On aura une idée de leur impuissance à les trouver en lisant les discours sur l'Enseignement prononcés par MM. Lippmann et Appell devant l'Association pour l'avancement des sciences. Étant donnés le nom et la situation de leurs auteurs, ces documents peuvent être considérés comme représentant très bien les idées directrices des chefs de l'Université.

D'accord avec la plupart de ses collègues, M. Lippmann a fait voir que notre enseignement, à tous les degrés, était tombé à un niveau au-dessous duquel il ne peut guère descendre. Le savant professeur a fort bien mis en évidence les services rendus à l'industrie par les élèves des universités allemandes et l'incapacité de ceux formés par nos facultés et nos écoles à rendre de tels services. Il a montré « l'influence « mondiale exercée par les universités allemandes qui « fournissent aux usines d'Europe et d'Amérique une « grande partie du personnel savant dont elles ont « besoin ». Pendant que la science et l'industrie allemandes grandissent constamment, les nôtres suivent une marche inverse et descendent un peu plus bas chaque jour.

Cette supériorité d'un côté, cette infériorité de l'autre étant bien constatées, l'auteur a été nécessairement conduit à en chercher les causes. Bien que s'étant donné beaucoup de mal pour les trouver, il ne les a même pas soupçonnées.

Ses raisons possèdent cependant, à défaut de vraisemblance, une bizarre originalité. L'état misérable de notre enseignement tiendrait simplement à ce qu'il est d'origine chinoise et a été importé en France par les Jésuites. « Si l'on rencontre ici une ignorance par « moments impénétrable, ignorance bachelière et

« lettrée qui nous rappelle la Chine, la raison en est
« bien simple : notre pédagogie nous vient de Chine.
« C'est là un fait historique. Notre pédagogie est celle
« de l'ancien régime. Elle sortit de l'ancien collège
« Louis-le-Grand, lequel fut fondé, on ne l'ignore pas,
« par des missionnaires revenus d'Extrême-Orient. »

Ayant ainsi découvert les causes du mal, le distingué académicien a cherché le remède. Rien n'est plus
simple. Pour que l'enseignement devienne parfait, il
suffirait de le rendre indépendant des fonctionnaires
du Ministère de l'Instruction publique. « Il y a
« urgence, s'écrie-t-il avec indignation, à délivrer
« l'enseignement du pédantisme bureaucratique et
« à libérer les Universités du joug du pouvoir exécutif.
« Car celui-ci n'a pas cessé de peser sur les études
« supérieures en leur imposant sa pédagogie d'ancien
« régime. Viendra-t-il jamais un grand ministre pour
« retirer au pouvoir exécutif la collation des grades? »

Les bureaucrates incriminés n'ont pas appris sans
effarement, paraît-il, de quoi on les accusait. Il leur
a paru un peu stupéfiant qu'un professeur de la Sorbonne parût ignorer que les universitaires seuls
fixent les programmes et font passer les examens
destinés à l'obtention des diplômes délivrés ensuite
par le pouvoir exécutif.

Il ne faudrait pas supposer que les idées analogues
à celles qui viennent d'être exposées soient spéciales
à un seul professeur. Tous les maîtres de l'Université
en possèdent du même ordre. Il semble, en vérité,
que ces grands spécialistes perdent toute aptitude à
observer et à raisonner dès qu'ils s'écartent de leur
spécialité. Il n'irait pas loin le pays gouverné par un

aréopage de savants, comme de candides philosophes l'ont plusieurs fois proposé.

On aura une nouvelle preuve de cette incapacité des chefs de notre Université à rien comprendre — absolument rien — aux causes de l'infériorité de leurs méthodes d'enseignement en lisant le discours très étudié, prononcé, comme celui de M. Lippmann, devant la même Association pour l'avancement des sciences, par M. Appell, doyen de la Faculté des sciences de Paris.

Ainsi que son collègue, M. Appell commence par une sévère critique de l'enseignement universitaire et constate qu'il ne peut développer l'esprit scientifique, les concours et examens n'étant, de l'école primaire aux sommets de l'enseignement supérieur, que des épreuves de mémoire.

Les critiques sont parfaites, mais l'auteur n'ayant pas compris les causes du mal qu'il signale, les remèdes proposés par lui sont d'une insignifiance parfaite.

Chaque ligne trahit l'incertitude de sa pensée. On en jugera par les extraits suivants de ses projets de réforme :

L'administration voit le mal et cherche activement le remède; il consisterait surtout à établir des relations suivies entre les écoles normales primaires et l'enseignement supérieur (!!).

Plus loin, il propose « l'utilisation des universités pour l'enseignement scientifique » et, plus loin encore, considère comme grande réforme la suppression d'une partie des cours du Muséum et la transformation de cet établissement en « Institut national des collections ».

L'auteur a fini par sentir un peu l'extrême faiblesse

de pareilles idées. Dans un article, il est revenu sur le même sujet et assure que :

> La première réforme serait le classement des matières des programmes par valeur utilitaire, et la seconde l'application de ce rapport dans l'Université active comme dans son administration, tel enseignement restreint et tel autre élargi, telles chaires supprimées et telles autres créées.

On voit qu'aucun de ces éminents spécialistes n'est encore arrivé à soupçonner que ce sont les méthodes, et non les programmes, qu'il faudrait modifier. Proposer d'allonger ou raccourcir ces derniers, de supprimer certaines chaires ou d'en fonder d'autres, représente une phraséologie vaine, sans aucune idée directrice pour soutien.

III

J'ai reproduit quelques passages des discours officiels les plus récents pour montrer combien est profonde chez les maitres de notre Université l'incompréhension en matière d'enseignement. Tous ces spécialistes éminents sont, je le répète, excellents dans leurs laboratoires ou leurs cabinets de travail, mais dès qu'ils en sortent pour regarder et juger le monde extérieur, leurs chaines de raisonnement deviennent singulièrement peu solides et leurs jugements très faibles.

L'incompréhension de l'Université ne lui permet pas de voir que la cause principale de l'infériorité dont elle gémit tient à la pauvreté de ses méthodes d'enseignement. Les lecteurs de cet ouvrage n'auront pas besoin d'en parcourir beaucoup de pages pour comprendre l'influence de ces méthodes et voir qu'elles sont identiques dans toutes les branches de l'enseignement : supérieur, secondaire et primaire. Qu'il s'agisse d'une Faculté, de l'École Normale, de l'École Polytechnique, d'une école d'agriculture ou d'une simple école primaire, ce sont toujours les mêmes procédés. On pourra modifier, comme on le fait chaque jour, les programmes, mais comme ces modifications ne touchent pas aux méthodes, les résultats ne sauraint changer.

Ces derniers sont même devenus très inférieurs à ce qu'ils étaient il y a une trentaine d'années seulement, parce qu'on s'est figuré qu'en chargeant et compliquant les programmes, l'enseignement serait amélioré. C'est la complication, la subtilité byzantine et le dédain des réalités qui caractérisent aujourd'hui notre instruction à tous les degrés. Il suffit de comparer les livres de classe actuels aux anciens pour voir avec quelle rapidité ces tendances se sont développées. Les auteurs de ces manuels savent très bien quel genre d'ouvrages ils doivent écrire pour plaire aux maîtres d'où leur avancement dépend, et naturellement ils n'en écrivent pas d'autres. Un professeur qui publierait aujourd'hui des livres comme les merveilleux volumes de Tyndall sur la lumière, le son et la chaleur, serait fort peu considéré et végéterait oublié au fond d'une province.

Bien entendu, l'élève ne comprend absolument rien à toutes les chinoiseries que, sous le nom de science ou de littérature, on lui enseigne. Il en apprend des bribes par cœur pour l'examen, mais trois mois après tout est oublié. C'est M. Lippmann lui-même qui a révélé à la commission d'enquête — et ici on peut le croire, car sa déclaration a été confirmée par le doyen de la Faculté des sciences, M. Darboux — que quelques mois après l'examen la plupart des bacheliers ne savent même plus résoudre une règle de trois. Il a fallu instituer à la Sorbonne un cours spécial d'arithmétique élémentaire pour les bacheliers ès sciences préparant le certificat des sciences physiques et naturelles.

De tous ces manuels si péniblement appris et si vite oubliés il ne reste à la jeunesse ayant passé par le lycée qu'une horreur intense de l'étude et une indifférence très profonde pour toutes les choses scientifiques. C'est encore M. Lippmann qui le signale. « L'esprit « scientifique, dit-il, est moins répandu en France « que dans d'autres contrées de l'Europe, moins « répandu qu'en Amérique et au Japon. L'industrie « nationale a profondément souffert de ce défaut et « le manque d'esprit scientifique se fait sentir ailleurs « que dans l'industrie. Quelle est la cause du mal ? « Il faut accuser notre instruction publique qui ne « connaît que la pédagogie de l'ancien régime. »

Tout cela est fort vrai, mais, encore une fois, ce ne sont ni les Chinois, ni les bureaucrates qui en sont cause. L'Université jouit aujourd'hui d'une liberté absolue. Les pouvoirs publics ne lui refusent rien et ne cessent de l'accabler de subventions. Elle change constamment ses programmes sans modifier ses méthodes. C'est précisément l'inverse qu'il faudrait faire, et tant qu'elle ne le comprendra pas, les résultats de son enseignement resteront aussi lamentables.

On ne ressuscite pas les vieux cadavres. Il n'y a donc aucun espoir que notre Université consente à se transformer, mais, alors même que, contre toute vraisemblance, elle voudrait changer ses méthodes, où trouverait-elle les professeurs nécessaires pour réaliser une telle transformation? Peut-on espérer que ces derniers consentiraient eux-mêmes à refaire toute leur éducation? Le fait suivant montre avec quelle difficulté on trouve aujourd'hui en France des professeurs capables de donner un enseignement analogue à celui que reçoivent les étudiants des peuples voisins.

Lorsque, il y a quelques années, M. Estaunié fut nommé directeur de l'École supérieure de Télégraphie, qui n'avait fourni jusqu'alors que les résultats les plus médiocres, il essaya en vain d'amener les professeurs à transformer leurs méthodes d'enseignement. Ses efforts ayant été entièrement stériles, il lui fallut se décider à changer le personnel enseignant, bien qu'il renfermât des maitres fort connus, et notamment un professeur à l'École Polytechnique. Neuf professeurs sur treize furent remplacés. Mais il fut fort difficile de leur trouver des successeurs capables de donner un enseignement utile, et l'auteur de ce coup d'État se demanda pendant quelque temps s'il ne serait pas nécessaire d'aller les chercher à l'étranger. Envoyer instruire leurs enfants en Allemagne, en Suisse ou en Amérique est malheureusement le seul conseil que l'on puisse donner aux familles assez riches pour le suivre. Il est navrant de constater qu'après tant de millions dépensés en France pour l'enseignement, nous en soyons là.

IV

Malgré la pauvre éducation supérieure qu'ils ont reçue, beaucoup des professeurs de l'enseignement secondaire sont très intelligents et pleins de bonne volonté, mais leur impuissance est complète. Ils appliquent les méthodes qui leur ont été enseignées et suivent des programmes dont ils ne peuvent s'écarter. Les attristantes confidences reçues à la suite de la publication des premières éditions de cet ouvrage m'ont prouvé que les professeurs eux-mêmes sont parfaitement renseignés sur la faible valeur des méthodes universitaires et savent fort bien que les élèves perdent inutilement huit à dix années au lycée.

L'éducation, dans son acception générale, embrasse la culture des aptitudes morales et intellectuelles. De l'éducation morale l'Université ne s'occupe pas du tout. Des aptitudes intellectuelles, elle n'en cultive qu'une, la mémoire. Jugement, raisonnement, art d'observer, méthode, etc., n'étant pas catalogables en questions d'examen, sont considérés comme négligeables entièrement.

Tout l'enseignement secondaire est fait à coups de manuels ou de dictées, que l'élève doit apprendre par cœur et réciter. « J'ai fait preuve d'une initiative très hardie, me disait un jeune professeur d'un grand lycée, en enseignant la botanique à mes élèves au moyen de plantes disséquées sous leurs yeux, au lieu de me borner à leur dicter des nomenclatures ». Toutes les autres sciences : physique, chimie, etc., sont enseignées par les mêmes procédés mnémoniques. Quelques instruments, montrés de loin et fonctionnant fort rarement, constituent la seule concession à la méthode expérimentale, très méprisée par l'Université, bien qu'elle ne cesse en théorie de la recommander[1]. Nous verrons dans cet ouvrage que la littérature, les langues et l'histoire sont aussi mal enseignées que les sciences.

Avec ses méthodes surannées, l'Université a définitivement tué en France le goût des sciences et des recherches indépendantes. L'élève apprend patiemment par cœur les lourds manuels dont la récitation lui ouvrira toutes les carrières, y compris celle de professeur, mais il sera incapable d'aucune recherche. Toutes traces d'originalité et d'initiative ont été définitivement éteintes en lui. Nous ne manquons pas de laboratoires — nous en possédons même beaucoup trop — mais leurs salles restent généralement désertes. M. Lippmann, lui-même, n'a-t-il pas été frappé de voir que son grand laboratoire de physique à la Sorbonne, qui grève si lourdement et si inutilement le budget, n'a guère d'autres visiteurs que les araignées venant y tisser leurs toiles ? Croit-il vraiment que c'est uniquement aux Chinois, aux Jésuites et aux bureaucrates qu'est due la profonde solitude qui y règne constamment ?

Quand, à de très rares intervalles, un candidat vient préparer dans ces luxueux et inutiles laboratoires, la thèse nécessaire pour le professorat, on peut être à

---

1. Toutes les prescriptions universitaires se sont bornées d'ailleurs à introduire quelques vagues manipulations de physique et de chimie dans les lycées. Mais comme nous l'apprend M. le professeur Mermet (*Revue scientifique*, octobre 1909) « les résultats obtenus sont déplorables ». Comment pourrait-il en être autrement ? Professeurs, parents et élèves dédaignent absolument ce qui ne se demande pas à l'examen. Ils considèrent comme perdu le temps non consacré à apprendre par cœur les livres que l'élève devra réciter le jour de cet examen.

peu près certain que ce premier travail sera son dernier.

L'Université ne tolère d'ailleurs chez ses professeurs aucune indépendance, aucune initiative. La plus vague tentative d'originalité est réprimée chez eux par une méticuleuse et byzantine surveillance. Nous étions solidement hiérarchisés déjà par plusieurs siècles de monarchie et de catholicisme, mais l'Université nous a beaucoup plus hiérarchisés encore. C'est elle qui forme les couches supérieures de la Société et tient en réalité la clef de toutes les carrières. Qui n'entre pas dans ses cadres ne peut rien être.

Jadis, avant la progressive extension du régime universitaire, la France comptait des savants indépendants qui furent l'honneur de leur patrie. Les chercheurs non officiels survivant encore, comme vestiges d'un passé disparu, ne comptent que de bien rares unités. Privés de moyens de travail, voyant se dresser devant eux tout ce qui est universitaire, ils renoncent à la lutte et ne seront jamais remplacés.

V

On trouverait en France des milliers de personnes capables de reconnaitre l'état lamentable de notre enseignement, mais je doute qu'il en existe dix, aptes à formuler un projet utile de réformes universitaires.

On ne les a pas trouvées, lorsqu'il y a quelques années, à la suite des révélations de l'enquête parlementaire, on tenta la réforme de notre enseignement. Cette tentative aboutit, on le sait, au système dit des cycles, reconnu aujourd'hui comme très inférieur au régime, pourtant fort médiocre, qu'il remplaçait.

« Cinq ans ont suffi, écrivait récemment un
« ancien ministre, membre de l'Académie française,
« M. Hanotaux, pour mettre à l'épreuve et pour condamner le régime des cycles. Et ces cinq ans ont
« suffi aussi pour démontrer définitivement l'incompatibilité de l'enseignement secondaire tel qu'il
« survivait avec le régime actuel. Il faut en prendre
« son parti : le régime des mots est fini, l'éducation
« verbale a fait son temps... on a fait de nos générations un peuple d'écoliers, de candidats, de bêtes
« à concours. La prétendue supériorité intellectuelle
« et sociale s'affirme par l'art de répéter les mêmes
« mots et les mêmes gestes jusqu'à trente ans et au
« delà. L'énergie nationale s'endort dans ce ronron
« archaïque et vain : apprendre, copier, réciter. »

L'auteur, comme tant d'autres, a très bien montré
le mal, mais il n'a pas, malheureusement, trouvé les
remèdes.

Cette incapacité à découvrir le traitement d'un mal
que chacun voit nettement est une conséquence des
influences ancestrales qui nous mènent. Il y a des
choses que les peuples latins n'ont jamais comprises
et ne pourront probablement jamais comprendre.

D'autres nations possédant des caractères héréditaires différents des nôtres ont très bien su saisir ces
choses si incompréhensibles pour nous. Il est évident,
par exemple, que les Allemands et les Américains
ont fort bien su résoudre le problème de l'éducation.
Les Japonais, qui n'étaient pas gênés par leur passé,
ont adopté en bloc les méthodes allemandes, et on sait
à quel degré de supériorité scientifique, industrielle

et militaire elles les ont conduits en quarante ans.

Et si le lecteur veut percevoir nettement la profondeur de l'abîme qui sépare les idées latines de celles d'autres peuples, je l'engage à lire quelques discours sur l'éducation [1], prononcés dans une occasion récente en Angleterre, et à les comparer à ceux des universitaires français dont j'ai cité des passages au commencement de ce chapitre. Je ne puis, malheureusement, en donner que de trop brefs extraits :

« Rien ne doit être plus éloigné du but de l'Université que de donner cette vague omniscience qui touche la surface de tous les sujets et ne va au cœur d'aucun. On peut juger de la façon dont l'Université remplit sa tâche par la façon dont elle développe la mentalité de ses élèves et leur goût pour la connaissance ».

Après avoir, de son côté, recommandé la méthode expérimentale, le Directeur d'Eton ajoutait : « Ses avantages sont d'exiger un exercice constant de la raison, de la patience, de l'exactitude, de l'aptitude à regarder et des plus précieuses facultés de l'imagination ».

Résumant ces divers discours, le Directeur de la Revue, où ils sont reproduits, écrivait : « Si une bonne méthode scientifique est enseignée, peu importent les sujets qui seront étudiés par les élèves. Il y a aujourd'hui une désapprobation unanime pour le bourrage de phrases scientifiques et littéraires dont on surchargeait autrefois la mémoire ».

1. Ils ont été prononcés par M. Asquith, ministre des Finances, M. Haldane, ministre de la Guerre, et M. Lyttelton, Directeur du collège d'Eton. On en trouvera des résumés dans le journal anglais *Nature*, du 17 janvier 1907.

VI

Je crois inutile d'insister davantage sur des questions qui seront longuement développées dans cet ouvrage. Nous y verrons combien sont inutiles et vains tous nos projets de réformes. Qu'on modifie les programmes, comme on ne cesse de le faire, qu'on supprime ou non le baccalauréat, les résultats resteront identiques.

Ils resteront identiques, parce que, je le répète, les méthodes ne changent pas. On ne peut demander à des professeurs, formés par certains procédés, de modifier leur constitution mentale. Ils sont ce que l'enseignement supérieur les a faits.

C'est donc l'enseignement supérieur qu'il faudrait changer, mais comment y songer, puisque cet enseignement est dirigé, non par des bureaucrates, comme voudrait le faire croire l'académicien que je citais plus haut, mais uniquement par des universitaires ?

Toutes les dissertations sur l'enseignement n'ont qu'un intérêt philosophique. La seule réforme utile de l'enseignement supérieur est complètement impossible en France. Il faudrait, en effet, que cet enseignement fût entièrement libre, qu'on réduisît des trois quarts les traitements affectés aux chaires des Facultés, mais en permettant, comme en Allemagne, aux professeurs de se faire payer par leurs élèves. C'est dans l'enseignement libre, permettant aux professeurs de montrer leur valeur pédagogique et leur aptitude aux recherches, que les Universités allemandes recrutent les maîtres de l'enseignement. On admettra comme évident, j'imagine, que si dans nos Facultés les professeurs et les préparateurs étaient payés par les élèves et que des professeurs libres pussent y enseigner, le jeu même de la concurrence obligerait les maîtres actuels à modifier entièrement leurs méthodes, c'est-à-dire à mettre les élèves en contact avec les réalités, au lieu de transformer la science en manuels, tableaux et formules. Alors — et seulement alors — nos professeurs découvriraient que tout le secret de l'éducation est d'aller du concret à l'abstrait, suivant la marche de l'esprit humain dans le temps, au lieu de suivre un procédé exactement inverse, comme ils le font maintenant.

Jamais, évidemment, un Parlement français n'osera, sous prétexte de démocratie, voter de telles mesures. Lequel vaut mieux cependant, un enseignement qui, s'il coûte peu aux élèves, ne leur sert à rien, ou un enseignement payé par eux et leur servant à quelque chose? Le système allemand a fourni ses preuves, le nôtre les a fournies également. D'un côté, une suprématie scientifique et industrielle éclatante, de l'autre, une décadence non moins éclatante et qui s'accentue chaque jour.

Mais le poids de nos préjugés héréditaires est trop lourd pour qu'il soit possible de tenter les réformes que je viens de dire. Ce n'est pas vers la liberté de l'enseignement que nous marchons, mais vers son accaparement de plus en plus complet par l'État que l'Université représente. L'Étatisme est aujourd'hui en France la seule divinité révérée par tous les partis. Il n'en est pas un qui ne demande sans cesse à l'État de nous forger des chaînes.

Il faut donc se résigner à subir l'Université. Elle restera une grande fabrique d'inutiles, de déclassés et de révoltés jusqu'au jour, probablement fort lointain, où le public suffisamment éclairé et comprenant tous les ravages qu'elle exerce et la décadence dont elle est cause, s'en détournera définitivement ou la brisera sans pitié.

Comme conclusion de ce chapitre, je me bornerai à reproduire une page par laquelle je terminais, il y a vingt ans, un travail sur le rôle possible de l'enseignement. Elle est aussi vraie maintenant qu'autrefois et le sera sans doute encore dans cinquante ans.

« L'éducation est à peu près l'unique facteur de l'évolution sociale dont l'homme dispose, et l'expérience faite par divers pays a montré les résultats qu'elle peut produire. Ce n'est donc pas sans un sentiment de tristesse profonde que nous voyons le seul instrument permettant de perfectionner notre race, en élevant son intelligence et sa morale, ne servir qu'à abaisser l'une et à pervertir l'autre.

« Elle reste pourtant debout, cette vieille Université, débris caduc d'âges disparus, bagne de l'enfance et de la jeunesse. Je ne suis pas de ceux qui rêvent des destructions; mais quand je vois tout le mal qu'elle a fait et le compare au bien qu'elle aurait pu faire; quand je pense à ces belles années de la jeunesse inutilement perdues, à tant d'intelligences éteintes et de caractères abaissés pour toujours, je songe aux malédictions indignées que lançait le vieux Caton à la rivale de Rome, et répéterais volontiers avec lui : *delenda est Carthago.*

CHAPITRE II

L'enquête parlementaire sur la réforme de l'enseignement.

***

1

L'enquête parlementaire publiée, il y a quelques années, sur la réforme de l'enseignement secondaire, constitue le document le plus complet que l'on puisse consulter sur l'état actuel de cet enseignement et ses résultats. Le psychologue qui voudra connaître les idées régnant en France sur une aussi fondamentale question, devra se reporter aux six gros volumes où sont réunis les rapports des personnes consultées. Professeurs de l'Université et de l'enseignement congréganiste, savants, lettrés, conseillers généraux, présidents des chambres de commerce, etc., y ont exposé librement leurs idées et leurs projets de réforme.

Après l'examen de ces volumes, le lecteur est bien fixé, non pas certes sur les réformes à effectuer, mais au moins sur l'état mental de ceux qui les ont proposées. Ils appartiennent tous à l'élite intellectuelle, généralement désignée par l'expression de classes dirigeantes.

Les qualités comme les défauts de notre race se lisent à chaque page de cette enquête. Il faudrait au plus subtil des psychologues de longues années d'observation pour découvrir ce que ces six volumes lui enseigneront.

Bien que tournant toujours dans un cercle d'idées infranchissable pour des âmes latines, les projets de réformes ont été innombrables. Il n'en est pas un seul cependant sur lequel on ait réussi à se mettre d'accord. C'est avec la même abondance de preuves, supposées irréfutables, que de très autorisés personnages ont soutenu les opinions les plus contradictoires. Pour les uns, tout est sauvé si l'on supprime l'enseignement du grec et du latin. Pour d'autres, tout serait parfait si l'on fortifiait au contraire l'enseignement de ces langues, du latin surtout, car, assurent-ils, « le commerce avec le génie latin, donne des idées générales et universelles ». Des savants éminents, qui ne voient pas très bien en quoi consistent ces idées « générales et universelles », qu'on n'a jamais réussi à définir, réclament l'enseignement exclusif des sciences, ce à quoi d'autres savants non moins éminents s'empressent de répondre, que cet enseignement nous plongerait dans une couche épaisse de barbarie intellectuelle. Chacun réclame au profit de ses idées personnelles le bouleversement des programmes.

Mais si tous les auteurs de l'enquête ont été unanimes à réclamer des modifications de programme, il ne s'en est pas trouvé qui aient songé à demander des changements aux méthodes employées pour enseigner les matières de ces programmes.

Le sujet pouvait sembler d'une importance essentielle, et cependant il n'a pas été traité par les professeurs qui ont déposé devant la Commission. Tous possèdent une foi très vive dans la vertu des programmes, mais ne croient pas à la puissance de nouvelles méthodes. Formés eux-mêmes par l'emploi exclusif de certaines méthodes, ils ne supposent pas qu'il puisse en exister d'autres.

Ce qui m'a le plus frappé dans la lecture des six gros volumes de l'enquête, c'est l'ignorance totale, où paraissent être tant d'hommes éminents, des principes psychologiques fondamentaux sur lesquels devraient reposer l'instruction et l'éducation. Ce n'est pas certes qu'ils manquent d'idée directrice sur ce point. Ils en ont une, si universellement admise, si évidente à leurs yeux, qu'il semble inutile de la discuter.

Cette idée directrice, base classique de notre enseignement universitaire, est la suivante : c'est uniquement par la mémoire que les connaissances entrent dans l'entendement et s'y fixent. C'est donc uniquement en s'adressant à la mémoire de l'enfant qu'on peut l'éduquer et l'instruire. De là l'importance des bons programmes, pères des bons manuels. Apprendre par cœur des leçons et des manuels doit constituer la base essentielle de l'enseignement.

Cette conception constitue certainement la plus dangereuse et la plus néfaste de ce que l'on pourrait appeler les erreurs fondamentales de l'Université. De la perpétuité de cette erreur chez les peuples latins découle l'indiscutable infériorité de leur instruction et de leur éducation.

Ce sera pour les psychologues de l'avenir un sujet

d'étonnement profond que tant d'hommes pleins de savoir et d'expérience, se soient réunis pour discuter sur les réformes à introduire dans l'enseignement, et que nul n'ait songé à se poser des questions comme celles-ci :

Comment les choses entrent-elles dans l'esprit, et comment s'y fixent-elles ? Que reste-t-il de ce qui atteint l'entendement uniquement par la mémoire ? Le bagage mnémonique est-il un bagage durable ?

Sur ce dernier point — la persistance du bagage mnémonique — il semble que la lumière devrait être faite depuis longtemps. S'il restait quelques doutes, l'enquête les aura définitivement levés. Puisque les rapports des professeurs les plus autorisés sont unanimes à constater que les élèves ne savent absolument rien de ce qu'ils ont appris, quelques mois après l'examen, il est expérimentalement prouvé que les connaissances introduites dans l'entendement par la mémoire n'y restent que très peu.

Il est donc certain que les méthodes fondamentales de notre instruction et de notre éducation universitaires sont mauvaises, et qu'il faut en rechercher d'autres. Les auteurs de l'enquête auraient rendu de réels services, en remplaçant par l'étude critique de ces autres méthodes, leurs byzantines discussions sur les modifications à faire subir aux programmes.

Et puisqu'ils ne l'ont pas fait, nous le tenterons dans ce livre. Nous y montrerons que toute l'éducation est l'art de faire passer le conscient dans l'inconscient, à quoi l'on arrive par la création de réflexes qu'engendre la répétition d'associations où, le plus souvent, la mémoire ne joue qu'un bien faible rôle. Un éducateur intelligent sait créer les réflexes utiles et annihiler ceux qui sont dangereux ou inutiles.

Tout l'enseignement est ainsi dominé par quelques notions psychologiques très simples. Si on les comprend, elles servent de phare directeur dans les circonstances les plus difficiles. Ces notions, instinctivement devinées par certains éducateurs étrangers, sont à ce point ignorées en France que les formules qui les contiennent semblent le plus souvent d'insoutenables paradoxes.

<h1 style="text-align:center">II</h1>

Toutes les discussions de l'enquête ont donc porté presque exclusivement sur les réformes des programmes.

On n'avait cependant pas attendu les résultats de cette enquête pour les changer, ces infortunés programmes, cause supposée de tous les maux. La transformation de l'organisation traditionnelle de notre enseignement a été répétée une demi-douzaine de fois depuis trente ans. L'insuccès constant de ces tentatives n'a éclairé personne sur leur inutilité.

La puissance merveilleuse attribuée à des programmes est une des manifestations les plus curieuses et les plus typiques de cette incurable erreur latine, qui nous a coûté si cher depuis un siècle, que les choses peuvent se réformer par des institutions imposées en bloc à coups de décrets. Qu'il s'agisse de politique, de colonisation ou d'éducation, ce funeste principe a toujours été appliqué avec autant d'insuccès que de constance. Les constitutions nouvelles destinées à assurer notre bonheur ont été aussi nombreuses, et, naturellement, aussi complètement vaines, que les programmes destinés à assurer notre parfaite éducation. Il semblerait que les nations latines ne puissent manifester de persévérance que dans le maintien de leurs erreurs.

Les seuls points sur lesquels les dépositions de l'enquête se sont trouvées parfaitement d'accord sont relatifs aux résultats de l'instruction et de l'éducation universitaires. Avec une unanimité presque complète ces résultats ont été déclarés détestables. Les effets étant visibles, chacun les a discernés sans peine. Les causes étant beaucoup plus difficiles à découvrir, on ne les a pas aperçues.

Tous les déposants ont raisonné avec ces traditionnelles idées de leur race dont j'ai montré ailleurs l'irrésistible force. Il fallait l'aveuglement que de semblables idées engendrent, pour ne pas concevoir que les programmes ne sont pour rien dans les tristes résultats de notre enseignement, puisque, avec des programmes à peu près identiques, d'autres peuples, les Allemands par exemple, obtiennent des résultats entièrement différents.

Elle est sortie bien affaiblie de cette enquête, notre vieille Université. Elle n'a même plus pour défenseurs les professeurs qu'elle a formés. Leurs profondes divergences sur toutes les questions d'enseignement, l'impuissance des réformes déjà tentées, les perpétuels changements de programmes, montrent qu'il n'y a plus grand'chose à attendre de l'Université. Elle représente aujourd'hui un navire désemparé, ballotté au hasard des vents et des flots. Elle ne semble plus savoir ni ce qu'elle veut ni ce qu'elle peut, et tourne sans cesse dans des réformes de mots, sans comprendre que ses méthodes, son esprit, ont considérablement vieilli et ne correspondent à aucune des nécessités de l'âge actuel. Elle ne fait plus un pas en avant sans en faire immédiatement quelques-uns en arrière. Un jour elle supprime l'enseignement des vers latins, mais le lendemain elle le remplace par l'étude de la métrique latine. Elle crée un enseignement dit moderne, où le grec et le latin sont remplacés par des langues vivantes, mais ces langues vivantes, elle les enseigne comme des langues mortes en ne s'occupant que de subtilités littéraires et grammaticales, en sorte, qu'après sept années d'études, il n'y a pas un élève sur cent capable de lire trois lignes d'un journal étranger sans être obligé de chercher tous les mots dans un dictionnaire. Elle croit faire une réforme considérable en acceptant de supprimer le diplôme du baccalauréat, mais immédiatement elle propose de le remplacer par un autre diplôme ne différant du premier que parce qu'il s'appellerait certificat d'études. Des substitutions de mots semblent constituer la limite possible aux réformes de l'Université. Et elle est arrivée à cette phase de décrépitude précédant la mort, où le vieillard ne peut plus changer.

Ce que l'Université ne voit malheureusement pas, ce que les auteurs de l'enquête n'ont pas vu davantage, car cela était hors des limites du cercle infranchissable des idées de race dont j'ai parlé plus haut, c'est que ce ne sont pas les programmes qu'il faut changer, mais bien les méthodes employées pour l'enseignement des matières de ces programmes.

Elles sont détestables, ces traditionnelles méthodes

Déjà, quelques profonds penseurs, tels que Taine, l'ont dit avec force. Dans un de ses derniers livres, l'illustre historien avait montré que notre Université est une véritable calamité, et nous conduit lentement à la décadence. Ce n'était pour le public que boutades de philosophes. L'enquête a prouvé que ces boutades sont de terribles réalités.

Si les causes de l'état inférieur de l'enseignement universitaire ont échappé à la plupart des observateurs, la mauvaise qualité de cet enseignement avait été signalée bien des fois avant l'enquête actuelle. Il y a bien des années que M. Henry Deville, dans une séance publique de l'Académie des Sciences, s'exprimait ainsi : « Je fais partie de l'Université depuis longtemps, je vais avoir ma retraite, eh bien, je le déclare franchement, voilà en mon âme et conscience ce que je pense : l'Université telle qu'elle est organisée nous conduirait à l'ignorance absolue. »

Dans la même séance, l'illustre chimiste Dumas faisait remarquer qu'il « avait été reconnu depuis longtemps que le mode actuel d'enseignement dans notre pays ne pouvait être continué sans devenir pour lui une cause de décadence. »

Et pourquoi ces jugements si sévères, prononcés tant de fois contre l'Université par les savants les plus autorisés, n'ont-ils jamais produit d'autres résultats que de perpétuels et inutiles changements de programmes ? Quelles sont les causes secrètes qui ont toujours empêché aucune réforme utile d'être réalisée ?

III

Il est aisé de voir les inconvénients d'un ordre de choses quelconque, institution ou éducation, et d'en faire la critique. Cette critique négative est à la portée d'intelligences très modestes. Ce qui n'est pas du tout à la portée de telles intelligences, c'est de découvrir ce qui peut être modifié, en tenant compte des divers facteurs, race, milieu, etc., qui maintiennent solidement les choses créées par le passé. Le sens des possibilités est malheureusement une des aptitudes dont les peuples latins, les Français surtout, sont le plus dépourvus.

Quand on examine de près les réformes radicales proposées par diverses personnes consultées dans l'enquête, il est bien facile de prouver, non pas qu'elles sont sans valeur théorique, ce qui d'ailleurs n'offre nul intérêt, mais qu'elles n'ont aucune chance d'être appliquées. Elles n'en ont aucune, pour des raisons diverses que nous examinerons, mais dont la principale est qu'elles heurteraient l'opinion publique toute puissante aujourd'hui. Notre enseignement, et surtout nos méthodes d'enseignement, sont aussi mauvaises que possible, mais elles correspondent aux exigences d'une opinion qu'elles ont d'ailleurs contribué à former.

Il suffit de jeter un coup d'œil sur quelques-unes des réformes suggérées, pour comprendre à quel point elles sont irréalisables dans la pratique.

On nous propose, par exemple, de transférer dans les campagnes les lycées établis dans les villes, comme l'ont fait depuis longtemps les Anglais, afin de donner aux élèves de l'air et de l'espace pour leurs jeux. La réforme peut sembler parfaite, mais comme les statistiques recueillies dans l'enquête nous révèlent que les quelques lycées édifiés à grands frais et avec le plus grand luxe à la campagne n'arrivent pas à se peupler, parce que les parents tiennent à garder près d'eux leurs enfants, la réforme apparaît de suite impraticable. Comment forcer en effet les parents à changer leurs idées sur ce point?

On nous propose aussi de remplacer le grec et le latin inutiles par des langues vivantes fort utiles. Il est facile d'approuver de tels projets, mais comment les réaliser, puisque nous voyons par l'enquête que ce sont précisément les parents qui réclament énergiquement le maintien de l'enseignement des langues anciennes, persuadés, j'imagine, qu'elles constituent pour leurs fils une sorte de noblesse qui les distingue du vulgaire. Comment l'État leur ôterait-il une telle illusion?

On nous propose encore de donner aux élèves, si étroitement emprisonnés et surveillés, un peu de cette initiative, de cette indépendance qu'ont les élèves anglais. Rien ne serait plus désirable assurément. Mais comment obtenir des directeurs des lycées de tels essais, quand nous lisons dans l'enquête que les tribunaux ont accablé d'amendes ruineuses de malheureux proviseurs, parce que des enfants auxquels ils avaient voulu laisser un peu de liberté, s'étaient blessés dans leurs jeux?

Une des plus naïves réformes proposées, bien que ce soit une de celles qui ont réuni le plus de suffrages, consisterait à supprimer le baccalauréat. On le remplacerait par sept à huit baccalauréats, dits examens de passage, subis à la fin de chaque année, afin d'empêcher les mauvais élèves de continuer à perdre leur temps au lycée. Excellente peut-être en théorie, cette proposition, mais combien illusoire en pratique ! La statistique relevée par M. Buisson nous montre que pour 5,000 bacheliers reçus annuellement, il y a 5,000 élèves environ évincés, c'est-à-dire 5,000 jeunes gens qui ont perdu entièrement leur temps. Cela donne une bien pauvre idée des professeurs et des programmes qui obtiennent de tels résultats. Mais voit-on les lycées, qui ont tant de peine à lutter contre la concurrence des établissements congréganistes, et dont les budgets sont toujours en déficit, perdre 5,000 élèves par an ! Les jurys qui prononceraient de pareilles exclusions, — dont profiteraient bien vite les établissements congréganistes, — seraient l'objet de telles imprécations de la part des parents, d'une telle pression de la part des pouvoirs publics, qu'ils seraient vite obligés de devenir assez indulgents pour que tous les élèves continuent leurs études. Les choses redeviendraient donc bientôt exactement ce qu'elles sont aujourd'hui.

D'autres réformateurs nous proposent de copier l'éducation anglaise, si incontestablement supérieure à la nôtre par le développement qu'elle donne au caractère, par la façon dont elle exerce l'initiative, la volonté, et aussi, ce qu'on oublie généralement de remarquer, la discipline. La réforme, théoriquement excellente, serait tout à fait irréalisable. Adaptée aux besoins d'un peuple qui possède certaines qualités héréditaires, comment pourrait-elle convenir à un peuple possédant des qualités tout à fait différentes ?

L'essai d'ailleurs ne durerait pas trois mois. Un parent français à qui on enverrait du lycée son fils tout seul, sans personne pour lui prendre son ticket à la gare ou le faire monter en omnibus, lui dire de mettre son pardessus quand il fait froid, le surveiller d'un œil vigilant pour l'empêcher de tomber sous les roues des trains en marche, d'être écrasé dans les rues par les voitures, ou d'avoir un œil poché quand il joue librement à la balle avec ses camarades, ces parents-là n'existent pas en France. Si leurs pâles rejetons étaient soumis au régime de l'éducation anglaise, faisant leurs devoirs quand ils veulent et comme ils veulent, se livrant sans surveillance aux jeux les plus violents et les plus dangereux, sortant à leur guise, etc., les réclamations seraient unanimes. Au premier accident, les parents pousseraient d'épouvantables clameurs, et toute la presse se soulèverait avec eux. Le ministre serait immédiatement interpellé et obligé sous peine d'être renversé de rétablir les anciens règlements. J'ai connu une respectable dame qui eut une série de violentes crises de nerfs et menaça son mari de divorcer parce que ce dernier avait, sur mon conseil, proposé d'envoyer leur fils, qui venait de terminer ses études, passer ses vacances en Allemagne pour apprendre un peu l'allemand. Laisser voyager tout seul un pauvre petit garçon de dix-huit ans! Il fallait être un père dénaturé pour avoir conçu un tel projet. Le père dénaturé y renonça d'ailleurs bien vite.

Et peut-être n'avait-elle pas absolument tort, la respectable dame, quand elle doutait des aptitudes de son fils à se diriger seul dans un tout petit voyage. Ne possédant ces aptitudes, ni par hérédité, ni par éducation, où les eût-il acquises?

Si les Anglais n'ont besoin de personne pour se diriger, c'est qu'ils possèdent par hérédité une discipline interne qui leur permet de se gouverner eux-mêmes. Il n'y a pas de peuple plus discipliné, plus respectueux des traditions et des coutumes établies. Et c'est justement parce qu'ils ont en eux-mêmes leur discipline qu'ils peuvent se passer d'une tutelle constante. Une éducation physique très dure entretient et développe ces aptitudes héréditaires, mais non sans que le jeune homme ait à courir des risques d'accidents auxquels aucun parent français ne consentirait à exposer sa timide progéniture.

Il faut donc se bien persuader qu'avec les idées régnant en France, fort peu de choses peuvent être changées dans notre système d'instruction et d'éducation avant que l'esprit public ait lui-même évolué.

Laissons donc entièrement de côté nos grands projets de réformes. Ils ne peuvent que servir de matière à d'inutiles discours. Considérons que nos programmes ont été transformés bien des fois sans le plus faible bénéfice. Considérons surtout que les Allemands, avec des programmes fort peu différents des nôtres, ont su réaliser des progrès scientifiques et industriels qui les ont mis à la tête de tous les peuples. Envisageons ces faits incontestables, et en y réfléchissant suffisamment, nous finirons peut-être par découvrir que tous les programmes sont indifférents, mais que ce qui peut être bon ou mauvais, c'est la façon de s'en servir. Les programmes ne signifient rien. Ils n'ont en eux-mêmes aucune vertu.

Détaillés ou sommaires, les programmes d'instruction se résument en ceci : apprendre à des jeunes gens les rudiments des sciences, de la littérature, de l'histoire et la connaissance de quelques langues anciennes ou modernes. Des méthodes qui n'arrivent pas à réaliser un tel but sont défectueuses, et on pourra changer indéfiniment les programmes, les allonger d'un côté, les raccourcir de l'autre, sans que les résultats soient meilleurs. Le jour où cette vérité sera bien comprise, les professeurs commenceront à entrevoir que ce sont leurs méthodes, et non les programmes, qu'il faudrait changer. Tant qu'elle n'aura pas assez pénétré dans les cervelles pour devenir un mobile d'action, nous persisterons dans les mêmes errements, et personne n'apercevra que l'instruction peut, comme la langue d'Ésope, constituer la meilleure ou la pire des choses[1].

C'est justement parce que toute réforme essentielle doit viser, non les programmes, mais les méthodes, que les projets proposés devant l'enquête offrent si peu d'intérêt. Ils ne représentent que les redites ressassées depuis longtemps.

Tout ce que l'on peut dire d'utile sur les programmes se résume en ceci, que plus ils seront

<hr>

[1]. Au point de vue des fâcheux résultats que peut produire une instruction mal adaptée aux besoins d'un peuple, et pour juger dans quelle mesure elle déséquilibre et démoralise ceux qui l'ont reçue, on ne saurait trop méditer l'expérience faite sur une vaste échelle par les Anglais dans l'Inde. J'en ai exposé les résultats dans un discours d'inauguration prononcé au congrès colonial de 1889, dont j'étais un des présidents (Voir *Revue scientifique*, août 1889). Ses parties essentielles sont résumées dans la nouvelle édition de mon livre : les *Civilisations de l'Inde*. Le système d'instruction et d'éducation, qui était excellent pour des Anglais et que par conséquent ils ont cru pouvoir appliquer avec avantage à des Hindous, s'est montré tout à fait détestable pour ces derniers.

courts, meilleurs ils seront. Un programme complet d'instruction ne devrait pas dépasser vingt-cinq lignes, sur lesquelles plusieurs seraient consacrées à dire que l'élève ne doit étudier dans chaque science qu'un petit nombre de notions, mais les connaître à fond.

IV

Le lecteur commence sans doute à entrevoir combien sont puissants les obstacles invisibles qui s'opposent à une réforme profonde de l'enseignement en France, et cependant nous n'avons pas abordé encore le plus formidable, le plus irréductible peut-être de tous ces obstacles : l'état mental des professeurs.

L'enquête parlementaire n'en a pas tenu compte une seule fois et elle ne le pouvait guère. Persuadés que les professeurs universitaires, bourrés de science livresque et de diplômes, sont par cela même parfaits, les déposants de l'enquête ne pouvaient supposer que la question des professeurs et des moyens à employer pour les former pût être l'objet d'une discussion quelconque.

Et c'est pourtant, à ce point inaperçu, que se trouve le nœud vital des réformes possibles de l'enseignement.

L'enquête a couvert de fleurs les professeurs et de malédictions les programmes. C'est à peu près le contraire qu'il eût fallu faire. Supposons en effet que, par une puissance magique, les obstacles que nous avons vus se dresser devant les réformes aient disparu. Les préjugés des familles se sont évanouis, des programmes parfaits ont été créés, avec des méthodes excellentes pour les enseigner. Tout, pensez-vous, va changer. Rien, absolument rien, ne pourra changer.

Et pourquoi? Simplement parce que l'état mental des professeurs créé par les méthodes universitaires n'est pas modifiable. Formés par ces méthodes, ils sont incapables d'en appliquer d'autres, ou même d'en comprendre d'autres. Tous sont arrivés à un âge où on ne refait pas son éducation. Certes ils accepteront docilement, comme ils les ont acceptés jusqu'ici, tous les changements de programmes, ils s'inclineront bien bas devant les circulaires ministérielles, mais ils continueront à enseigner comme ils l'ont toujours fait, parce qu'ils ne pourraient enseigner autrement.

Les dépositions de l'enquête que nous reproduirons dans cet ouvrage fourniront un frappant exemple de l'impossibilité où se trouvent aujourd'hui nos professeurs de changer leurs méthodes d'enseignement. Il y a un certain nombre d'années, un ministre de l'Instruction publique, M. Léon Bourgeois avait rêvé d'entreprendre à lui seul la réforme de l'Université, en créant ce qu'on a appelé l'Enseignement moderne, terminé par un baccalauréat spécial donnant à peu près les mêmes privilèges que le baccalauréat classique. Les langues anciennes étaient remplacées par les langues vivantes, l'enseignement des sciences fortifié. Tout était parfait dans le programme. Il ne manqua que les maîtres capables de l'appliquer. Les professeurs de l'Université enseignèrent les langues vivantes comme les langues mortes, en ne s'occupant que de subtilités grammaticales. Les sciences furent apprises à coups de manuels. Les résultats obtenus furent finalement, comme nous le verrons, des plus médiocres.

Il faut rendre justice à la science livresque de nos professeurs. Tout ce qui est susceptible d'être appris par cœur, ils l'ont appris, mais leur valeur pédagogique est entièrement nulle. On l'a insinué parfois dans l'enquête quoique fort timidement. Ce n'est qu'en dehors de l'enquête qu'il s'est rencontré quelques esprits assez indépendants pour révéler un état de choses qui devient de plus en plus visible aujourd'hui. La faible valeur pédagogique des professeurs de notre Université frappe d'ailleurs les étrangers qui ont visité nos établissements d'instruction et assisté à quelques leçons. M. Max Leclerc cite à ce propos un article de la *Revue Internationale de l'Enseignement*, où se trouve consignée l'opinion d'un professeur étranger qui a visité, à Paris et en province, beaucoup de nos établissements d'éducation. Il « a rencontré beaucoup d'hommes instruits... très peu de professeurs et d'éducateurs ». Quant au personnel de proviseurs, censeurs, principaux, il l'a trouvé « peu éclairé, prétentieux, maladroit et étroit d'esprit ».

Ce n'est pas d'aujourd'hui seulement que des critiques analogues ont été formulées. Voici ce qu'écrivait il y a trente ans M. Bréal, professeur au Collège de France, sur notre corps enseignant :

Le corps universitaire était, en 1810, à peu près l'expression des idées de la société. En 1848, il était déjà si arriéré qu'un observateur étranger pouvait écrire : « Le corps des professeurs en France est devenu tellement stationnaire, qu'il serait impossible de trouver une autre corporation qui, en ce temps de progrès général, surtout chez la nation la plus mobile du monde, se maintienne avec autant de satisfaction sur les routes battues, repousse avec autant de hauteur et de vanité toute méthode étrangère, et voie une révolution dans le changement le plus insignifiant. » Depuis que le livre d'où nous extrayons ces lignes a été publié, vingt-quatre ans se sont écoulés : le portrait qu'on y trace de l'Université est resté exact sur bien des points, mais les défauts se sont exagérés et les lacunes accusées davantage.

A quoi tient l'insuffisance pédagogique incontestable des professeurs de notre Université? Elle tient simplement aux méthodes qui les ont formés. Ils enseignent ce qu'on leur a enseigné, comme on le leur a enseigné.

Que peuvent valoir, pour l'instruction et l'éducation de la jeunesse, les professeurs préparés par les méthodes universitaires, c'est-à-dire par l'étude exclusive des livres? Ces malheureuses victimes du plus déformant régime intellectuel auquel un homme puisse être soumis, n'ont jamais quitté les bancs avant de monter dans une chaire. Bancs des lycées, bancs de l'École normale ou bancs des Facultés. Ils ont passé quinze ans de leur vie à subir des examens et à préparer des concours. A l'École normale, « leurs devoirs sont littéralement taillés pour chaque jour. Tout se passe avec une régularité écrasante. Les programmes des examens ne laissent pas une ombre de mouvement à ces malheureux esclaves de la science ». Leur mémoire s'est épuisée en efforts surhumains pour apprendre par cœur ce qui est dans les livres, les idées des autres, les croyances des autres, les jugements des autres. De la vie, ils ne possèdent aucune expérience, n'ayant jamais eu à exercer ni leur initiative, ni leur discernement, ni leur volonté. De cet ensemble si subtil qu'est la psychologie d'un enfant, ils ne savent absolument rien. Ils sont comme le cavalier inexpérimenté sur un cheval difficile. Ils ignorent comment se faire comprendre de l'être qu'ils doivent diriger, les mobiles qui peuvent agir sur lui et la façon de manier ces mobiles. Ils récitent, comme professeurs, les cours que tant de fois ils ont récité comme élèves, et pourraient être facilement remplacés dans leurs chaires par de simples phonographes.

Pour arriver à être professeur, il leur a fallu apprendre des choses compliquées et subtiles. Ce sont les mêmes choses compliquées et subtiles qu'ils répéteront devant leurs élèves. En Allemagne, où l'odieuse institution des concours n'existe pas, on juge les professeurs d'après leurs travaux personnels et leurs succès dans l'enseignement libre, par lequel ils doivent le plus souvent débuter. En France, on les juge par l'amas de choses qu'ils peuvent réciter dans un concours. Et, comme le nombre des candidats est très grand, alors que le nombre des places est petit, on raffine encore en ce sens, pour en éliminer davantage. Celui qui saura réciter sans broncher le plus de formules, qui aura entassé dans sa tête la plus grande somme possible de puériles chinoiseries, de subtilités scientifiques ou grammaticales, l'emportera sûrement sur ses rivaux. Tout récemment encore, un des examinateurs des derniers concours d'agrégation, M. Jullien, faisait remarquer, dans une des séances du Conseil supérieur de l'Instruction publique, que le jury était effrayé « de l'effort de mémoire imposé aux candidats. Il pense que si la mémoire est un admirable instrument de travail, elle n'est qu'un instrument au service de ces qualités maîtresses du professeur, qui sont l'esprit critique, la logique et la méthode, la mesure et le tact, la pénétration, l'inspiration et l'ampleur des vues, la simplicité et la clarté dans l'exposition, la correction et la vivacité de la parole. »

Il avait certes raison de se livrer à des réflexions semblables, ce respectable jury, mais de là à un effet quelconque il y a loin, et pendant longtemps encore, avec le régime des concours, la mémoire sera la seule qualité utile à un candidat. Il se gardera soigneusement — même en eût-il le temps et la capacité — de tout travail un peu personnel, sachant bien qu'à tous les degrés, rien n'est plus mal vu de la part des examinateurs.

Quand un homme a ainsi consacré quinze ans de sa vie à entasser dans sa mémoire tout ce qui peut y être entassé, sans avoir jamais jeté un coup d'œil sur le monde extérieur, sans avoir eu à exercer une seule fois son initiative, sa volonté et son jugement, à quoi est-il bon ? A rien, sinon à faire ânonner machinalement à de malheureux élèves une partie des choses inutiles que pendant si longtemps il a ânonnées lui-même. On cite assurément parmi les professeurs de l'Université quelques esprits d'élite qui ont échappé aux tristes méthodes d'éducation auxquelles ils ont été soumis, comme on cite pendant les épidémies de peste quelques médecins qui échappent aux atteintes du fléau. Combien rares de telles exceptions !

L'Université vit pourtant sur le prestige exercé par ces exceptions. Mais si l'on observe la foule des professeurs, on constate qu'il en est bien peu qui aient échappé à l'action du déprimant régime qui les a formés. Que de cerveaux jadis intelligents, détruits pour toujours, et bons tout au plus à aller au fond d'une province faire réciter des leçons ou faire passer des examens, avec la certitude qu'ils sont trop usés pour être capables d'entreprendre autre chose dans la vie. Leur seule distraction est d'écrire des livres dits élémentaires, pâles compilations où s'étale à chaque page la faiblesse de leur capacité d'éducateur et ce goût des subtilités et des choses inutiles que l'Université leur a inculqué. Ils croient faire preuve de science en compliquant les moindres questions et en rendant obscures les choses les plus claires. M. Fouillée, qui paraît avoir fait une étude attentive des livres écrits par ses collègues, a publié d'invraisemblables échantillons de cette littérature scolaire. Un des plus curieux est celui de ce professeur dont le livre, destiné à l'enseignement secondaire des lycées, est revêtu de l'approbation des plus hautes autorités universitaires.

« L'auteur déclare avoir volontairement supprimé les termes et les discussions qui auraient pu effrayer l'inexpérience des enfants : c'est pourquoi il leur parle longuement de la césure penthémimère qu'on remplace quelquefois par une césure hepthémimère, ordinairement accompagnée d'une césure trihémimère. Il les initie aux synalèphes, aux apocopes et aux aphérèses, et il les avertit qu'il a adopté la scansion par anacruse et supprimé le choriambe dans les vers logaédiques. Il leur révèle aussi les mystères du quaternaire hypermètre ou dimètre hypercatalectique ou encore ennéasyllabe alcaïque. Que dire du vers hexamètre dactylique, catalectique in dissylabum, du procéleusmatique tétramètre catalectique, du dochmiade dimètre, et de la strophe trochaïque hypponactéenne, du dystique trochaïque hypponactéen ? »

M. Fouillée cite encore un autre professeur qui, dans un livre d'enseignement élémentaire, s'étend longuement sur la méthode pour documenter une pièce de théâtre, en voici un extrait : « On consultera d'abord le répertoire général 20ᵉ vol., B N, inventaire y f, 5337 = 5546, etc. » Suivent trois pages d'indications semblables !

Les livres de sciences sont conçus d'après les mêmes principes. Je pourrais donner comme exemple un livre de physique écrit par un agrégé de l'Université pour les candidats au certificat des sciences physiques et naturelles, lesquels, comme nous le verrons par les dépositions de l'enquête, ne possèdent que des notions très rudimentaires en mathématiques. L'auteur s'est donné un mal extraordinaire pour bourrer son livre à chaque page d'intégrales totalement inutiles. Dans un supplément destiné à apprendre les manipulations, les équations ne sont pas davantage épargnées. Pour l'opération si élémentaire du calibrage d'un tube, l'auteur a trouvé le moyen de remplir trois pages serrées d'équations. Ce professeur est assurément tout à fait certain que pas un élève sur mille ne comprendra quelque chose à ces formules, mais qu'est-ce que cela peut bien lui faire?

Avec les nouveaux programmes, les livres pour l'enseignement n'ont fait que se compliquer encore plus et ils arrivent à être totalement illisibles. Dans un remarquable article, paru dans le journal *l'Enseignement secondaire* du 15 juin 1904, M. Brucker, professeur au lycée de Versailles, a montré tout le « verbalisme stérile. » dont sont entachés les livres consacrés à l'enseignement des sciences naturelles, et en cite d'attristants exemples. En voici un pris au hasard :

« L'auteur d'un autre Précis va plus loin encore. La complication de son langage dépasse ce que l'on avait imaginé avant lui : il appelle les mousses des bryophytes, les fougères des ptéridophytes ou exoprothallées isodiodées, leurs spores des diodes, et ainsi du reste. »

Si nos professeurs donnent un si déplorable enseignement, c'est qu'ils ont été formés par l'Université. Ils enseignent ce qu'on leur a enseigné et de la façon dont on le leur a enseigné. Tant que les professeurs des Facultés se recruteront comme aujourd'hui, rien ne pourra être modifié dans notre enseignement universitaire.

C'est en grande partie parce que le système de recrutement des professeurs est, en Allemagne, très différent du nôtre, que l'enseignement à tous les degrés y est si supérieur. Nos voisins ont trouvé le secret d'obliger les professeurs des Facultés à s'intéresser à leurs élèves et à se mettre à leur portée. La formule est tout à fait simple. Ce sont les élèves qui paient les professeurs, et, comme il y a pour chaque ordre d'études plusieurs professeurs libres, l'élève va vers celui qui enseigne le mieux. La concurrence oblige donc le professeur à s'occuper soigneusement de ses élèves. Il sait que c'est seulement lorsqu'il aura su réunir autour de lui beaucoup d'auditeurs et publié des travaux personnels, qu'il pourra être appelé à devenir le titulaire d'une chaire importante, dont le principal rapport consistera d'ailleurs dans les rétributions des élèves. En France, le professeur de Faculté est un fonctionnaire à traitement fixe, qui n'a aucun intérêt à captiver l'esprit de ses auditeurs ni à se plier à leur intelligence. Pas n'est besoin d'être très psychologue pour comprendre que s'il était payé par eux, son intérêt entrerait immédiatement en jeu, et que, sous l'influence de ce puissant mobile d'action, il serait vite obligé de transformer entièrement ses méthodes d'enseignement. S'il ne savait pas les transformer, il aurait vite des concurrents qui l'obligeraient à changer ou à disparaître.

Malheureusement, une réforme aussi capitale, la seule qui amènerait la transformation de notre enseignement supérieur d'abord, et, par voie de conséquence, celle de notre enseignement secondaire ensuite, est radicalement impossible avcc nos idées latines. Les bien rares tentatives faites dans ce sens par l'initiative privée ont été l'objet des persécutions de l'Université aussitôt qu'elles ont réussi. Elle ne tolère un peu que celles qui ne réussissent pas. Je me souviens qu'il y a une vingtaine d'années, le Dr F*** avait ouvert pour les étudiants en médecine un cours privé d'anatomie, auquel ils ne pouvaient assister qu'en payant fort cher, mais où ils étaient sûrs d'apprendre l'anatomie, alors que dans les leçons officielles de la Faculté ils apprenaient très peu de chose. Bien que ces dernières fussent entièrement gratuites, les étudiants les désertaient pour les leçons payées. Le Dr F***, ainsi que ses élèves, fut l'objet de telles persécutions de la part de la Faculté, qu'après une dizaine d'années de lutte, il se vit réduit à fermer son cours.

Nous voici loin des programmes et de leur réforme. Le lecteur doit voir nettement maintenant combien est vaine et inutile toute l'agitation faite à propos de ces programmes, et combien inutiles aussi les monceaux de pages publiées à ce propos. Les programmes ne sont que des façades. On peut les changer à volonté, mais sans modifier pour cela les choses invisibles et profondes qu'elles abritent. On s'en prend aux façades parce qu'on les voit. On n'essaie pas de toucher à ce qui est derrière, parce que le plus souvent on ne le discerne pas.

V

J'espère avoir montré que le problème de la réforme de notre enseignement est bien autrement compliqué que les auteurs de l'enquête parlementaire ne l'ont soupçonné.

Nous ne dirons pas certes que cette réforme est impossible. Il n'y a rien d'impossible pour des volontés fortes. Mais avant de réformer au hasard, comme on le fait depuis si longtemps et comme on continue à le faire encore, il faut au moins connaître à fond l'essence des choses que l'on veut réformer. Si l'on persiste à l'ignorer, on ne réalisera que des changements de mots, on troublera inutilement les esprits, et l'on rendra notre enseignement plus médiocre encore qu'il ne l'est aujourd'hui.

C'est parce que les auteurs de l'enquête ne semblent pas avoir nettement compris les problèmes fondamentaux de l'enseignement, qu'il nous a semblé utile de préciser ces problèmes.

Elle n'aura cependant pas été inutile, cette colossale enquête. Elle a appris beaucoup de faits, que l'on pouvait soupçonner, mais non prouver. Elle a montré surtout l'état des esprits, et que le mal auquel on cherche à remédier est bien plus profond qu'on n'aurait pu le penser.

On sait que la conclusion de l'enquête a été un projet de réformes de l'enseignement, présenté à la

Chambre des Députés et adopté après une courte discussion. Dans cette discussion, le Ministre de l'Instruction publique a dit de fort bonnes choses pour en défendre de bien médiocres. Il a certainement trop d'esprit philosophique pour ne pas avoir eu conscience de la faible valeur des réformes proposées par la Commission. Quelques étiquettes seules ont été changées. Un député, M. Massé, a dit de ce projet qu'il « fait l'effet d'une de ces façades brillantes édifiées à grands frais dans le goût du jour, et qui sont uniquement destinées à faire illusion sur les commodités d'un immeuble dans lequel rien ou presque rien n'a été modifié. »

Toutes ces réformes de programmes, répétées tant de fois, sont d'ailleurs absolument dépourvues d'intérêt. Notre enseignement restera ce qu'il est tant que nos méthodes actuelles n'auront pas été entièrement transformées. Il n'y aura, je le répète, de changements possibles que quand la nécessité d'une transformation complète des méthodes aura pénétré un peu dans la cervelle des parents, des professeurs et des législateurs.

La destinée de la plupart de nos grandes enquêtes parlementaires est de bientôt disparaître dans la poussière des bibliothèques, d'où elles ne sortent plus. Il m'a fallu une forte dose de patience pour lire attentivement les six énormes volumes sur la réforme de l'enseignement, et j'imagine que bien peu de mes contemporains ont eu cette patience. Les questions d'éducation et d'instruction ont aujourd'hui une importance telle qu'il m'a semblé nécessaire de retirer de cette gangue volumineuse les parties essentielles, de les classer avec méthode, de les discuter quelquefois. Tous les textes reproduits émanent de personnages autorisés, les seuls dont la parole ait quelque influence dans un pays aussi hiérarchisé que le nôtre, les seuls qui puissent agir sur l'opinion des parents et finir peut-être par la réformer.

Cette réforme de l'opinion est la première qu'on doive tenter aujourd'hui. C'est seulement quand elle sera complète qu'une réforme de l'éducation deviendra possible.

Les difficultés d'une pareille tâche sont immenses. Elles ne sont pas insurmontables pourtant. Il n'a jamais fallu beaucoup d'apôtres pour créer les grandes religions qui ont bouleversé le monde, mais il en a fallu quelques-uns. Tout le mouvement dont est sortie l'enquête qui a si profondément ébranlé l'Université a eu pour unique point de départ la campagne vigoureuse d'un homme d'action énergique, l'explorateur Bonvalot. S'il n'a pas su montrer nettement la voie à suivre, pas plus d'ailleurs que les six volumes de l'enquête ne l'ont montrée, il a au moins fait voir combien était funeste celle que nous suivions. Nouveau Pierre l'Ermite, il a secoué l'indifférence du public, et les noms les plus éminents de l'Université se sont bientôt rangés modestement derrière lui, prêts à démolir l'idole dont ils avaient été jadis. les plus ardents défenseurs.

Le jour où l'opinion, suffisamment instruite, comprendra le mal que nous a fait notre Université, et le comparera à tout le bien que dans d'autres pays des institutions semblables ont réalisé, ce jour-là notre antique système d'éducation s'écroulera d'un seul coup, comme ces monuments trop vieux qui gardent une apparence de solidité tant qu'on ne les touche pas. Alors seulement nous pourrons essayer d'obtenir ce que d'autres peuples ont réalisé avec leurs professeurs.

L'éducation seule permettra aux Latins de remonter cette pente rapide de la décadence qu'ils descendent à grands pas. C'est leur dernière carte et sous peine de périr, ils ne doivent pas la laisser perdre. Ce que les Allemands ont su accomplir, nous pouvons le tenter. Ils avaient médité longuement, et nous devons méditer aussi, le mot profond de Leibnitz : « Donnez-moi l'éducation, et je changerai la face de l'Europe avant un siècle. »

LIVRE II

L'INSTRUCTION ET L'ÉDUCATION AUX ÉTATS-UNIS

CHAPITRE PREMIER

Principes généraux de l'Éducation en Amérique.

C'est surtout par voie de comparaison que se forment nos connaissances. Pour bien saisir les causes de l'extrême infériorité de notre enseignement universitaire, il sera utile de le comparer à l'éducation donnée dans le pays du monde où elle est le plus développée, l'Amérique.

Les publications sur l'Éducation aux États-Unis sont nombreuses ; mais rédigées par des universitaires qui la considèrent à leur point de vue, elles apprennent peu de chose. C'est pourquoi le magnifique ouvrage, *les Méthodes américaines d'éducation*, publié récemment par M. Buyse, directeur de l'École industrielle de Charleroi, a été une véritable révélation. Des peuples éduqués par des méthodes aussi parfaites sont appelés à former une humanité différente de la nôtre.

Cette impression est celle qu'éprouveront tous les lecteurs du livre de M. Buyse. C'est un peu celle ressentie par un de nos plus éminents savants, M. Le Chatelier. On en jugera par l'extrait suivant d'un de ses articles :

A la lecture de cet ouvrage, la première impression est un sentiment d'envie pour une civilisation certainement supérieure à la nôtre. Une confiance générale et absolue dans les bienfaits de l'éducation, une liberté complète permettant le développement parallèle des écoles les plus variées, y autorisant les expériences les plus audacieuses, un respect rigoureux de l'école la maintenant complètement à l'écart des luttes politiques si vives cependant aux États-Unis, une philosophie profonde des méthodes d'éducation les orientant vers le développement de l'activité individuelle, témoignent d'une culture intellectuelle peu commune. Nous aurions grand intérêt à nous assimiler les méthodes d'éducation américaines, mais i ne faut pas trop y compter. Le plaisir de l'action, la passion de la liberté sont des sentiments trop jeunes pour un vieux continent fatigué comme le nôtre.

Les pages qui vont suivre consacrées à l'éducation américaine sont entièrement extraites du livre de M. Buyse. Le lecteur qui voudra étudier son ouvrage avec soin, y verra vite que non seulement une pareille éducation développe à son maximum le caractère et l'intelligence, mais encore *tend à effacer entièrement les différences de classes qui rendent la solution des problèmes sociaux si difficile chez les peuples latins.*

Et maintenant, je laisse la parole à M. Buyse, renvoyant pour les détails à son livre.

Savamment les professeurs sèment sous les pas des élèves des difficultés graduées, que ceux-ci doivent apprendre à juger et à vaincre; l'acte physique précède ou accompagne l'acte de la pensée; les branches d'enseignement les plus abstraites pour nous sont présentées sous des formes matérielles et concrètes et nécessitent, pour être assimilées, aussi bien l'habileté des mains que la vivacité de pensée : la géographie est une manipulation; la littérature scolaire est un travail de laboratoire, car elle s'associe intimement avec le dessin et le modelage; la forme supérieure de l'action, les travaux manuels, universellement pratiqués dans les écoles, sont des exercices de résistance morale; tout l'enseignement allie l'effort physique, musculaire, à l'assimilation des idées.

L'enseignement secondaire, qui établit le passage de la dépendance intellectuelle et morale de l'enfance aux convictions intellectuelles de l'adulte, procède de la même pensée et accentue le système de l'instruction par l'action. Les difficultés à résoudre sont plus complexes, le but à atteindre plus éloigné, les obstacles, plus élevés. Affranchir la pensée et le sentiment de toute tutelle, en réduisant graduellement le rôle du professeur au profit de la responsabilité du jeune homme ou de la jeune fille : tel est le but de l'éducation.

Faire agir les enfants comme s'ils étaient seuls au monde, en toute liberté; exalter le plaisir dans l'effort, la joie dans la lutte contre les difficultés, la possession de soi-même — le self-control — telle est la tâche supérieure de l'école; ni les faits, ni les théories ne sont enseignés, ne sont communiqués verbalement aux élèves. Les Américains, professeurs et élèves, ont une vraie répugnance pour les théories toutes faites, pour les définitions et les abstractions, sans sanction pratique.

Dans les écoles, il n'existe plus de trace des méthodes qui cherchent l'effet utile dans la doctrine communiquée par la parole et non traduite en actes par les élèves. Les professeurs considèrent que l'enseignement en général, et spécialement l'enseignement scientifique, ne saurait être fécond si les élèves ne sont pas exercés à trouver eux-mêmes des vérités, à résoudre des questions scientifiques.

L'enseignement des sciences pures ou appliquées est pénétré des principes de la méthode de la « redécouverte » (rediscovery), pratiquée dans les laboratoires et dans les ateliers. Les leçons de classes, d'importance très réduite, préparent, accompagnent ou confirment les études pratiques de laboratoire et d'atelier qui sont les centres d'intérêt des institutions. Les notes de laboratoire et d'atelier, dans lesquelles sont enregistrés les faits et les phénomènes que les élèves ont observés et qui décrivent les constructions réalisées, constituent la pierre de touche de la valeur des études. Aucun cas n'est fait des copies de cours oraux, qui jouent un si grand rôle dans nos écoles. L'élève doit arracher aux appareils et au matériel d'expérimentation le secret des phénomènes et des lois qui les régissent. Dans les travaux manuels, la puissance de direction (directive power) s'exalte par des épreuves de plus en plus dures, développant la réflexion pour approprier les moyens aux fins, la patience pour l'accomplissement de tâches longues et ardues.

Dans les écoles industrielles et dans les institutions d'enseignement technique supérieur se continue le triomphe de l'initiative et de l'effort; l'expérience faite par les élèves y est la base des études; le professeur guide les individualités sans les subjuguer; il semble avoir le plus haut souci de laisser se manifester leurs aspirations propres, leur intelligence et leurs talents personnels.

... Déposer dans les cerveaux des enfants et des adolescents le germe de la volonté; leur donner, dès le jeune âge, le goût de l'action persévérante; hâter chez eux le passage de l'état de dépendance à l'esprit d'indépendance; préparer, par une éducation scolaire appropriée, les enfants des classes les plus modestes à se subvenir à eux-mêmes, à ne compter que sur eux-mêmes, au « self-support », telle semble être la plus haute préoccupation des écoles primaires et moyennes.

L'éducation ouvrière par l'école industrielle et professionnelle use à l'extrême de l'expérimentation pratique.

L'ouvrier américain est le prototype de l'ouvrier européen de l'avenir. Dans toutes les professions qualifiées, il est un homme instruit; le règne de l'ouvrier du passé, dont le savoir se bornait à des recettes, des procédés, des tours de mains et des secrets, est depuis longtemps terminé dans les usines modernes du Nouveau-Monde. Toutes réalisent le « labor saving », l'économie de main-d'œuvre, par l'emploi de machines-outils perfectionnées; la conduite intelligente de ces outils nécessite plus de cerveau et de nerfs que de muscles, plus d'attention, de décision rapide et d'habileté manipulatoire que de force physique.

Les perfectionnements et les transformations rapides que l'industrie a subis dans son outillage et dans ses méthodes de travail, ont fait naître, chez les ouvriers, conducteurs et chefs d'ateliers, des qualités nouvelles, intellectuelles plutôt que physiques; les écoles industrielles, sous toutes leurs formes, s'efforcent de développer ces qualités et de les fixer dans la race.

Comme dans l'enseignement général, les études théoriques se font d'après des méthodes très concrètes; les leçons orales s'appuient sur des exercices d'expérimentation et de manipulation, qui ont pour effet d'ajouter aux connaissances fondamentales des métiers, l'esprit d'observation, l'habileté manuelle, l'intelligence industrielle. Sauf dans trois ou quatre écoles professionnelles, nulle trace de spécialisation; l'école cherche à développer, chez l'ouvrier, le sens exécutif; elle forme l'homme complet, lui donne une culture générale professionnelle et réagit ainsi contre les efforts déprimants de la monotonie et de la division extrême du travail que comporte la fabrication en série.

A en juger par la puissance créatrice du travail américain, servi par un outillage perfectionné, cette éducation technique semble être particulièrement efficace.

... Au delà de l'Atlantique on ne trouve nulle trace du préjugé, indéracinable chez nous, contre le travail manuel. Personne ne le considère comme humiliant ni déshonorant. Un professeur, un magistrat n'y semblent pas considérés comme intellectuellement supérieurs aux ouvriers et contremaîtres intelligents. Les employés de bureau sont depuis longtemps fixés sur la valeur sociale de leur situation qui représente, au maximum, 50 à 75 francs de salaire par semaine, alors que le maçon, le plafonneur, le menuisier reçoivent 120 francs pour la même durée de travail.

Derrière tout Américain se retrouve l'ouvrier; il juge l'homme par ses capacités de produire et de réaliser; il n'admet pas la croyance que le diplôme confère une certaine noblesse intellectuelle.

CHAPITRE II

Détails des méthodes usitées dans les écoles américaines.

---

§ 1. — DIVISIONS DE L'ENSEIGNEMENT.

En Amérique l'enseignement est divisé en quatre périodes de quatre années chacune :

6 à 10 ans. . . .	Elémentaire	*Primary*
10 à 14 ans. . .	Primaire	*Grammar grades*
14 à 18 ans. . .	Secondaire ou	*High Schools*
	Professionnel	*Technical School*
18 à 22 ans. . .	Technique supérieur	*Institute of Technology*

Tous les jeunes Américains, sans exception, parcourent les deux premiers degrés de l'enseignement. Un nombre tous les jours croissant, même parmi les ouvriers, aborde l'enseignement secondaire avec ses études latines. Beaucoup cependant l'abandonnent après deux années vers 16 ans, soit pour se chercher directement une situation dans le commerce, soit pour se diriger vers les écoles professionnelles dont l'un des principaux objectifs est de remplacer l'apprentissage dans les usines; une élite seulement aborde l'enseignement technique supérieur auquel on reproche de trop reculer l'entrée dans la vie pratique.

Des cinq catégories d'enseignement résumées dans le tableau ci-dessus les trois premières sont les plus intéressantes. Elles ont fait l'objet d'études, de discussions prolongées, leurs méthodes ont atteint dans toute l'étendue des Etats-Unis une uniformité assez grande.

§ 2. — ENSEIGNEMENT ÉLÉMENTAIRE (DE 6 A 10 ANS)

Travaux manuels. — L'éducation est basée sur l'enseignement des travaux manuels. Les travaux manuels apprennent à créer et à exécuter; le principe de création trouve surtout son expression dans les leçons de dessin, de géométrie et dans les cours d'observation. L'exécution est l'œuvre propre des travaux manuels.

La spontanéité des initiatives particulières, qui se manifeste très heureusement en l'absence de prescriptions générales et de réglementation centrale exclues des écoles américaines, a trouvé des solutions fort intéressantes en ce qui concerne le passage, le pont de l'école Froebel, aux travaux manuels d'atelier. Les matériaux les plus variés ont été essayés et utilisés dans les constructions.

Dans les écoles de New-York on pratique le modelage, les constructions en papier, le tressage. Le modelage suggère des constructions ébauchées d'une masse plastique et qui présentent donc trois dimensions; les constructions en papier reposent sur la notion des deux dimensions; et enfin la construction avec des fils, de la corde, dans laquelle domine la ligne, envisage la seule longueur.

Dans beaucoup d'écoles américaines, à l'exemple de New-York, le dessin et les travaux manuels des cours primaires gravitent autour de certaines idées fondamentales appelées des « centres d'intérêt » qui se trouvent dans le rayon d'observation des enfants. Ces centres sont :

1° La maison : occupations, devoirs, plaisirs de la famille; 2° la vie de la communauté : moyens de transport, occupation des habitants, amusements; 3° la vie scolaire; 4° la langue maternelle; 5° les vacances; 6° l'étude de la nature.

Suivant un procédé constant, la discussion entre les professeurs et les élèves fait surgir de ces « centres d'intérêt » les sujets à traiter; l'enfant s'y applique avec ardeur; son imagination y attache des sentiments et des souvenirs; il y poursuit la réalisation tangible d'une pensée personnelle.

Dessin. — Le dessin prend un caractère artistique dans les écoles élémentaires.

L'Amérique n'accepte pas l'idée européenne que l'œil et la main doivent se former exclusivement par le dessin à main levée, d'après des objets géométriques et par la copie de modèles. Le dessin d'après nature y est fort en honneur; le but dominant est d'amener les enfants à traduire leur pensée en des formes artistiques dans le dessin et par l'exécution de travaux. L'enfant américain manie, dès le début, des pinceaux et des couleurs à l'eau, le crayon et la plume.

La technique du dessin consiste dans la reproduction à l'aquarelle, de feuilles, de fleurs, de plantes, dans leurs masses, parfois sans avoir fait, au préalable, le contour au crayon. Les raccourcis sont bannis des modèles; les dessins ne sont que des ébauches, mais, dans le rendu, il y a souvent du goût et de la vigueur.

Le dessin d'après la figure humaine est couramment pratiqué dans les écoles élémentaires. Un enfant joue généralement le rôle de modèle. Il est entouré d'accessoires : tels qu'une échelle, des outils, des avirons de canots, des casses d'écoliers et simule des scènes dont les élèves font le croquis.

Jardinage. — A Washington, 45.000 enfants font des travaux de jardinage; tous les ans les écoles organisent une exposition de fleurs, plantes ornementales, légumes, cultivés par eux, ainsi que des travaux des classes, dont les sujets ont été directement empruntés aux jardins.

Les leçons de choses, les travaux manuels, le calcul, les notions de géographie, etc., donnés dans les classes de Washington, évoluent autour de ces minuscules jardinets et remplissent les cours de données fraîches et concrètes relatives au sol, à l'humidité, à l'orientation, aux semences, à la germination, aux types de feuilles, bourgeons, fleurs, fruits sous leurs formes les plus variées, d'après les espèces de végétaux et les saisons.

Les enfants tiennent des carnets dans lesquels ils marquent les dates des semailles, leurs observations sur la croissance des plantes, l'apparition des fleurs, la maturité et les récoltes.

Les enfants y cueillent d'abondants bouquets qui leur servent de modèles au cours de dessin.

Le dessin, les exercices d'observation et de langage marchent parallèlement avec les travaux du dehors.

§ 3. — ENSEIGNEMENT PRIMAIRE (DE 10 A 14 ANS)

La théorie psychologique de l'éducation par les travaux manuels est définitivement établie; elle peut se résumer ainsi, suivant la conception des Américains : tout mouvement conscient a son origine dans une excitation des cellules motrices du cerveau. La pensée, sans action, peut développer l'imagination, mais laisse inculte la puissance de la volonté. La volonté ne peut se développer que par l'action. Tout mouvement musculaire se répercute sur les cellules du cerveau par les sensations, se fixe dans les centres de projection sous forme de perception et d'images. Pour augmenter la réceptivité du cerveau, l'éducation rationnelle veut qu'on varie la nature des mouvements des travaux manuels, pour intéresser successivement tous les groupes cellulaires. De ces faits il résulte que, pour développer la région motrice totale du cerveau, il faut multiplier les exercices amples et variés, et les régler de façon à aiguiser la sensibilité et la perception, à faire jaillir la pensée et à fortifier la volonté. Il en résulte aussi que si le mouvement devient habituel, il peut se faire sans réflexion et il cesse de développer les cellules motrices; dès lors, il n'a plus de valeur éducative. Ce n'est que dans la première période d'excitation que l'action des travaux manuels est efficace. Des exercices, poussés au delà du stade éducatif, peuvent devenir des moyens pour préparer à des travaux plus avancés d'ordre professionnel, mais ils ne sont plus à ranger parmi les branches qui contribuent à la formation générale.

Les travaux manuels variés se réduisent à quatre grands systèmes : 1° le système pédagogique, d'origine suédoise; 2° le système technique, de provenance russe; 3° le système social; 4° le système artistique.

Le *système pédagogique*, représenté par le *sloyd*[1], considère les travaux manuels, au même titre que les mathématiques, le dessin, les sciences physiques, etc., comme un instrument de culture générale, intégrale, exerçant l'attention, la perception exacte et le raisonnement et tendant au développement harmonique de toutes les facultés. Il repose sur le principe de Froebel : l'éducation par l'action, et a sa source dans l'œuvre scolaire de Coegnus, de Finlande. Il a été élevé à la hauteur d'un système par l'école normale de Näas, en Suède, de là a envahi le monde civilisé, en se transformant suivant les latitudes, les mœurs, la mentalité des races.

Le choix des modèles est la pierre de touche du système. Ces modèles doivent inspirer un intérêt tel que l'élève applique à leur exécution son effort volontaire et toutes ses facultés. Dans ce but, il convient de les adapter aux conditions variables de la capacité, du goût, des mœurs, du milieu, etc. : là se trouve le point capital des méthodes de sloyd; l'intérêt ne se trouve pas dans les modèles mêmes, qui ne sont pas inaltérables, mais dans les raisons immuables qui en sont la base : la difficulté croissante et progressive des exercices, l'effet de certains outils sur le développement musculaire, la capacité des élèves d'exécuter un travail en toute dépendance, l'utilité et l'agrément du modèle à confectionner dans un espace de temps donné; tous ces points sont considérés soigneusement à chaque pas dans le sloyd américain tel que l'a formulé et le pratique M. Larrson.

L'Amérique est arrivée à un degré de prospérité matérielle inconnue dans son histoire; après la satisfaction des besoins matériels, ont surgi des besoins supérieurs dont la satisfaction se trouve dans le Beau.

C'est dans les travaux manuels et le dessin que se manifeste nettement la tendance vers plus de raffinement.

1. De l'expression suédoise « Slojold » qui signifie travaux manuels.

Des systèmes d'enseignement esthétique se sont fait jour dans de nombreux centres. Les écoles d'art appliqué se multiplient; la préparation des professeurs de dessin est l'objet de plus de soins et les cours publics d'art jouissent d'une vogue grandissante. Dans les écoles élémentaires, cette même préoccupation se traduit par des systèmes d'éducation artistique parmi lesquels le plus original, le plus déconcertant est celui de M. Tadd, directeur de la « Public Art School » de Philadelphie.

L'école d'art industriel de M. Tadd est une institution libre, subsidiée par la ville; elle possède, disséminées dans les divers quartiers, des succursales, où les élèves des écoles viennent recevoir leurs leçons. L'institut central est établi dans un local vétuste, intéressant par le goût mis dans la disposition de l'ameublement et des modèles. Les dégagements et cages d'escaliers, comme les salles de cours, sont copieusement garnis de dessins, de sculptures sur bois, de moulages, renseignant le visiteur sur la nature et l'étendue des études qui s'y poursuivent.

Dans les salles bondées, s'agitent des enfants, garçons et fillettes absorbés en une activité qui semble répondre à leur goût : les uns s'appliquent à la création de petits projets de panneaux, de frises, d'encadrements ornés : d'autres dessinent, d'après nature, des oiseaux empaillés, des fleurs, des poissons, des squelettes, des coquillages, des minéraux; pour d'autres encore, le modèle a disparu et ils s'évertuent à le reconstituer de mémoire. Mais l'intérêt se porte spécialement sur deux ordres de travaux, auxquels les élèves prennent un plaisir intense : le modelage et la sculpture sur bois. Le lien entre tous ces travaux est assuré par des leçons sur la composition décorative et l'histoire de l'art, et richement illustrées de projections lumineuses, de gravures et de photographies.

Formation des professeurs de travaux manuels. — Les Américains proclament hautement l'utilité et la nécessité des travaux manuels, mais ils sont exigeants en ce qui concerne la qualité de cet enseignement.

D'après leur conception, les travaux manuels constituent des disciplines, au même titre que le calcul et que les sciences naturelles.

Nous ne saurions assez insister sur la marche constante des travaux : la fonction de l'objet est le point de départ de discussions entre élèves et professeurs. De cet examen en commun se dégagent la forme, les dimensions, les matériaux à employer, puis le plan coté de l'objet à confectionner. Les relations entre la fonction, la forme, les dimensions des objets et les matériau constituent la pensée même des travaux manuels. Ces notions sont subtiles et doivent procéder de la connaissance de la construction. Ce n'est que par des études sérieuses, que le professeur se prépare à appliquer ce principe supérieur dans les travaux, d'une manière constante et compréhensible. On s'en convaincra par l'exemple suivant : la construction d'une chaise qui entre comme exercice d'application dans les cours de septième et huitième années, pour les enfants de onze et quatorze ans.

Le thème de la leçon peut se fixer comme suit : l'examen de la fonction de ce meuble, qui est de servir de siège, conduit immédiatement à la forme qui doit être celle de l'homme, de l'enfant assis. En poussant plus loin les investigations interrogatives, les élèves, guidés par le professeur, trouvent la forme et les dimensions du dossier; ils peuvent même contrôler la construction, les points à consolider, etc. Ils sont ainsi amenés à faire rationnellement et graduellement le croquis coté du meuble, et, munis de ce document qui renferme la pensée à réaliser, ils passent à l'exécution. Le même système d'études rationnelles préalables, par lesquelles la pensée, le raisonnement et le jugement entrent dans les travaux se retrouve dans l'exécution de tous les objets.

Les Américains considèrent comme de nulle valeur éducative et comme de simples « occupations manuelles » les travaux dont l'élève ne possède pas, dans le cerveau, le plan préalablement raisonné. C'est dans cette méthode que se trouve la vertu spéciale des travaux manuels. Ainsi conduites, les opérations se déroulent avec la rigueur logique d'une suite de propositions géométriques; elles imposent à l'élève la prévoyance dans l'établissement du projet, l'adaptation des moyens aux fins, le principe du moindre effort. Cette méthode d'enseignement exige des directeurs chargés de l'organisation et de la surveillance des cours et des professeurs chargés de l'enseigner, des connaissances et des aptitudes sérieuses et diverses, qu'ils ne sauraient acquérir à fond par l'étude des travaux manuels, comme une branche accessoire dans les écoles normales générales.

Pour suppléer à l'insuffisance de ces professeurs, des institutions ont organisé un véritable enseignement normal spécial pour les travaux manuels.

§ 4. — ENSEIGNEMENT SECONDAIRE (DE 14 A 18 ANS).

Dans l'école secondaire technique américaine s'est effacée la limite entre la culture générale et l'instruction industrielle et commerciale.

Les classes moyennes et ouvrières n'ont pas fascinées par

l'éclat des professions bureaucratiques ou libérales; la cote brutale des salaires des carrières manuelles et intellectuelles suffirait pour les désillusionner : à New-York, 10 dollars ou 50 francs par semaine est le salaire moyen d'un bon employé de commerce, alors que le maçon, le plafonneur, le carreleur et le charpentier gagnent 25 francs par jour. Ces classes veulent un enseignement secondaire qui introduise les jeunes gens dans les carrières de l'industrie et des affaires. Sous la pression des besoins de ces classes est né l'enseignement moyen moderne. Le problème des études moyennes s'est présenté dans les mêmes termes qu'en Europe. A côté de la vieille académie ou « high school » classique, préparatoire aux collèges, ont été créées des écoles moyennes qui cherchent à résoudre le problème qui préoccupe tous les pays industriels : la préparation, par l'enseignement moyen, aux fonctions de la vie réelle en même temps qu'aux études supérieures.

Pour satisfaire à la fois aux conditions imposées à l'entrée des universités et établir les bases d'une préparation solide à la vie pratique, les programmes d'enseignement se bigarrèrent de mille façons; on y trouve des matières allant d'Eschyle à la comptabilité et l'arpentage; le tout superficiellement bien entendu, sans grande idée fondamentale. De ce chaos se sont dégagés des groupes de cours qui ont constitué : 1° la section grecque-latine; 2° la section latine; 3° la section scientifique que l'on retrouve dans l'organisation de notre enseignement moyen.

Ces divisions existent dans la généralité des grandes écoles moyennes américaines, non comme un cadre fixe imposé à l'élève, mais conçues très librement. Le régime actuel d'un grand nombre des écoles secondaires n'est pas celui des sections séparées; il est basé sur un noyau de branches prescrites à tous, qui se complètent d'un grand nombre de branches facultatives, parmi lesquelles l'élève choisit librement, sans aucune entrave réglementaire; l'anglais (trois ou quatre années), les mathématiques (deux années) sont, en général, les branches communes les plus usuelles; l'histoire, les sciences naturelles et les langues modernes y sont parfois incluses.

Dans certaines écoles, 70 p. 100 du temps est dévolu aux branches librement choisies; dans les autres, de 40 à 70 p. 100 du temps. Chose curieuse, les statistiques prouvent que le nombre d'élèves qui étudient le latin se maintient, fait difficile à comprendre sous la lumière de l'instruction moderne et de l'utilitarisme américain.

Caractère des études. — Nous restreignons notre étude aux établissements secondaires techniques qui, malgré leur caractère général, jettent les vraies bases de l'éducation de l'ouvrier, de l'industriel, de l'homme d'affaires américain. Ces écoles versent tous les ans dans les usines et les bureaux des milliers de jeunes gens de forte culture, préparés à l'action énergique et à l'effort personnel réfléchi, par des méthodes d'éducation virile qui exaltent la confiance en soi et l'esprit d'indépendance.

Lorsque nous conduirons nos lecteurs dans les ateliers de menuiserie, de tournage et de modelage industriel, lorsque nous leur montrerons les élèves des lycées américains modernes forgeant le fer et l'acier et le façonnant sur des tours mécaniques, beaucoup se récrieront en disant que ces écoles sont professionnelles, qu'elles forment des mécaniciens et n'ont rien de commun avec nos écoles secondaires, où l'enseignement se déroule dans le calme pédagogique consacré par des siècles d'expérience. Nous ne gageons pas qu'il n'y ait des parents, saisis d'un frisson à la pensée de voir un jour leur fils, à l'exemple de ces crânes étudiants du Nouveau-Monde, placé en habit d'ouvrier devant des tours mécaniques, faisant jaillir, sous la pression de l'outil, des copeaux de fer et d'acier, au risque de se fatiguer physiquement, de se blesser par une paille métallique ou d'être victime d'accidents plus graves.

Les parents américains ont trop le culte de l'énergie physique et morale pour avoir de semblables appréhensions. Les écoles techniques secondaires avec leurs travaux manuels répondent si bien à leurs aspirations, qu'ils n'hésitent pas à leur confier leurs enfants : en 1906, les États-Unis comptaient 94 écoles publiques de ce genre réunissant 39.783 élèves, non compris les écoles du même rang pour les populations indienne et nègre dont il sera question plus loin.

L'État de New-York seul compte 17 « manual training high schools » avec 12.306 élèves. L'école de Brooklyn seule réunit 1.800 élèves ; la « Crane manual training high school » à Chicago en compte 600, et l'école du même type de Boston, 1.400 élèves. Les établissements privés d'instruction secondaire ont dû suivre le mouvement et inscrire les travaux manuels à leurs programmes.

Les travaux manuels ont même envahi les écoles moyennes classiques. A Boston, ils sont inscrits au programme comme branche facultative ; les élèves sont si bien entraînés par les travaux manuels, universellement enseignés dans les écoles élémentaires, que la plupart de ceux qui passent dans les « high schools » participent volontairement à ces travaux. Les jeunes filles font les travaux de cuisine, de confection et s'exercent dans les arts domestiques, tandis que les garçons travaillent dans les ateliers. Sauf en ce point, les cours des écoles secondaires sont identiques pour les représentants des deux sexes. Les écoles secondaires techniques ne donnent pas l'instruction professionnelle dans les arts mécaniques; elles sont des institutions d'enseignement général au même titre que nos athénées et lycées. Les cours de dessin et de travaux manuels sont des disciplines à l'égal des mathématiques, de la géographie et de l'histoire. Leur enseignement scientifique, littéraire et manuel convient à toutes les catégories sociales et à tous les jeunes gens, quelle que soit leur profession future, qu'ils deviennent avocats, médecins, directeurs d'établissements industriels ou simples travailleurs.

En 1892, la « National Educational Association » nomma une commission de 10 membres, réunissant les sommités du monde professoral, pour étudier la structure des écoles secondaires, formuler les réformes à y introduire et essayer d'unifier les conditions d'entrée aux collèges.

Les documents de la puissante association sont encore une source de référence de premier ordre en ce qui concerne l'organisation des écoles secondaires.

A titre d'exemple, citons comment le Comité des Dix caractérise la méthode à suivre dans l'enseignement de la géométrie :

La géométrie ne peut s'acquérir par la simple lecture des démonstrations d'un livre ni par un exposé oral; il faut la compléter de travaux indépendants, attrayants et stimulants. La géométrie dans les écoles américaines est conçue pour développer le talent créateur. Les matériaux de la géométrie sont simples, concrets et admettent un nombre infini de combinaisons simples ou complexes. La géométrie élémentaire manque de méthode générale de démonstration. Chaque théorème doit être traité, en soi, par un procédé différant plus ou moins de tout autre. L'invention de ces procédés de démonstration est un exercice intellectuel beaucoup plus puissant que l'application mécanique de quelque méthode générale telle que le calcul différentiel et intégral.

La matière de la géométrie plane ne diffère pas sensiblement de celle que nous enseignons dans nos écoles; mais dans l'enseignement de la géométrie dans l'espace, les Américains emploient des procédés d'intuition dont nos professeurs et auteurs d'ouvrages de mathématiques élémentaires pourraient utilement s'inspirer.

Ils partent du principe que les constructions de la géométrie dans l'espace ne peuvent se tracer avec le relief, ni à la règle, ni au compas, ni à l'aide d'aucun instrument de dessin, or, comme ils jugent l'intuition indispensable, ils font les constructions à l'aide de lignes et de plans matériels, des tiges en acier, des carreaux transparents, des formes en bois. A chaque leçon sur ces matières, le professeur se sert d'appareils ingénieusement intuitifs de grandes dimensions, sur lesquels les élèves cherchent, avant toute démonstration théorique, l'explication des éléments et même la solution du problème ou du théorème.

CHAPITRE III

L'Enseignement des sciences expérimentales.

§ 1. — ENSEIGNEMENT DE LA PHYSIQUE

Dans les auditoires, les professeurs exposent les lois fondamentales de la physique en illustrant leur exposé d'expériences qualitatives : dans le laboratoire, l'élève réalise personnellement une série complète d'expériences quantitatives qui confirment et précisent les données du cours. Dans bien des cas, le laboratoire est en avance sur les cours d'auditoire. Le laboratoire de physique est de création essentiellement américaine : à notre connaissance, aucune école secondaire de l'Europe continentale ne pousse aussi loin le « learning by doing », l'étude par l'action, que les « high schools » des États-Unis.

Nous avons visité une vingtaine de laboratoires d'écoles secondaires en fonctionnement, et c'est avec un intérêt croissant que nous en avons apprécié la saine et forte activité.

Dans la « Crane Manual Traning School » au moment de notre visite, l'expérience en cours d'exécution se rapportait à la vérification des lois du pendule. Le lecteur jugera de la satisfaction des jeunes gens et jeunes filles lorsque, l'expérience terminée, ils purent mettre, de science personnelle, au bas de leurs notes : *lois sur le pendule* : « les petites oscillations du pendule sont isochrones ; la durée des oscillations est indépendante de la masse ; elle est proportionnelle à la racine carrée de la longueur du pendule ». Entre le phénomène produit, d'une part, l'œil et le cerveau de l'élève d'autre part, ne s'interposent ni phraséologie, ni termes, ni définitions, ni formules à retenir : la vérité toute nue lui apparaît ; elle entre dans sa mémoire comme sa propriété personnelle.

Dans la plupart des écoles, le matériel est de construction rudimentaire et solide ; on y trouve des appareils empruntés à la pratique tels que leviers, des balances, des siphons, des pompes de grandes dimensions et même des moteurs hydrauliques, des treuils, des cabestans, des plans inclinés, du matériel électrique pour l'étude de l'électricité expérimentale et même industrielle; tout cet appareillage a été dans la plupart des cas projeté et construit par les élèves eux-mêmes dans les ateliers de l'école. Les expériences s'appuient sur les « text-books » et sur un syllabus indiquant le but de chaque opération, les précautions à prendre pour éviter des erreurs, les appareils à utiliser, etc. Ces travaux sont le plus possible *quantitatifs*.

L'élève inscrit soigneusement dans un carnet de notes le résultat de ses observations. Le professeur surveille la marche des expériences, tout en laissant à l'élève la responsabilité et le mérite de ses résultats.

§ 2. — ENSEIGNEMENT DE LA CHIMIE

Les plus petites « high schools » possèdent un laboratoire de chimie où les élèves peuvent accomplir le minimum de travail personnel de laboratoire jugé nécessaire pour la vie, ou prescrit par les examens d'entrée des collèges. La chimie verbale d'auditoire, quelque talent que mette le professeur à faire des expériences, n'est guère populaire aux États-Unis. Dans aucun cas, nous n'avons trouvé d'école qui se contentât de pareil enseignement; l'enseignement verbal des sciences d'observation jure avec la mentalité américaine et ne retiendrait pas les élèves pendant une seule séance. On ne trouve guère, comme chez nous, des auditoires de sciences pouvant réunir des centaines d'élèves devant un ameublement, savamment machiné, alimenté de gaz, d'électricité, d'eau, d'air sous pression et de vide; on n'y voit pas le professeur agissant au nom des élèves et leur communiquant de première ou de seconde main les connaissances qu'il étaye de fragiles expériences. Le pivot des études est pour toutes les sciences expérimentales, et spécialement pour la chimie, le laboratoire où l'élève pense et agit.

Le rapport du « Committee of Ten » a contribué beaucoup à l'unification des horaires. Pour la chimie, le Comité a fixé la durée annuelle des travaux de laboratoire à 108 heures au moins divisées en deux périodes hebdomadaires d'une heure et demie pour la manipulation et d'une heure de leçons d'auditoire appuyées d'expériences faites par le professeur.

Beaucoup d'écoles ne prévoient pas des leçons d'auditoire, vu l'impopularité de ce genre de leçons qui sont rendues superflues par l'abondance des manipulations de laboratoire. Celles qui organisent les cours théoriques ne dépassent pas vingt-cinq leçons de trois quarts d'heure; la plupart d'entre elles prescrivent des leçons de récitation où l'élève, après avoir étudié la théorie des produits examinés, vient la développer devant le professeur en présence de ses camarades. Trois leçons de trois quarts d'heure de récitation faites d'après des syllabus ou des manuels d'études est le temps normalement consacré à l'étude orale de la chimie.

L'habitude de l'effort personnel, du débrouille-toi, du « help yourself » qui est le résultat le plus tangible de tout l'enseignement américain, rend très élégantes les méthodes d'enseignement des sciences d'observation.

Le problème expérimental à résoudre se trouve dans le « textbook » ou est remis aux élèves sous forme de syllabus. Voici le texte de quelques-uns de ces documents que nous avons relevés à la « Mac Kinley Manual training high school » à Chicago. Ils sont assez explicites pour ne pas nécessiter de commentaires. Lors de notre visite les élèves en étaient à la troisième expérience portant comme sujet : « Les modifications physiques et chimiques du cuivre ». Ils trouvaient dans leur syllabus les directions suivantes :

1° Examiner un morceau de cuivre. En le chauffant dans une éprouvette d'essai, observez-vous quelques modifications apparentes? Se dissout-il dans l'eau? Quelles autres propriétés possède le cuivre?

2° Placez un petit fragment de cuivre dans une éprouvette contenant de l'acide azotique concentré. Notez avec soin les phénomènes qui se produisent. Lorsque l'action de l'acide nitrique cesse, versez le liquide dans une petite coupe en porcelaine, évaporez-le dans la hotte en la plaçant sur une toile métallique au-dessus du bec Bunsen; chauffez doucement et gardez-vous surtout de chauffer fortement au moment où la dessiccation commence.

3° Après refroidissement, faites sur la substance qui s'est déposée les mêmes essais que vous avez faits sur le cuivre, suivant les prescriptions du 1°.

4° Si vous évaporez trois-quatre gouttes d'acide nitrique dans une éprouvette, obtenez-vous le même résidu que vous avez trouvé en évaporant le cuivre et l'acide nitrique?

En comparant 3° et 1° et, en prenant en considération 4°, tirez vos conclusions et défendez-les avec assurance en vous appuyant sur votre certitude expérimentale.

Les cours se développent progressivement par l'étude expérimentale d'un groupe de faits qui passent sous la main et sous les yeux des élèves.

Ceux qui connaissent l'horreur qu'éprouvent les élèves de nos athénées pour des cours de chimie basés sur le « Manuel » seraient étonnés de constater le plaisir intense que les jeunes

Américains ressentent et le goût qu'ils mettent dans l'étude de cette branche si importante par ses applications industrielles et par sa valeur éducative.

Nos élèves considèrent souvent la chimie verbale comme une chose à part dans laquelle ils rencontrent des faits sans connexité directe avec la vie réelle; les théories chimiques leur semblent ne pas être tirées des faits. L'impression invariable et tenace qu'on conserve de nos cours de chimie — appelée expérimentale parce que le professeur fait de temps à autre quelque manipulation sous le regard des élèves — est, que les théories et les lois seraient fondamentales et essentielles; que les faits s'efforcent de se conformer aux théories; que toute la science chimique est suspendue à la théorie atomique et que, sans cette dernière, il ne peut y avoir ni découverte nouvelle, ni analyse possible. Le débutant croit avoir fait un progrès énorme s'il sait appeler l'eau H^2O, quoiqu'il n'ait aucune idée quant à l'origine et à la signification réelle des formules.

Les méthodes d'expériences personnelles des écoles américaines ne versent pas dans ces tendances erronées; elles conduisent à des impressions plus conformes à la réalité : les manipulations systématiques font découvrir des faits nouveaux, elles font apparaître les relations qui existent entre les faits et conduisent à des lois, et à des théories, qui facilitent l'investigation et la découverte de nouveaux faits. Aux yeux des élèves, les théories restent subordonnées aux faits : cette vérité fondamentale les guide dans leurs travaux et est pour leurs études futures un gage de succès.

A nos méthodes passives, basées sur la mémoire des mots, les « high schools » et les écoles techniques américaines opposent triomphalement leurs méthodes actives et éducatives qui mettent en œuvre l'effort, la volonté, l'habileté manipulatoire, la logique.

Dans bien des écoles, une importance spéciale est attachée aux manipulations de chimie quantitative. Ces travaux constituent d'excellents exercices de mesure et de précision dans l'observation. Ils conduisent généralement à la vérification des lois que l'élève serait obligé d'accepter comme une vérité théorique. Nous relevons, parmi ces expériences quantitatives, des travaux sur la distillation, l'équivalent d'hydrogène, l'ionisation, la loi des proportions multiples, combinaison d'un métal avec de l'oxygène. A propos de l'oxygène, on fait, en général, des expériences sur sa teneur dans l'air, dans le $K\,Cl\,O^2$, le poids dans un litre d'air, la solubilité dans les liquides, etc.

Les expériences quantitatives sont vivement recommandées : les calculs ne sont pas poussés au delà de la limite d'approximation donnée par les pesées et les lectures.

Le centre de gravité des cours de chimie dans les écoles

moyennes américaines se trouve dans les travaux de laboratoire ; le monde enseignant est d'accord pour dire que les leçons expérimentales données par le professeur et les « récitations » sont nécessaires pour dégager les idées générales des faits, mais qu'il est inutile d'essayer d'enseigner la chimie ailleurs que dans un laboratoire bien outillé et bien conduit. Le carnet de notes et l'enregistrement clair, logique, scientifique des faits observés est l'œuvre capitale du laboratoire.

§ 3. — LES TRAVAUX MANUELS DANS L'ENSEIGNEMENT SECONDAIRE

Dans l'esprit des Américains, le critère du progrès en éducation est l'avancement vers un régime qui assure à l'élève la plus grande activité personnelle ; le souci des professeurs est de réduire au minimum leur intervention, de façon à donner à l'élève graduellement l'initiative, le contrôle sur ses actes, l'empire sur soi, la discipline interne qui le dispense de chercher des guides hors de lui.

Sous cette haute préoccupation, toutes les sciences enseignées dans les écoles secondaires, dont nous avons décrit les méthodes, mais plus spécialement les travaux manuels sont devenus l'enseignement de l'activité, de l'énergie, de la volonté appliquées à l'exécution des travaux éducatifs par lesquels les élèves acquièrent des connaissances utiles.

Les principes qui se trouvent à la base des travaux manuels sont identiques à ceux qui guident les travaux scientifiques des laboratoires de chimie, de physique et de sciences naturelles ; les méthodes sont celles des sciences expérimentales.

Que les travaux manuels soient inscrits comme branches facultatives aux programmes des écoles secondaires ordinaires, ou qu'ils fassent partie intégrante des programmes comme dans toutes les écoles secondaires techniques, ils comprennent toujours, pour les garçons :

1° Le *travail du bois* : la menuiserie, le tournage, le modelage industriel et, dans certaines écoles, l'ébénisterie ;

2° Le *travail des métaux* : le forgeage du fer et de l'acier, l'ajustage à la main et mécanique ; dans quelques écoles les éléments du moulage et de la fonderie.

Nous avons vu enseigner, en outre, dans certaines écoles, le repoussage du métal, autant dans ses éléments techniques que comme application de la composition décorative.

Les jeunes filles pratiquent les *sciences domestiques* : la cuisine, le lessivage, l'entretien de la maison, la couture, l'économie domestique et les *arts domestiques* : la confection, les modes.

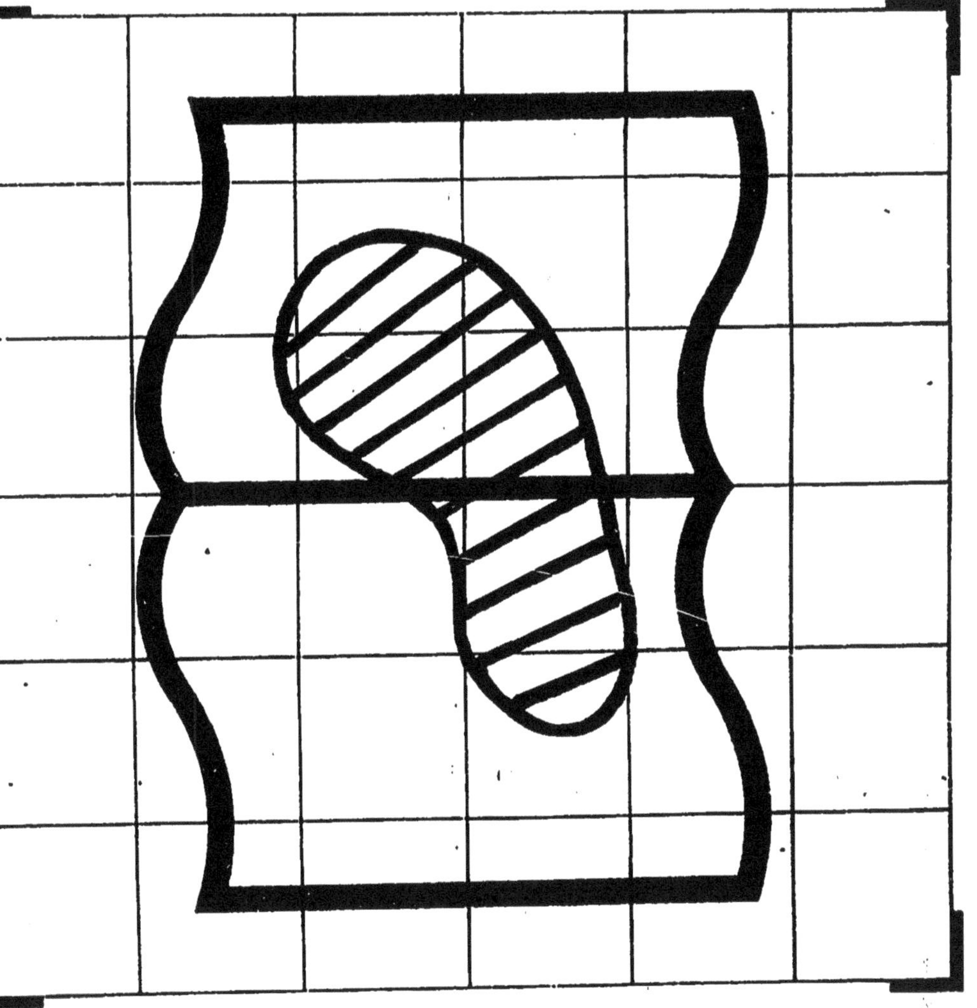

Comme dans l'enseignement élémentaire, les travaux manuels présentent un caractère purement éducatif. Les élèves, moyennement aptes, acquièrent néanmoins une habileté sérieuse, car chaque nouveau modèle comporte, dans une certaine mesure, des procédés déjà appliqués dans les travaux antérieurs.

Les travaux qui se font sans être guidés par une pensée précise n'ont, aux yeux des Américains, aucune valeur comme moyen d'éducation; ils accusent les éducateurs suédois d'avoir retiré la pensée et la vie aux modèles du sloyd, à force de l'épurer et d'en expulser toute nuance technique; le souci d'introduire dans les travaux une pensée directrice explique le soin avec lequel les projets sont préalablement discutés par les élèves. Dans ce but, ils se groupent autour des professeurs, échangent leurs vues, questionnent, critiquent, tant que la pensée à développer dans le travail n'est pas nettement précisée. De même, pour enseigner une opération nouvelle ou l'usage d'un procédé étudié, le professeur réunit les élèves autour de lui, démonte l'outil, en décrit les parties, l'affûte, le remonte, en explique l'usage et les effets.

Dans les écoles normales pour professeurs de travaux manuels et dans les milieux scolaires, les effets de chaque outil, de chaque opération, et de l'exécution de chaque objet ont été expérimentés méticuleusement au point de vue éducatif.

Si la doctrine tend à s'unifier et à se fixer, la forme des objets auxquels se rattachent les travaux, varie à l'infini, suivant la formation personnelle des professeurs et l'influence des milieux.

Certaines écoles secondaires accentuent, plus que les autres, le caractère artistique des travaux et cherchent à développer le sens du beau par l'exécution d'objets qui présentent de belles lignes et une décoration de goût. Aux modèles de base, imposés à tous les élèves et qui relèvent plutôt de la technique de la menuiserie industrielle, elles ajoutent des objets auxquels les élèves appliquent des incrustations, le découpage et même la sculpture, travaux décoratifs qui répondent à une préoccupation d'art, malgré leur caractère sommaire.

CHAPITRE IV

L'enseignement professionnel.

Il est impossible de caractériser, par une description générale,
l'ensemble des écoles américaines qui ont pour objet de former
les ouvriers ou de compléter leur instruction technique; leur organisation, l'étendue et la nature, la durée des études, les conditions d'admission varient à l'infini; elles ne s'imposent d'autres
règles que celles des besoins locaux, et nulle part on ne trouve
les traces d'un système général.

L'école industrielle américaine enseigne les principes scientifiques et leurs applications à l'industrie, comme complément à
l'apprentissage dans les usines et les ateliers; comme nos écoles
industrielles, elle s'adresse aux apprentis et ouvriers qui sont, ou
ont été engagés dans une profession déterminée. L'enseignement
se donne généralement le soir, en semaine; mais il existe de nombreuses écoles du jour, de caractère analogue, destinées à compléter l'instruction technique des ouvriers et employés d'industrie,
qui, pendant une ou deux années, abandonnent l'atelier pour par-
faire leurs études.

Tandis que, dans nos écoles industrielles du soir, l'élève doit
accepter un ensemble de cours, jugés utiles pour l'étude de sa
spécialité, les écoles américaines n'imposent aucune obligation de
ce genre, l'élève conserve le libre choix des cours dans les limites
de ses capacités.

Le pivot des études se trouve dans les travaux pratiques. L'enseignement d'auditoire est invariablement accompagné, pour
chaque cours, d'expériences et d'applications réalisées par les
élèves dans des laboratoires et ateliers d'une grande richesse.

§ 1. — ENSEIGNEMENT DE LA MÉCANIQUE

La forme d'enseignement industriel présente ceci de particulier,
qu'elle est une réduction des instituts technologiques, c'est-à-dire

des collèges techniques où se forment les ingénieurs; elle n'est pas professionnelle car elle se borne à enseigner les connaissances scientifiques et techniques qui constituent la base des industries; les travaux manuels ne sont pas spécialisés, comme l'exigerait l'apprentissage des métiers de mécanicien; l'institution se place entre l'école d'apprentissage et l'école technique supérieure approximativement au niveau de l'école industrielle provinciale de Charleroi.

Son enseignement technologique est basé sur des connaissances élémentaires de mathématiques, sur les sciences expérimentales et les travaux d'ateliers.

L'emploi rapide de plus en plus généralisé de types perfectionnés de machines dans tous les genres de fabrication, le remplacement graduel des machines dirigées à la main par des machines à marche automatique, la substitution aux anciens outils, d'outils spéciaux qui fabriquent avec grande précision des milliers de pièces identiques, toutes les transformations créent nombre d'issues à des jeunes gens qui possèdent de l'habileté, un goût naturel et l'intelligence de la mécanique.

L'introduction de dispositifs pour économiser la main-d'œuvre qualifiée et le développement des inventions nouvelles, tendant à placer l'industrie sur des bases scientifiques, exigent des auxiliaires une large éducation scientifique et technologique.

Les méthodes perfectionnées font leur voie dans toutes les industries placées sous la compétition moderne; nul doute que l'évolution ne s'accentue et que les jeunes gens qui se préparent scientifiquement et techniquement à la carrière de contremaître mécanicien, n'y trouvent une situation que le progrès industriel fera de plus en plus apprécier.

Le dessin de machines et le cours de construction ont une grande importance dans le programme: ils visent à la fois à familiariser l'élève avec la forme, la proportion des éléments de machines et au traitement technologique des matériaux dans les divers procédés de fabrication.

L'instruction par les leçons orales dans les cours de mathématiques, de physique et de mécanique, cherche à établir les connaissances théoriques fondamentales et les principes qui sont à la base de tous les genres de machines.

L'enseignement d'auditoire est complété par de nombreuses expériences dans les laboratoires des moteurs à vapeur et à explosion et dans les laboratoires de mécanique, où les élèves pratiquent des essais, calculent et déterminent expérimentalement le rendement des moteurs, la consommation de vapeur des machines à condensation et sans condensation, des moteurs simples et compound; ils essayent les transmissions de puissance, l'effet utile des courroies, la résistance des matériaux, le coût du travail des moteurs à vapeur, à gaz, hydrauliques, etc.

Les cours théoriques sont placés sous le contrôle des expériences pratiques à travers toutes les études.

Un grand nombre d'élèves sont des hommes faits, qui ont abandonné leurs travaux et leur position pour entreprendre de nouvelles études après avoir quitté l'école depuis nombre d'années ; ces élèves font des efforts prodigieux pour aboutir. Quoique possédant toutes les matières imposées à l'entrée, ils sont d'aptitude fort inégale en ce qui concerne la compréhension et la faculté d'assimilation de nouvelles connaissances.

§ 2. — L'ENSEIGNEMENT DE LA PHYSIQUE INDUSTRIELLE

Comme introduction aux études techniques, la physique est la branche capitale du programme. Le laboratoire est spécialement intéressant à étudier dans son outillage et son fonctionnement. Aux détails et dimensions près, il est identique dans toutes les écoles techniques américaines.

Nous trouvons les élèves dispersés dans la vaste salle et occupés à des travaux individuels : les uns vérifient les lois de Boyle sur de grands appareils fixés aux cloisons, d'autres s'appliquent sur des appareils construits par l'école, à déterminer les flèches de flexion de pièces posées sur des appuis de niveau, et enregistrent, dans des diagrammes, les résultats de leurs observations. L'effort personnel se manifeste d'une manière frappante parmi les groupes d'expérimentateurs.

Suivant le programme général du cours, l'élève debute par des exercices qui lui apprennent à se servir avec exactitude des appareils servant à mesurer les longueurs, les poids, les pressions, etc. Ces exercices sont fondamentaux, car les expériences sont généralement quantitatives et il doit constamment traduire en chiffres les faits constatés et se familiariser avec l'usage et la lecture des appareils à verniers et à vis micrométriques, des balances, des baromètres, thermomètres, aéromètres, etc., il s'habitue ainsi à éviter les erreurs de lecture si fréquentes chez les débutants.

Les Américains assignent aux sciences naturelles, et spécialement à la physique, un rôle capital ; ces sciences constituent l'infrastructure des industries et des métiers ; en effet, les matériaux utilisés dans les industries de construction et les marchandises qui font l'objet d'un négoce, sont caractérisés par des propriétés physiques et mécaniques qui en règlent l'usage. Pour en apprécier avec certitude la valeur et, avec intelligence, le mode d'emploi, les industriels comme les ouvriers, les artisans comme les commerçants, qui ne veulent pas se laisser guider par la routine, doivent être en mesure de déterminer, par eux-mêmes, les qualités de ces matières par des essais ou des manipulations chimiques et physiques. Pour peu qu'on remonte vers l'origine des opérations de l'industrie, on trouve de simples faits physiques et chimiques, des jeux de forces, un enchaînement de phénomènes naturels que l'ouvrier, le contremaître, l'industriel, doivent avant tout connaître à fond.

De même à la base des industries de construction soit civile, soit mécanique, on retrouve les mêmes phénomènes relevant de la physique; la stabilité repose sur les lois de la pesanteur, sur l'emploi judicieux des matériaux, possédant les qualités, les dimensions, les formes nécessaires pour résister à l'écrasement, à la flexion, à la torsion, etc. Les employés de direction et d'exécution de ces industries qui ont des notions expérimentales précises, voient sous un jour lumineux la raison d'être de tous les dispositifs et matériaux, des formes et proportions mis en œuvre et peuvent, en conséquence, prendre des initiatives intelligentes.

Pour toutes ces raisons, les Américains considèrent la connaissance des phénomènes physiques comme la première des sciences pour tous ceux qui sont engagés dans la production industrielle. Les méthodes d'enseignement basées sur les travaux de laboratoire, exaltent l'initiative des élèves, sollicitent leurs efforts; elles font naître des habitudes intellectuelles de pensée exacte, donnent de la rectitude à l'esprit, de la vigueur à la raison, et constituent un excellent moyen d'éducation. Comme instrument d'éducation générale et comme élément d'utilité pratique, la physique occupe une place prépondérante dans les programmes des écoles générales et des écoles techniques des États-Unis.

La physique par les expériences de laboratoire. — La physique enseignée dans nos écoles est ou essaie d'être rationnelle, c'est-à-dire déduite par raisonnement de certaines hypothèses ou de principes fondamentaux, admis comme des axiomes ou établis par l'expérience; elle est, en tout cas, théorique et prend, d'après le degré des écoles, un aspect plus ou moins mathématique.

Dans les écoles industrielles américaines, la physique est traitée comme une branche des sciences naturelles et s'appuie sur l'observation directe. Le système américain répond à la mentalité d'un peuple positif et, de plus, il est rigoureusement scientifique.

Les lois physiques ne sont pas le fait d'une divination; elles sont le résultat d'essais et d'observations auxquels ont collaboré les savants dans les diverses époques, mais surtout depuis le règne de la méthode d'expérimentation scientifique dont Bacon fut un des fondateurs. Les écoles américaines rentrent dans la méthode historique; elles placent la source de toutes les connaissances dans l'observation des phénomènes naturels et dans la vérification des lois par l'expérience; elles apprennent à observer avec précision, à classer les faits constatés, à mesurer les éléments qui agissent dans les phénomènes, à remonter des faits positifs à la loi, à vérifier une hypothèse. Les écoles considèrent comme d'une pauvre espèce, les expériences qualitatives, et elles ont raison : l'expérimentateur qui, par exemple, chauffe de la glace ou de l'eau constate les changements d'état; il formule ses constatations en disant que, pour changer d'état, la glace et l'eau absorbent de la chaleur; les données qu'il fournit sont trop vagues pour servir de base à des applications réelles de l'industrie. Dans la pratique la question se pose autrement : le constructeur d'appareils frigorifiques, d'appareils à vapeur, comme ceux qui sont chargés de les conduire, se demandent : combien de calories faut-il pour liquéfier tel poids de glace, pour vaporiser tel poids d'eau sous telle pression.

Les écoles industrielles doivent donner à leurs élèves des connaissances sous une forme quantitative, numérique, de façon à les faire servir à des applications chiffrées : tel est le dogme américain, et, dans ce but, l'expérimentation scolaire dans toutes les sciences et spécialement la physique est *quantitative*.

Tout l'enseignement repose sur la mesure des phénomènes : mesurer c'est observer avec précision; l'observation d'un phénomène suppose la comparaison; la comparaison implique la mesure par la mesure des quantités qui entrent dans divers phénomènes, dont ils modifient les conditions, les élèves remontent à la loi; dans cette observation quantitative se trouve la clef des applications professionnelles et industrielles.

Les appareils qui conviennent aux expériences quantitatives, ne nécessitent pas de grandes dépenses; une simple règle divisée à défaut de vernier ou de palmer, le manomètre à air libre, c'est-à-dire un tube de verre recourbé et un peu de mercure, des thermomètres, la balance vulgaire, type éternel des appareils de mesure, peuvent servir à réaliser un nombre considérable d'expériences quantitatives, suffisamment exactes.

§ 3. — ENSEIGNEMENT TECHNIQUE SUPÉRIEUR

Section des ingénieurs-mécaniciens. — Sous les noms d' « Institutes of Technology », de « Technical Colleges », de « Schools of Engineering », de « Colleges of agriculture », de « Schools of applied Science », les États-Unis possèdent une centaine d'écoles techniques supérieures de rang universitaire. La plupart d'entre elles sont installées dans des locaux grandioses. En parcourant les locaux de ces instituts, on est frappé par une particularité significative : la rareté des classes et des auditoires, qui forment le centre d'études de nos écoles. Comme dans les écoles primaires et moyennes, l'enseignement technique supérieur prend la forme manipulatoire expérimentale et le centre de l'activité se trouve dans les laboratoires et dans les ateliers.

Le matériel d'expériences pour la mécanique et les appareils, conservés soigneusement dans les cabinets de physique de nos écoles, réunis, suffiraient à peine à garnir le laboratoire de physique ou le laboratoire de mécanique du « Sibley College » à Ithaca N. Y. et de la « Case School of applied Science » à Cleveland, Ohio, qui sont les plus beaux spécimens des institutions supérieures aux États-Unis.

Pour faire sa trouée, l'ingénieur doit pouvoir se faire valoir comme un manipulateur expert. Cette situation explique le caractère pratique des écoles techniques supérieures américaines et indique la raison du délai d'apprentissage que l'ingénieur est tenu de faire, comme praticien, avant qu'un poste lui soit confié dans les usines. Les méthodes de travail conditionnent les méthodes de la formation des ingénieurs. A ces causes s'ajoutent les conditions de coutumes, de formation historique, de psychologie qui différencient profondément les écoles techniques américaines des institutions similaires européennes. Quoique les relations d'affaires tendent à uniformiser graduellement la nature des produits industriels échangés et les méthodes industrielles, jusqu'à ce jour l'école technique supérieure des États-Unis est restée si originale dans son esprit et dans son organisation, qu'il est impossible de la concevoir en dehors de son milieu géographique et ethnique et autrement que comme l'aboutissement d'un régime d'instruction générale adapté aux mœurs et à la vie publique du peuple américain.

La caractéristique la plus marquante de l'organisation des écoles techniques supérieures, est la richesse, l'ordonnance parfaite, le nombre surprenant de laboratoires dans lesquels les élèves exécutent eux-mêmes, suivant les indications de syllabus substantiels, une série de travaux qui constituent la base des cours.

La valeur de l'instruction de laboratoire comme élément fondamental de l'éducation générale et la vraie *fonction* de pareille instruction n'ont été reconnues que dans la seconde moitié du xixe siècle. Dès le début, les écoles supérieures américaines ont assigné un rôle capital aux travaux d'expérience confiés à l'initiative des élèves.

Une des plus anciennes, le « Massachusets Institute » de Boston, actuellement le plus important établissement d'instruction technique du monde entier, possède depuis 1865 des laboratoires de mécanique appliquée.

« L'éducation d'un ingénieur doit être basée à la fois sur des études théoriques et sur des travaux pratiques de laboratoire et d'atelier. La connaissance parfaite des principes scientifiques et techniques doit s'acquérir par un enseignement qui fasse naître des habitubes d'observation sévère et de raisonnement exact et qui provoque la culture générale » : telle est la pensée du fondateur, elle est restée le *credo* de l'Institut qui s'efforce depuis bientôt un demi-siècle à donner toujours plus d'extension à ses laboratoires et ateliers.

Les autres instituts ont immédiatement emboîté le pas. L'influence des laboratoires est telle qu'aucune école technique supérieure ne peut conserver sa position sans posséder un outillage complet pour la recherche et les démonstrations des faits scientifiques et technologiques fondamentaux.

Les exercices à faire par chaque élève sont arrêtés au début de l'année et affichés nominativement dans la salle.

Voici comment on procède pratiquement : les élèves arrivent au laboratoire et par groupes de trois, se rendent aux appareils sur lesquels ils ont à réaliser leurs expériences. Ces appareils sont placés en groupes connus sous des numéros. Quelques minutes après l'entrée, et sans qu'un temps précieux soit perdu en longs pourparlers, vous voyez à l'œuvre les 10-15 groupes de trois élèves occupés chacun à une expérience différente, en général, de celle des voisins pour ne pas multiplier les doubles emplois d'appareils. Ils ont sous la main un syllabus de l'expérience, qui renferme les indications complètes pour l'exécution du travail imposé. La rédaction de ces syllabus a exigé des professeurs un grand effort de préparation, mais ils économisent notablement le temps de l'élève, qui, dans le même but, a sous la main des formules imprimées pour l'inscription des résultats des mesures, et du papier quadrillé pour le tracé des diagrammes des phénomènes et des essais. En poursuivant l'achèvement des essais, l'élève observe, compare, discute avec ses compagnons et inscrit les données certaines dans un cahier. Dans le délai d'une semaine après la terminaison de l'essai, il doit remettre à son professeur un rapport établissant le principe de l'expérience et des instruments employés, la description, croquis à l'appui, de l'installation des appareils, les résultats des mesures ou essais, exprimés, s'il y a lieu, en diagramme, le calcul pour aboutir à des conclusions qu'il rapproche de celles tirées de la théorie et des formules.

Dans les méthodes de travail de laboratoire réside la puissance des écoles techniques américaines; l'habileté dans l'organisation d'expériences, dans les mesurages exacts, le rendu clair et précis, telles sont les qualités qu'elles confèrent. Toute l'organisation scolaire est orientée vers le développement de l'effort personnel.

Les organisateurs se sont posé la question : quelles sont les expériences à grande portée scientifique ou technique que tout élève doit accomplir comme un minimum ? quels sont les appareils les plus appropriés pour réaliser ces expériences ? Ces laboratoires forment donc tout un organisme bien constitué et non un amas amorphe d'appareils acquis au hasard des budgets et des idées particulières des professeurs. On y trouve incorporé un système ferme d'une puissance éducative considérable.

CONCLUSIONS

L'Européen envoie ses enfants à l'école pour y apprendre « quelque chose » ; l'Américain désire que l'école assure l'éducation intégrale, physique, intellectuelle et morale de ses enfants.

Les grandes idées sur l'essor d'une nation par l'éducation sont à l'arrière-plan dans nos écoles ; les cadres de l'instruction sont fixes, les méthodes ne font cas que des notions abstraites, de l'argumentation purement logique et des conclusions tirées du syllogisme ; les matières sont enseignées par des moyens conventionnels qui semblent s'éloigner des formes de la vie réelle ; les questions d'organisation, les programmes, les tendances éducatrices ne sont discutées que dans des cercles restreints ; le public ne comprend pas le langage de nos pédagogues, il reste étranger et indifférent à ces discussions qui sont l'affaire de professionnels, de fonctionnaires.

En Amérique, au contraire, chaque école a ses pulsations propres : toutes les grandes questions qui touchent à son patrimoine scientifique et classique sont en discussion permanente dans les livres, dans les revues, les journaux, et surtout dans les assemblées et congrès auxquels s'associe et s'intéresse le peuple. Les innovations qui surgissent sont notées, essayées, exécutées ; le public — qui est cordialement accueilli dans les classes, les laboratoires, — se préoccupe de leur réalisation et s'en déclare satisfait. Sous sa poussée, la vie sociale et économique s'est prolongée jusque dans le domaine scolaire et elle donne aux études de la fraîcheur et une allure rationnelle et vraie. Dans tout l'enseignement, l'idée et sa réalisation par l'action, sont associées, indissolublement ; par l'éducation agissante, la volonté des enfants et des adolescents prend possession d'elle-même.

L'Américain a aussi la conviction que l'avenir de son pays est entre les mains de la femme qui transmet intégralement l'éducation reçue aux générations qui suivent. Alors que les pays européens ne lui font qu'une part infime dans la vie intellectuelle, par une éducation factice dans les pensionnats ou par une instruction restreinte dans les écoles moyennes, rares et relativement peu fréquentées, toutes les institutions d'enseignement secondaire américaines sont bondées de jeunes filles pauvres et riches, qui viennent s'y former, intellectuellement, par les études littéraires et scientifiques, et professionnellement, en vue de leur rôle familial et social, par des travaux de cuisine, d'économie et d'arts domestiques. Les cuisines et ateliers de confection, annexés à ces écoles, sont de vrais laboratoires, où la future épouse acquiert, par une pratique méthodique, les aptitudes et le savoir nécessaires, pour s'assurer une existence indépendante et pour soutenir et accentuer la vigueur physique et morale de la nation.

Ainsi que dans les vieilles races, nos sentiments nous portent tout naturellement vers un altruisme qui s'exalte dans des œuvres de grande philanthropie telles que la mutualité et l'assistance sociale par la bienfaisance. Ces œuvres sont palliatives et lénifiantes, mais elles inclinent naturellement à ménager l'effort des masses en vue de leur propre relèvement.

Les Américains, que l'on dit volontiers individualistes à outrance, pratiquent une solidarité moins sentimentale à coup sûr, mais agissante et préventive. Avec une générosité qui ne compte pas, les villes comme les particuliers contribuent pécuniairement à la création et aux frais d'entretien des admirables bibliothèques pour enfants et adultes, et rivalisent de largesse envers les institutions d'éducation et toutes les œuvres de relèvement, productrices d'énergie individuelle. Cette forme de solidarité nous apparaît également noble et grande et semble particulièrement propice au progrès social et économique du pays.

L'idéal d'éducation qui procède de ce grand sentiment national, est simple et démocratique.

Les études scolaires générales, comme l'étude d'une profession manuelle, reposent sur une large instruction fondamentale.

Pour la même raison de principe, les divers degrés d'enseignement se greffent les uns sur les autres avec une simplicité qu'envient les systèmes européens. L'école maternelle, l'école primaire, l'école moyenne, les collèges, les instituts d'enseignement technique, les universités, les écoles normales, sont charpentés en un tout harmonique qui ne présente pas la moindre lacune ni surcharge.

L'école européenne témoigne de la plus grossière méconnaissance de la nature enfantine et humaine. Elle pratique le façonnage des cerveaux sans honte ni vergogne; elle supprime l'originalité et fait passer, avec un zèle persistant, les personnalités naissantes sous les rouleaux du laminoir égalisateur. L'école américaine exalte l'individualité, lui laisse manifester ses qualités propres par son régime de travaux dans lesquels l'élève conserve sa liberté d'appréciation, son discernement propre, son action originale et sa responsabilité.

Dans les écoles industrielles et dans les collèges techniques, les travaux manuels, le dessin et les sciences techniques sont pénétrés de la pratique de la profession de l'ouvrier, de celle de l'ingénieur ; mais ils renforcent l'équation personnelle des individus et tendent à donner à la jeunesse « un capital précieux de méthodes et d'expériences ». Nulle part ne résonne la parole niveleuse et sermoneuse du professeur, exposant doctoralement les grises théories verbales et les dernières hypothèses de la science et de la technologie ; on n'y voit pas les élèves griffonner fiévreusement des notes, accumuler dans leurs cahiers et dans leurs cerveaux surmenés le savoir de seconde main, appris par ouï-dire et le réciter, sans y ajouter aucun élément de leur savoir personnel. Les écoles américaines portent ces sciences à l'intelligence des élèves par des méthodes de manipulations expérimentales qui forment les facultés et développent les aptitudes, tout en puisant aux sources de saines et de fortes connaissances.

En faisant de l'élève, non l'auditeur passif, mais l'acteur de la vie scolaire, l'école américaine l'incite à se renseigner, à se former par lui-même, à se complaire dans les recherches soutenues et le travail d'arrache-pied. Elle développe, en outre, la qualité stimulante propre à la nation américaine et si bien caractérisée par le mot « push », c'est-à-dire le besoin d'avancer dans le monde, à tout prix, l'impatience et la volonté de parvenir, forme supérieure de l'arrivisme, ressort puissant de son incessante activité.

A chaque moment des travaux scolaires, depuis son entrée dans les jardins d'enfants jusqu'à sa sortie des collèges techniques, le jeune Américain est amené à faire acte d'initiative. Dans chacune de ses facultés intellectuelles et morales, il accumule ainsi, au cours de ses études, une somme d'énergie potentielle qu'il utilisera dans ses situations ultérieures, dans les diverses circonstances de sa vie, au gré de ses besoins.

C'est par leurs méthodes viriles que les écoles déposent dans les muscles et dans les nerfs de la jeunesse, les vertus qui font la valeur du peuple américain, le besoin d'activité tenace et persévérante, l'énergie pour *réaliser l'effort*.

LIVRE III

L'ENSEIGNEMENT UNIVERSITAIRE EN FRANCE

CHAPITRE PREMIER

Les origines de l'enseignement universitaire.

La nature de notre enseignement classique ne peut se bien comprendre qu'en remontant à ses origines. Ce sont elles qui pèsent encore sur lui.

Ces origines ont été parfaitement marquées par plusieurs des personnes qui ont déposé devant la Commission. Il me suffira de reproduire quelques extraits de leurs rapports.

... Toutes nos méthodes actuelles ne sont, en quelque sorte, que le prolongement de la méthode d'enseignement du moyen âge. À cette époque, l'enseignement était tout entier dans les mains du catholicisme; le professeur montait en chaire, enseignait aux enfants qu'il avait devant lui ce qu'il devait leur enseigner, les enfants devaient accepter la parole du maître comme une parole sacrée[1].

1. *Enquête*, t. II, p. 642. Payot, inspecteur d'Académie.

Les programmes peuvent se résumer en deux points principaux Le premier trait, c'est de donner une éducation dogmatique, à base religieuse, dont le but essentiel était de chercher à établir une règle indiscutée en toutes choses, règle morale, règle religieuse, règle politique, règle de goût même, de sorte que, dans ces matières littéraires où la fantaisie de chacun nous paraît devoir être absolument indépendante, on voulait donner aux élèves une règle fixe d'appréciation dont ils ne devaient pas sortir [1].

M. Blondel a exprimé la même idée dans les termes suivants :

L'Université vit encore aujourd'hui dans une large mesure de vieux principes dont elle a hérité, quel que puisse être maintenant son esprit, des maisons religieuses du xvii° et du xviii° siècles. L'éducation des Jésuites et les idées qu'ils ont fait prévaloir dans notre pays ont eu un contre-coup profond sur notre régime scolaire.

Les Jésuites se sont efforcés surtout d'apprendre à leurs élèves à renoncer à leur volonté. Ils se sont efforcés d'en faire de bons jeunes gens, des chrétiens aimables, lettrés, bons serviteurs de l'Église et du roi.

Fleury leur reprochait déjà de faire des oisifs et des inutiles; il disait déjà que l'éducation qu'ils donnaient n'était pas suffisamment l'apprentissage de la vie.

Notre enseignement secondaire, avec l'assentiment des familles il faut le reconnaître, a gardé au fond son caractère des siècles passés, encourageant la docilité plus que l'initiative, ne développant du moins l'initiative que dans le sens de l'élargissement de la vie intellectuelle [2].

Les élèves qui sortent de l'enseignement classique, à supposer même qu'ils acquièrent une certaine culture moderne par l'étude des sciences, de la philosophie et des langues, sont jetés sur le pavé munis d'idées dont les plus modernes sont celles du xviii° siècle français. C'est un maigre bagage. Nos voisins anglais et allemands ont une littérature classique plus voisine de notre temps. Ils posent les questions morales, politiques, sociales et esthétiques, en termes bien plus modernes. Il n'est pas sans importance de mettre les jeunes gens en contact avec la vie pratique, munis seulement d'idées vieilles de deux siècles. Je ne trouve pas que Bossuet et même Boileau suffisent à former un homme moderne. Cicéron et Tite-Live n'y suffisent pas davantage. Nous sommes, à ce point

1. *Enquête*, t. II, p. 200. Thalamas, professeur d'histoire.
2. *Enquête*, t. II, p. 438. Blondel, professeur de Faculté.

de vue, et du fait que nous nous obstinons à ne mettre dans nos programmes que les Latins, les Grecs, et nos classiques du xviiᵉ siècle, dans une infériorité dangereuse vis-à-vis de nos voisins immédiats [1].

La religion catholique étant autrefois la religion universelle en Europe, cet enseignement classique était en définitive fort bien adapté aux besoins généraux. Il engendrait l'unité de pensée et de doctrine. Il avait en outre une utilité fort réelle, car le latin étant la langue universelle des lettrés en Europe, la seule dans laquelle ils écrivaient leurs livres, la connaissance en était indispensable.

Cette éducation était d'ailleurs limitée à une classe spéciale nettement définie, séparée des autres par d'infranchissables barrières.

La principale faute de l'Université a été de ne pas suivre le mouvement d'évolution qui a transformé le monde et de ne pas comprendre que ce qui convenait à l'enfance des peuples ne pouvait convenir à leur âge mûr.

Respecter les traditions est une condition d'existence pour un peuple, savoir s'en dégager lentement est une condition de progrès. Cette dernière condition, notre Université n'a pas su la réaliser. Ses méthodes, son enseignement, sa discipline sont restés ce que les Jésuites les avaient faits. Les Jésuites ont à peu près disparu, mais elle est tout imprégnée encore de leur esprit.

1. *Enquête*, t. II, p. 64. Andler, maître de conférences à la Sorbonne.

CHAPITRE II

La valeur des méthodes universitaires.

---

§ I. — LA MÉTHODE MNÉMONIQUE.

Lorsque tout l'enseignement classique consistait uniquement à bien apprendre le latin et les rudiments des sciences qui existaient alors, les méthodes inaugurées par les Jésuites suffisaient parfaitement. Leurs élèves écrivaient assez correctement le latin, et il ne leur fallait pas de grands efforts de mémoire pour retenir le petit bagage de notions scientifiques qui était enseigné. La méthode mnémonique était donc parfaitement suffisante.

Mais avec le développement considérable des sciences modernes, d'autres méthodes d'enseignement s'imposaient. L'Université n'a pas su le comprendre. La méthode mnémonique est la seule dont elle ait continué à faire usage.

Les maîtres de notre temps n'ont recours qu'aux exercices de la mémoire. De là, ces programmes surchargés où l'on inscrit constamment des sciences nouvelles, où l'hygiène, le droit, la paléontologie, l'archéologie, l'anthropologie ont leur place à côté des langues mortes, des langues vivantes, des mathématiques, de l'histoire, de la géographie, etc.

On est tombé dans l'erreur de croire qu'on allait ainsi atteindre le sérieux et le profond; on n'a rencontré que le superficiel. On s'est dit que l'enfant devait avoir cet ensemble de connaissances énormes à son entrée dans le monde: il ne sait plus rien [1].

Il ne sait plus rien dans aucune branche des connaissances. Les dépositions de l'enquête vont nous le prouver. Elles se ressemblent tellement qu'il suffira d'en choisir quelques-unes relatives aux divers sujets enseignés par l'Université.

§ 2. — LES RÉSULTATS DE L'ENSEIGNEMENT DU LATIN ET DES LANGUES VIVANTES.

L'enquête nous apprend que les neuf dixièmes des élèves sont incapables, après sept à huit ans d'études, de traduire à livre ouvert l'auteur le plus facile, incapables, par conséquent, de lire les écrivains latins. Il est donc bien inutile de disserter sur la vertu éducatrice d'une langue que l'Université est incapable d'enseigner. Sur ce point de l'ignorance totale de l'immense majorité des élèves, les déclarations ont été à peu près unanimes. Je me bornerai à donner la déposition de M. Andler, maître de conférences à la Sorbonne, qui les résume fort bien.

... Le latin, appris à fond, n'est propre qu'à former des professeurs de rhétorique; appris médiocrement, comme aujourd'hui, il n'est plus qu'un signe extérieur à quoi se reconnaît une certaine aristocratie bourgeoise. Si l'on pensait que le latin sert à autre chose, par exemple à maintenir certaine tradition nationale, cette tradition serait mal assurée. Car les résultats ne permettent pas de

1. *Enquête*, t. II, p. 545. Hanotaux, ancien ministre, ancien professeur à l'École des Hautes-Études.

supposer qu'elle tienne à cela; même, il y a à peine 10 °/₀ des élèves qui puissent se tirer d'un texte élémentaire de Cicéron. J'assiste de très près tous les ans au dépouillement des copies latines du baccalauréat; il y a une version passable sur dix. Si la tradition nationale repose sur la connaissance que nous avons de la culture latine, elle est bien compromise. Toutes les phrases pathétiques sur l'ennoblissement des âmes, la culture morale, le goût artistique qui nous viendraient des Latins ne sont plus vraies dès que les connaissances latines élémentaires sont aussi mal assurées qu'elles le sont.

Après une étude qui prend jusqu'à dix heures par semaine et dure sept ans, les élèves ne sont pas capables de se tirer d'une version autrement qu'à coups de dictionnaires. C'est du temps gaspillé[1].

C'est à peu près d'ailleurs, ce qu'avait dit M. Jules Lemaitre, dans une conférence qui fit beaucoup de bruit, et dont je reproduis un extrait :

J'ai vu les cahiers et les « devoirs » de quelques adolescents, pris au hasard : c'est lamentable. Il est clair que leur latin ne leur servira pas même à écrire en français avec propreté, si ce don n'est infus en eux, ou à comprendre les latinismes de nos écrivains classiques : ce qui pourtant serait encore un assez petit gain et hors de toute proportion avec ce qu'il aurait coûté.

Ainsi ils auront deux fois perdu leur temps, puisqu'ils l'auront passé à ne pas apprendre une langue, qui, l'eussent-ils apprise, leur serait à peu près inutile. Et ce temps aurait donc été mieux employé, je ne dis même pas à l'étude des langues vivantes, des sciences naturelles et de la géographie (c'est trop évident), mais au jeu, à la gymnastique, à la menuiserie, — à n'importe quoi.

Cette incapacité de l'Université à enseigner le latin ou d'ailleurs une langue quelconque, car bien entendu les élèves ignorent autant les langues modernes que les langues anciennes, a quelque chose de merveilleux et de bien propre à exciter l'étonnement. Étant donné qu'il n'y a rien de plus facile à apprendre qu'une langue, que c'est même la seule chose qu'apprennent sans difficulté et sans exception tous les enfants en

1. *Enquête*, t. II, p. 63. Andler, maître de conférences à l'École normale.

bas âge, l'incapacité de l'Université à enseigner les langues est déconcertante. Il faut pénétrer dans le détail de ses méthodes pour comprendre comment il se fait qu'elle enseigne si mal, ce que jadis les Jésuites enseignaient si bien.

La cause générale de l'insuffisance de ses méthodes est aisée à saisir. Avec quelques traductions inter-linéaires et de nombreuses lectures, les élèves apprendraient fort vite le latin à peu près sans professeurs. Ces derniers y ont mis ordre, en ne considérant les traductions que comme une chose accessoire et obligeant les élèves à apprendre par cœur de savantes grammaires, des étymologies, l'histoire des mots, les formes et toutes les subtilités qui peuvent germer dans des cervelles d'universitaires.

Je tiens dans les mains un livre classique dans lequel dix-sept sortes de vers sont scandés, où l'attention de l'élève est appelée avec détails sur les mètres les plus rares, ou l'hexamètre de Virgile tient quelques lignes à peine, tandis que l'auteur s'étend sur les diverses formes de catalectiques, les dimètres, les trimètres et les octonaires, pour passer aux asynartètes, aux anapestiques et entrer enfin dans la distinction des logaédiques, qu'ils soient simples ou composés, ou bien encore phérécratiens ou asclépiades [1].

L'élève, heureusement pour lui, oublie ces chinoiseries le lendemain de l'examen. Quant au latin, il n'a pas à l'oublier, puisqu'il ne l'a jamais su.

Les langues vivantes sont naturellement enseignées de la même façon, c'est-à-dire en obligeant les élèves à apprendre par cœur des subtilités grammaticales. Aussi, après sept ans ou huit ans d'études, sont-ils incapables de lire un ouvrage quelconque. Les dépositions de M. Lavisse et d'autres

1. *Enquête*, t. I, p. 51. Picot, secrétaire perpétuel de l'Académie des sciences morales et politiques.

membres de la commission ont été d'accord sur ce point.

Parmi les étudiants que je connais à la Sorbonne, il est très rare qu'il s'en trouve un capable de lire couramment l'anglais ou l'allemand [1].

§ 3. — LES RÉSULTATS DE L'ENSEIGNEMENT DE LA LITTÉRATURE ET DE L'HISTOIRE.

Mêmes méthodes pour l'enseignement de la littérature et de l'histoire, et par conséquent mêmes résultats. Des dates, des appréciations toutes faites, des subtilités inutiles apprises dans les manuels et destinées à être oubliées le lendemain de l'examen.

Qu'arrive-t-il aujourd'hui?
On donne aux enfants des appréciations faites par leurs professeurs, on leur fait lire des critiques littéraires rédigées par des auteurs contemporains de talent, il est vrai, mais qui ne sont ni Racine, ni Pascal, ni Corneille, ni Bossuet, ni Lamartine, etc.

Nos élèves sont donc formés avec les œuvres de leurs professeurs ou d'écrivains de second ordre, mais ils ne lisent pas nos grands auteurs de génie, ni les auteurs latins ou grecs.

Quant à leurs compositions françaises, elles sont absolument défectueuses : on leur donne des sujets trop techniques ; et les malheureux enfants cherchent à se rappeler ce qu'on a bien pu leur dire sur tel ou tel sujet [2].

On a remplacé l'étude de la littérature elle-même par l'étude de l'histoire littéraire, en sorte qu'on sait moins ce qu'il y a dans les principales maximes de La Rochefoucauld que la différence qu'il y a entre les éditions successives des *Maximes* [3].

C'est là ce que les élèves apprennent le mieux, car c'est ce que savent le mieux leurs professeurs, les

1. *Enquête*, t. I, p. 44. Lavisse, professeur à la Sorbonne.
2. *Enquête*, t. II, p. 231. Orain, directeur de l'École de Blois.
3. *Enquête*, t. II, p. 172. René Doumic, professeur à Stanislas.

concours d'agrégation étant surtout des concours d'ergotage. Les candidats ont appris à ergoter et ne peuvent guère enseigner autre chose à leurs élèves. Le monde marche, la concurrence des autres peuples nous menace. Pendant ce temps, les professeurs ergotent. Tels les Byzantins, alors que Mahomet les assiégeait. Les Barbares étaient dans leurs murs. Ils ergotaient encore.

En faisant, comme on le fait aujourd'hui dans tous les collèges, ergoter sur des idées, couper des cheveux en quatre, discuter des idées subtiles, on va exactement contre la destination elle-même de l'enseignement [1].

Dans un article publié par la *Revue de Paris*, M. Lavisse donne une excellente idée de la valeur de nos méthodes universitaires par les réponses des élèves à l'examen d'entrée de Saint-Cyr. On y voit avec quel soin les professeurs s'attachent aux petits faits isolés, aux détails faciles à emmagasiner dans la mémoire et leur impuissance à enseigner des idées générales sur les institutions, les mœurs, les coutumes d'une époque.

Un candidat interrogé sur Condé, un autre sur Luxembourg, ne savent ni l'un ni l'autre la vie, le caractère, la méthode de ces deux hommes de guerre, mais la réponse est toute prête pour la question : « Qui commandait l'avant-garde au passage du Rhin ? » Et pas un nom ne manque dans l'énumération des batailles de Condé et de Luxembourg.

M. Lavisse a fort bien résumé dans les lignes suivantes, les méthodes d'enseignement de l'Université.

Petits livres appris par cœur, salis par des doigts ennuyés ; mots incompris encombrant les mémoires distraites ; opinions d'au-

___

1. *Enquête*, t. 1, p. 171. Doumic, professeur à Stanislas.

trui, absorbées sans être même assimilées, sur des chefs-d'œuvre qu'on n'a pas lus; formules pour examens; la morale et Dieu lui-même mis en face d'accolades, qui engendrent des sous-accolades. Et ce qui est pire encore, des maîtres préparent leurs élèves à la réponse qu'ils savent devoir plaire à l'examinateur [1].

§ 4. — LES RÉSULTATS DE L'ENSEIGNEMENT DES SCIENCES.

Mêmes méthodes d'enseignement pour les sciences. Des mots, toujours des mots, des manuels compliqués et subtils appris par cœur.

En chimie, au lieu d'exiger la connaissance réelle de la nomenclature et l'étude très précise, très pratique, des grandes lois et d'une douzaine des corps les plus importants, ce qui donnerait à l'élève le goût de la chimie et le désir de compléter ses connaissances, l'opinion nous oblige d'exiger que notre élève soit un chimiste encyclopédique. Le sélénium, le tellure, le brome, l'iode, le fluor, le bore, le silicium, etc., etc., défilent devant ses yeux : le résultat immédiat est le dégoût; le résultat éloigné, les lois de la mémoire outrageusement violées l'assurent, c'est l'oubli.

En physique, au lieu de l'attention constamment et vigoureusement appelée sur les grandes lois générales, c'est un abus fâcheux de descriptions d'appareils compliqués, comme si nous voulions faire de nos élèves des ouvriers constructeurs : après la machine d'Atwood, celle de Morin, qui n'ajoute rien à la compréhension du principe. Après l'expérience de Torricelli, c'est le baromètre de Fortin, dont les élèves ne se serviront jamais, sauf s'ils font des études spéciales, puis celui de Gay-Lussac, puis celui de Bunten, si bien que les élèves finissent par ne plus apercevoir l'édifice entouré de tant d'échafaudages, et très forts sur la description des appareils, ils perdent quelque peu de vue les lois elles-mêmes.

Ce mal est le même partout, en littératures anciennes et modernes, en langues vivantes, en sciences naturelles et même en philosophie.

Les élèves, isolés de la vie, de la réalité, par des murailles de mots, ne sont point habitués à regarder en eux-mêmes, parce

1. Conférences sur le baccalauréat, par Lavisse, professeur à la Sorbonne.

qu'ils sont distraits par le monde extérieur. Ce monde extérieur lui-même ils le voient, mais ils ne savent point le regarder. Toute leur vigueur intellectuelle est concentrée sur des mots [1].

Les résultats de l'enseignement des mathématiques au lycée ne sont pas supérieurs aux résultats fournis par l'enseignement des autres sciences.

Ce qui est très frappant, c'est que, de tous les élèves de rhétorique qui ont fait cependant pas mal de mathématiques, bien peu seraient capables de passer le brevet élémentaire à l'Hôtel de Ville [2].

Pour juger de la valeur des méthodes universitaires et des résultats qu'elles produisent même sur l'élite des élèves, on ne saurait trop méditer la déposition suivante de M. Buquet, directeur de l'École Centrale, dont l'examen d'entrée est à peine inférieur à celui de l'École Polytechnique.

Nous sommes très préoccupés de constater parmi les jeunes gens qui nous arrivent de très bons sujets présentés par les professeurs de lycées comme étant des premiers de leur classe ayant obtenu des accessits de concours général, sachant admirablement l'analyse, qui couvrent un tableau de formules sans s'arrêter, mais ne sachant absolument pas, quand ils arrivent à la fin, ce qu'ils ont voulu faire et trouver. Ils ne comprennent rien sinon qu'ils ont résolu une équation.

Si, à des jeunes gens très forts qui emploient très bien les formules et l'analyse au tableau, on propose de mettre à la place de A des kilos et à la place de B des kilomètres, ils se dérobent : on ne trouve plus personne : ils ne comprennent plus.

De là cette opinion parmi eux : c'est que le professeur dont on ne comprend pas bien le cours est un grand homme ; on est dans ces idées-là. Moins on comprend ce qu'il indique, plus on croit qu'il est supérieur aux autres.

Tant qu'on reste dans des questions d'examen oral, les jeunes gens répondent bien. Si nous leur donnons une composition écrite, un problème comportant une application des sujets de cours, 75 % ne comprennent pas ce problème.

1. Jules Payot. *Revue universitaire*, 15 avril 1899.
2. *Enquête*, t. II, p. 7. Beck, directeur de l'École Alsacienne.

Il est vraiment déplorable de voir des jeunes gens de vingt ans arriver à l'École après avoir travaillé et être incapables de comprendre ce qu'ils ont cherché et voulu après plusieurs lignes de formules. Nous avons toutes les peines du monde à leur faire comprendre que les cours pratiques que nous leur faisons suivre sont d'une utilité quelconque. Le cours d'analyse supérieure, le cours de mécanique, ils les suivent avec entrain: ils sont entraînés par les mathématiques spéciales. Mais faites un cours de ponts et chaussées, de chemins de fer, d'architecture, ils disent : cela, c'est bon pour les maçons, les ouvriers. Alors il faut pendant des mois faire campagne pour leur faire comprendre qu'on ne vit pas d'algèbre [1].

§ 5. — LES RÉSULTATS DE L'ENSEIGNEMENT SUPÉRIEUR ET DE L'ESPRIT UNIVERSITAIRE.

Bien que la question de l'enseignement supérieur sorte du cadre de cet ouvrage, je suis obligé d'en dire quelques mots, car, si notre enseignement secondaire est si pauvre, c'est que l'enseignement supérieur ne vaut pas davantage. Dans tous les pays où l'enseignement supérieur est bon, l'enseignement secondaire l'est nécessairement.

L'enseignement supérieur est caractérisé chez nous comme l'enseignement secondaire par la récitation des manuels, l'entassement dans la tête de choses théoriques, qui n'y resteront que jusqu'au jour de l'examen. Le licencié, le polytechnicien, le normalien, doivent en réciter plus que le bachelier, et il n'y a pas entre eux d'autres différences.

La même méthode mnémotechnique est appliquée à toutes les formes de l'enseignement. C'est elle qui rend notre production scientifique si médiocre et

1. *Enquête*, t. II, p. 503. Baquet, directeur de l'École Centrale.

nous met dans une position si inférieure à l'égard de l'étranger. Nos agrégés, nos docteurs, nos ingénieurs, ont appris bien plus de choses que leurs rivaux étrangers, et pourtant dans la vie ils leur sont extrêmement inférieurs. Ils appartiennent trop souvent à ce type spécial, artificiellement créé par notre université, et qu'on a justement qualifiés « d'idiots savants ».

Lorsque l'État leur fournit des places, cette infériorité ne se manifeste pas nettement, mais lorsque les produits de l'Université sont livrés à leurs propres forces et obligés de se créer une situation dans la vie, la nullité de leur instruction apparaît aussitôt.

Elle apparaît surtout dans les branches où les connaissances précises — le métier d'ingénieur, par exemple — sont indispensables. On en a fourni d'intéressants exemples devant la commission.

Quand un ingénieur allemand sort de l'École de Freyberg, par exemple, il peut être immédiatement utilisé, et rendre des services pratiques. Il a déjà une valeur professionnelle. — Lorsqu'un jeune Français sort de l'École Centrale, il sait beaucoup plus de choses que son collègue allemand : on lui a enseigné depuis l'apiculture jusqu'aux constructions navales. Il sait tout, mais si superficiellement, qu'en fait et pratiquement, il est, comme on l'a dit, apte à tout, bon à rien [1]...

Dans l'Industrie, les grands patrons, de parti-pris, choisissent leurs ingénieurs de moins en moins parmi les élèves de l'École Polytechnique. A peine s'ils prennent des élèves de l'École Centrale ; ils s'adressent aux élèves des écoles d'arts et métiers de Châlons, d'Angers [2].

1. *Enquête*, t. I, p. 454. Manœuvrier, directeur des établissements de la Vieille-Montagne.

2. *Enquête*, t. I, p. 360. Chailley-Bert, professeur à l'École des Sciences politiques.

Aujourd'hui il a tout envahi, ce terrible esprit universitaire qui croit que la valeur des hommes se mesure à la quantité de choses qu'ils peuvent réciter. Il fait partie maintenant des idées héréditaires de notre race et fort peu de Latins sont aptes à comprendre que la récitation des manuels n'est pas le seul idéal possible de l'éducation.

Qu'il s'agisse de sciences, de médecine, d'art militaire, d'agriculture, etc., c'est toujours le manuel remplaçant la vue des choses. Un officier de marine, M. L. de Saussure, rappelle, dans une publication récente, ces malheureux élèves-officiers obligés de réciter par cœur pendant des mois la théorie du tir devant des canons auxquels on ne les laisse pas toucher, et les amiraux passant l'inspection, donnant les meilleures notes aux élèves qui récitent le mieux. « Dans une école vraiment éducatrice, ajoute l'auteur, on s'y prendrait autrement..... leur faisant mettre la main à la pâte, on leur ferait démonter seuls individuellement les pièces. Le jour où un élève tirera un coup de canon avec une pièce dont il aura démonté de sa propre main la culasse et le frein, soyez certain qu'il connaîtra mieux son métier que par deux années de récitatifs fastidieux. »

On est presque honteux d'avoir à dire que ce sont là des choses évidentes. Il faut les avoir vues pour comprendre à quel point l'esprit universitaire a pénétré partout et ce qu'il nous a coûté. C'est à l'Université surtout que nous devons d'être un peuple de théoriciens, étrangers aux réalités, oscillant toujours entre les extrêmes, incapables de nous plier aux nécessités, et de jugement très faible. Et, bien que je me sois imposé de citer presque exclusivement des universitaires dans ce livre, je reproduirai encore quelques lignes de l'officier que je viens de nommer. Homme d'action, il a beaucoup voyagé et très bien observé.

Dans tous les pays qui ont échappé aux principes abstraits du rationalisme, dans tous les pays adaptés aux circonstances de l'évolution et de la concurrence modernes, dans tous les pays dont le commerce, la population et l'influence vont grandissant, en Suisse, en Hollande, en Scandinavie, en Allemagne, en Angleterre, aux États-Unis, l'éducation est à peu près ce qu'elle doit être : l'art de développer les éléments héréditaires de la nature humaine en vue de la meilleure utilisation. La pratique, l'expérience et les sciences naturelles ont fait comprendre que les facultés de l'homme n'ont rien d'absolu, qu'elles ne se développent que par l'usage et en employant certains mobiles, qu'elles sont fort diverses selon les individus, et qu'il n'y a pas de démarcation entre les facultés du corps et celles de l'esprit. La volonté, l'énergie, le coup d'œil, le jugement aussi bien que l'intelligence proprement dite, sont des facultés héréditaires et variables, mais qui, pour une hérédité donnée, sont susceptibles de s'épanouir plus ou moins suivant les occasions qu'on leur fournit. Ces occasions naissent de la vie quotidienne, et l'éducation consiste à les graduer et à les multiplier.

...Pour que le sentiment des nécessités de la lutte pour l'existence puisse naître chez ceux qui dirigent l'opinion, encore faut-il que leur éducation ne les ait pas rendus incapables de discerner ces nécessités. Or, l'éducation actuelle tend à isoler les jeunes Français du contact des réalités, à les endormir par une confiance illimitée dans les destinées de la Patrie, dans le triomphe assuré des Principes, dans la Justice immanente des choses, par la conviction que les guerres modernes sont les dernières manifestations de l'esprit d'arbitraire et qu'une ère de paix et de fraternité universelle va s'ouvrir pour aboutir à l'apothéose de la France. Cet état d'esprit peut conduire un pays à la décadence, car la décadence n'implique nullement la dégénérescence : les Espagnols n'ont pas dégénéré depuis Charles-Quint, mais ils n'ont pas su prendre conscience du changement des circonstances ambiantes; leurs éducateurs les ont fait vivre dans un monde imaginaire et les ont endormis dans une confiance vaniteuse en des destinées immanentes. Même de nos jours, alors que depuis cinquante ans les Américains s'immisçaient dans leurs affaires de Cuba, ils n'ont pris aucune mesure défensive, et, jusqu'à la dernière heure, ils se sont refusés à admettre que leur chevaleresque patrie pût avoir quelque chose à redouter d'une nation que la presse leur représentait comme composée de marchands de porcs, uniquement mus par l'esprit de lucre. A notre époque de progrès rapides et de transformations incessantes, une nation qui ne sait pas modifier ses idées et refréner ses sentiments instinctifs même les plus louables, risque de perdre le sens du réel et d'être surprise par les événements.

§ 6. — L'OPINION DE L'UNIVERSITÉ SUR LA VALEUR GÉNÉRALE DE L'ENSEIGNEMENT UNIVERSITAIRE

Les citations précédemment reproduites montrent que les professeurs éclairés sont parfaitement renseignés sur la valeur de leur enseignement. Si, comme je l'ai fait observer dans mon introduction, ils ne perçoivent pas clairement pourquoi cet enseignement est si mauvais, ils en voient au moins les résultats. Les opinions émises devant la Commission d'enquête ont été formulées avec un pessimisme complet. Il nous suffira de citer.

La masse sort du collège, ayant vu défiler devant elle une série d'esquisses rapides, ayant plus ou moins absorbé sans profit un amas de matières indigestes. En général, ils ne savent ni écrire, ni même lire le latin; ils n'ont aucune notion des beautés des littératures antiques dont ils ont péniblement essayé d'expliquer quelques fragments, sans avoir jamais lu en entier un des chefs-d'œuvre de ces littératures; la plupart ne peuvent pas écrire une page sans faute d'orthographe et en un français correct [1].

Examinez les copies du baccalauréat; assistez à quelques examens oraux, vous verrez à quel pénible avortement ont abouti, pour la plupart des candidats, les efforts de maîtres très consciencieux et très distingués, répétés pendant six ou huit années consécutives [2].

1. *Enquête*, t. II, p. 392. Lavollée, docteur ès-lettres.
2. *Enquête*, t. I, p. 419. Manœuvrier, ancien élève de l'École Normale supérieure.

J'estime que les trois quarts des bacheliers ne savent pas l'orthographe. Le mal n'est pas grand peut-être ; mais si l'enseignement classique ne sert même pas à cela, à quoi peut-il servir ? Je suis sûr que la moitié des licenciés en droit et ès-lettres ne sont pas capables de faire une règle de trois ou d'extraire une racine carrée, et en géographie, si vous posez une question quelconque à tous les licenciés du monde, il n'en sauront pas un mot.

... Comme examinateurs à l'École Navale, nous reconnaissons tout de suite les produits de l'enseignement secondaire. Je ne sais pas d'ailleurs pourquoi on s'obstine à lui donner ce nom : il n'est ni secondaire, ni primaire, ni supérieur, il est tout et il n'est rien. C'est un fossile qui n'est plus de ce monde : il date de l'ancien régime et il a cessé de vivre depuis plus de trente ans[1].

La situation de l'enseignement classique est en ce moment exactement celle-ci : cet enseignement miné, menacé de tous les côtés, n'inspirant plus la même confiance qu'autrefois, tendrait de plus en plus à devenir une sorte de spécialité, en sorte que le latin et le grec seraient enseignés à peu près comme l'hébreu et le sanscrit, réservés à quelques mandarins et par conséquent n'ayant plus aucune part à la formation générale de l'esprit, de l'intelligence et du caractère français[2].

On doit reconnaître que notre enseignement actuel n'est pas suffisamment approprié aux besoins de notre époque. Il est, en partie, la cause de l'infériorité économique dans laquelle se trouve aujourd'hui la France, infériorité relative sans doute, mais très affligeante, quand on compare le développement si lent de notre industrie et de notre commerce avec les progrès considérables que font les peuples voisins, les Allemands surtout[3].

Je n'hésite pas à vous le dire tout crûment, je crois que l'enseignement classique actuel ne répond plus aux besoins ; ceux qui le donnent n'y croient guère plus que ceux qui le reçoivent[4].

Je vous dirai ma pensée avec une très grande franchise : je suis convaincu que, en tant que formant la base de l'éducation secon-

---

1. *Enquête*, t. I, p. 293. Bérard, maître de conférences à la Sorbonne, examinateur à l'École Navale.
2. *Enquête*, t. I, p. 170. René Doumic, professeur à Stanislas.
3. *Enquête*, t. II, p. 438. Blondel, professeur de faculté.
4. *Enquête*, t. I, p. 367. Brunot, maître de conférences à la Sorbonne.

daire générale, l'enseignement classique est destiné tôt ou tard à disparaître, à faire place à un enseignement nouveau; je crois que c'est un fait qui appartient à l'évolution de la civilisation moderne[1].

1. *Enquête*, t. I, p. 52. Gaston Paris, de l'Institut.

CHAPITRE III

Les résultats finals de l'éducation universitaire.
Son influence sur l'intelligence
et le caractère.

Nous venons de voir que les méthodes universitaires, employées aujourd'hui, ne permettent à l'élève d'apprendre aucune des choses qui font partie des programmes.

Le premier résultat de l'enseignement classique est donc l'ignorance finale, mais cet enseignement n'aurait-il pas d'autres résultats plus dangereux encore? Ne serait-ce pas à lui que nous devons, d'une part, cette légion d'esprits faux, aigris, déclassés, qui deviennent fatalement de redoutables ennemis de la société qui les a élevés? Ne serait-ce pas au même enseignement que nous devrions encore ces légions d'hommes sans caractère, sans volonté, sans initiative, incapables de rien entreprendre en dehors de la protection de l'État?

Pour répondre à ces graves questions, nous n'aurons qu'à reproduire certains passages de l'enquête. Ils sont tout à fait navrants. « Qu'est-il besoin d'ajouter à ces réquisitoires? Qui pourrait nier après les avoir lus le méfait social de l'enseignement secondaire? » pourrions-nous répéter avec un des rapporteurs chargés de résumer les conclusions de l'enquête.

Les vices essentiels dont souffre actuellement l'enseignement classique le condamnent à produire de plus en plus non une élite d'hommes dignes de ce nom, mais une foule d'aspirants aux fonctions publiques, de littérateurs de vingtième ordre ou de déclassés.

Ajoutez à cela l'épreuve finale qui le termine, le baccalauréat, et qui, en raison même du grand nombre des concurrents et de la rapidité des interrogations, devient, de plus en plus, une loterie : les élèves le savent bien et sortent du collège imbus de cette idée qu'il en est de la vie entière comme du baccalauréat, que tout s'y décide par chance ou par protection[1].

Cette absence de force virile, de persévérance, cette inhabileté à soutenir l'effort, à le conduire jusqu'au bout, la comparaison de nos adolescents avec ceux de beaucoup d'autres pays, la font clairement apparaître. Cela se manifeste d'abord par la façon dont le Français choisit sa carrière. Sur ce point, je n'insiste pas : il suffit de sortir de France pour se rendre compte à quel point nos jeunes gens sont dans l'erreur, lorsqu'ils choisissent une carrière ; ils se tournent vers celle qu'ils croient devoir leur donner le moins de lutte et se devoir terminer le plus doucement possible[2].

On nous reproche avec raison de ne pas marquer nos élèves d'une empreinte morale assez profonde.

... Nous laissons échapper de nos mains des caractères sans couleur et sans relief, que la vie fait muer ensuite sans résistance en indifférents, en sceptiques et en jouisseurs[3].

L'enseignement public est organisé par le Gouvernement de la France; c'est au premier chef une œuvre d'État. Il devrait préparer nos jeunes gens à la vie; or nous ne les préparons pas à la vie; nous les préparons au rêve et au discours; nous ne les préparons pas à l'action; nous cultivons par-dessus tout leur imagination.

Cet enseignement ne nous donne pas les hommes dont le pays a plus que jamais besoin[4].

1. *Enquête*, t. II, p. 391. Lavollée, docteur ès lettres.
2. *Enquête*, t. II, p. 661. De Courbertin, chargé de missions relatives à l'étude des divers systèmes d'éducation.
3 *Enquête*, t. II, p. 652. Rocafort, professeur de rhétorique.
4 *Enquête*, t. I, p. 313. Léveillé, professeur à la Faculté de droit de Paris.

Rien n'est plus exact que cette dernière assertion. Notre Université ne fabrique que des rêveurs et des discoureurs, étrangers au monde où ils sont appelés à vivre.

Ils sont surtout incapables d'agir sans appui. Au foyer familial, c'est la main maternelle qui les guide. Au collège, c'est la main du pion. Jetés dans la vie, ils resteront désorientés tant que l'État ne les guidera pas à son tour.

> La peur des responsabilités est signalée aujourd'hui comme une des caractéristiques du Français, en particulier de la bourgeoisie. Ce qui tendrait à prouver que le régime scolaire des collèges est bien pour quelque chose dans cette dangereuse maladie de la volonté.
>
> ... Où trouverait-on en France de ces enfants que j'ai vus à l'étranger? L'un, âgé de dix ans, s'en allait seul de Londres à Saint-Pétersbourg; — une escouade de huit ou dix collégiens étaient établis sous la tente dans une île du Saint-Laurent pendant la moitié de leurs vacances. Ils vivaient de pêche et de chasse. A vingt-cinq ans ces élèves pourront coloniser[1].

Certes non, on ne rencontre pas une telle valeur et de telles aptitudes chez nos pauvres lycéens. Ils sont tout désorientés dès qu'ils n'ont plus un surveillant derrière eux, pour les faire marcher. Prendre un billet de chemin de fer tout seuls, pour rejoindre le domicile paternel pendant les vacances, est une difficulté à laquelle peu de familles oseraient les soumettre. Toujours ils porteront les traces de ce défaut d'éducation première.

Toutes les personnes qui ont voyagé ont pu vérifier la justesse du passage suivant du rapport de M. Raymond Poincaré, ancien ministre de l'Instruction publique, devant la Commission.

> Je ne connais pas d'humiliation plus profonde que celle qu'on

---

1. *Enquête*, t. II, p. 262. Pasquier, recteur à Angers.

éprouve quand on rencontre des Français à l'étranger. Rien n'est aussi triste. Le Français, hors de France, est dépaysé, incapable de répondre à quoi que ce soit[1].

Et pourquoi est-il si dépaysé? Toujours pour la même raison, que n'ayant jamais appris à se diriger, il ne sait pas se conduire dès qu'il n'a plus personne pour le guider. Il ne voit rien, ne sait rien, ne comprend rien. On peut le définir avec M. Payot, un emmuré :

On a appelé les aveugles du nom d'*emmurés* : mais nos élèves sont plus emmurés que les aveugles, qui eux, du moins, ne sont privés que d'un seul sens. A la suite de l'atrophie qui affaiblit progressivement les centres nerveux qui demeurent longtemps inactifs, ils finissent par être presque totalement privés de l'usage de leurs cinq sens[2].

Aussi, non seulement ne savent-ils pas se conduire, mais encore sont-ils incapables de toute réflexion. Le même auteur l'a exprimé devant la Commission dans les termes suivants :

Ils ne savent pas penser personnellement parce qu'ils ont été toute leur vie d'écoliers victimes d'un bourrage qui les a rendus incapables de réflexion.

D'autre part, par ce procédé, on les dégoûte des lectures; ils ne prennent aucun appétit pour les choses que nous leur enseignons. Ils sont dans la situation d'un enfant qu'on gaverait de nourriture[3].

Parmi les défauts artificiellement créés par notre misérable système d'éducation, un des plus curieux au point de vue psychologique, bien que des plus faciles à prévoir, est l'indifférence profonde qu'éprouvent nos jeunes gens pour le monde extérieur,

1. *Enquête*, t. II, p. 681. R. Poincaré.
2. *Revue universitaire*, 15 avril 1899, J. Payot, Inspecteur d'Académie.
3. *Enquête*, t. II, p. 610. J. Payot.

indifférence égale à celle du sauvage à l'égard des merveilles de la civilisation. Tout ce qui ne fait pas partie des programmes d'examens n'existe pas. On parle devant eux de la guerre de 1870, comme le sujet ne fait pas partie de l'examen, ils n'écoutent pas. Devant eux fonctionne le téléphone. Ça ne se demande pas aux examens, ils ne regardent pas.

Et, comme de telles assertions pourraient sembler invraisemblables, il faut s'empresser de citer. Devant l'énormité de telles constatations, je ne mentionnerai que des autorités de premier ordre.

Nous arrivons quelquefois à constater des résultats navrants. Je le disais récemment à la Société de l'enseignement supérieur, et cela a été confirmé par plusieurs de mes collègues, il y a de malheureux candidats qui ne savent presque rien de la guerre de 1870, qui ignorent que Metz et Strasbourg n'appartiennent plus à la France. Je ne vous apporterais pas mon témoignage s'il était unique, mais il a été confirmé d'une façon très nette l'autre jour par M. Hauvette et d'autres personnes. Il y a une inertie tout à fait regrettable chez les jeunes gens [1].

Le doyen de la Faculté de médecine citait récemment le cas d'un bachelier qui n'avait jamais entendu parler de la guerre de 1870.

Cela est dû à une incuriosité totale : beaucoup de jeunes gens ont horreur, en sortant des classes, d'apprendre et d'écouter quoi que ce soit ; une fois sortis du lycée, ils ne veulent plus rien voir, rien entendre ; ils ont horreur de tout enseignement, même sur un fait presque contemporain.

Un jeune homme que j'interrogeai sur le téléphone, parut complètement étonné de ma question, et je constatai qu'il n'avait jamais entendu parler du téléphone [2].

Cette incuriosité complète, signalée par les membres les plus éminents de l'enseignement, s'accompagne d'un autre phénomène très explicable psychologi-

1. *Enquête*, t. I, p. 302. Darboux, doyen de la Faculté des sciences de l'Université de Paris.

2. *Enquête*, t. II, p. 34. Lippmann, professeur de physique à la Faculté des sciences de Paris, membre de l'Institut.

quement — bien qu'il ait paru beaucoup surprendre le Président de la Commission — je veux parler de l'oubli rapide et total de tout ce que les élèves ont appris au lycée, quelques mois après en être sortis. Ces malheureux qui, le jour de l'examen, savaient sans broncher la généalogie des Sassanides et toutes les démonstrations de la géométrie, sont incapables, au bout de quelque temps, de résoudre une règle de trois. De là le fait souvent remarqué, que dans les examens élémentaires demandés par plusieurs administrations, Postes, Douanes, Contributions, etc., les bacheliers sont fort souvent refusés, et quand ils sont reçus, classés le plus souvent après les élèves des écoles primaires, qui ont peu appris mais savent fort bien ce qu'ils ont appris. Ici encore, il faut se hâter de citer.

Quinze jours après l'examen, il se produit un véritable déclanchement ; les candidats ne retiennent rien, ou si peu, qu'on peut dire rien [1].

Vous savez, Messieurs, que les Facultés des sciences ont maintenant une année de préparation aux études médicales.

Eh bien, au commencement de l'année, nous sommes obligés de donner des répétitions de mathématiques à nos nouveaux élèves. Bien entendu, ce n'est pas pour leur apprendre l'algèbre ou la géométrie ; non, c'est simplement pour leur rappeler les éléments de l'arithmétique la plus simple, la règle de trois, par exemple, ou la division, qu'ils ont oubliée [2].

Les meilleurs élèves, parmi les bacheliers, passent à la Faculté des lettres pour préparer leur licence ; or en ce moment on s'aperçoit qu'ils ne savent pas faire un thème. On a été obligé d'installer à la Faculté des lettres de Paris un professeur spécial, qui fait aux étudiants une classe de lycée avec des thèmes comme en quatrième.

On a constaté que nombre de nos futurs médecins, bacheliers ès

1. *Enquête*, t. II, p. 266. Pasquier, recteur à Angers.
2. *Enquête*, t. I, p. 303. Darboux, doyen de la Faculté des sciences.

sciences, ne savent faire ni une division, ni une règle de trois. On a donc été obligé de charger un des jeunes maîtres du P. C. N. de Paris, d'enseigner aux élèves en question de l'arithmétique élémentaire.

Pour compléter le tableau, j'ajouterai que, s'ils savent peu d'arithmétique élémentaire, ils ignorent encore davantage l'algèbre. Ils ne sont donc guère en état de suivre un cours de physique élémentaire [1].

Cet oubli total, que l'expérience a fini enfin par prouver à tous les professeurs, avait été parfaitement montré par Taine, dans le dernier ouvrage écrit par cet illustre philosophe. Voici comment il s'exprimait :

Au moins neuf sur dix ont perdu leur temps et leur peine ; ils ont perdu des années efficaces, importantes ou même décisives : comptez d'abord la moitié ou les deux tiers de ceux qui se présentent à l'examen, je veux dire les *refusés ;* ensuite, parmi les admis, gradués, brevetés et diplômés, encore la moitié ou les deux tiers, je veux dire les *surmenés.* On leur a demandé trop en exigeant que tel jour, sur une chaise ou sur un tableau, ils fussent, deux heures durant et pour un groupe de sciences, des répertoires vivants de toute la connaissance humaine. En effet, ils ont été cela, ou à peu près, ce jour-là, pendant deux heures ; mais un mois plus tard, ils ne le sont plus ; ils ne pourraient pas subir de nouveau l'examen ; leurs acquisitions trop nombreuses et trop lourdes glissent incessamment hors de leur esprit, et ils n'en font pas de nouvelles. Leur vigueur morale a fléchi : la sève féconde est tarie ; l'homme fait apparaît, et souvent c'est l'homme fini.

Voilà ce que l'Université fait de la jeunesse qui lui est confiée, de cet espoir de la France, dont elle ne réussit qu'à pervertir ou atrophier les âmes. Que vont devenir les jeunes gens ainsi formés ? Que seront-ils un jour ?

Ce qu'ils seront, nous le savons déjà, des résignés ou des déclassés. Résignés, ceux qui pourront entrer dans les emplois publics, fonctionnaires, professeurs, magistrats, etc. Les pions qui les dirigeaient au collège seront remplacés par d'autres pions ne différant des premiers que par leurs titres. Sous leur direction ils feront avec inertie et indifférence de nouveaux devoirs. Ils s'achemineront lentement vers l'âge mûr, la vieillesse, puis disparaîtront de ce monde, après trente ou quarante ans de vie végétative, avec la certitude d'avoir été des êtres nuls, aussi inutiles à eux-mêmes qu'à leur pays.

Et les autres ?

Les autres pourraient se diriger vers l'agriculture, l'industrie, le commerce, mais ils ne s'y résignent qu'après avoir tout tenté. Ils y entrent à contre-cœur et, par conséquent, n'y réussissent guère. Ces professions, qui font la richesse et la grandeur d'un pays, l'Université leur en a enseigné le mépris. Ce n'est certes pas un membre de l'Université qui eut écrit cette réflexion profonde d'un éminent homme d'État anglais : « Celui qui est capable de bien diriger une ferme, serait capable de gouverner l'empire des Indes ».

Sur les résultats finals de notre enseignement universitaire, l'accord a été à peu près complet. Voici comment le Président de la Commission d'enquête, M. Ribot, a résumé les dépositions dans son rapport officiel :

Notre système d'éducation est, dans une certaine mesure, responsable des maux de la Société française. La Révolution, qui a renouvelé tant de choses, n'a pas eu le temps de donner à la France un système d'éducation secondaire. Avec l'Empire, nous avons repris et nous gardons encore les cadres, déjà vieillis à la fin du xviii⁰ siècle, d'un enseignement qui ne répondait plus au caractère et aux besoins du pays ; c'est pourquoi la question de l'enseignement secondaire est encore à cette heure un des problèmes les plus complexes, et, par certains côtés, les plus brûlants que nous ayons à résoudre [1].

Un système qui classe les hommes à vingt ans, d'après les diplômes qu'ils ont obtenus, prive l'État du droit de choisir ceux qui se son. faits eux-mêmes, et que les professions libres ont mis hors de pair. Appliqué seulement à certaines carrières, comme celle d'ingénieur, ce système n'est pas sans inconvénient. Étendu à la plupart des emplois publics, il devient un danger parce qu'il pousse toute la jeunesse à la poursuite de diplômes inutiles, qu'il fausse les idées sur le rôle de l'éducation, qu'il affaiblit le ressort moral de la nation, en faisant plus ou moins des déclassés de ceux qui échouent aux examens et qui n'ont pas la force d'entreprendre après coup une seconde éducation, et en donnant à ceux qui réussissent l'illusion qu'ils n'ont plus qu'à se mettre sur les rangs pour obtenir un emploi public.

... M. Berthelot est du même avis. Il critique les programmes et les procédés de classement adoptés pour l'entrée aux grandes écoles.

« C'est là, dit-il, le minotaure qui développe chaque année une multitude de jeunes gens incapables de résister à la préparation à des épreuves si mal combinées pour constater la véritable intelligence et la valeur personnelle, mais si propres à faire triompher la mnémotechnie et la préparation mécanique. Les plus forts passent malgré tout; mais combien y périssent ou sont faussés pour toute leur vie. Aucun peuple n'a adopté de régime analogue, et tous s'accordent à regarder le nôtre comme une cause d'affaiblissement physique et intellectuel pour notre jeunesse [2]. »

C'est donc très justement que, dans son rapport devant la Commission, un magistrat distingué, M. Houyvet, s'est exprimé ainsi :

Cet enseignement, *tel qu'il est donné*, fait des déclassés, des propres à rien, il n'est pas à la hauteur des besoins de l'époque; il nous faut des industriels, des agriculteurs, des colonisateurs, des gens qui sachent autre chose qu'ânonner quelques mots de latin et de grec [3].

Notre enseignement classique fait surtout des déclassés et c'est là qu'est son danger. Je l'ai déjà

1. *Enquête*. Ribot, Rapport général, t. VI, p. 3.
2. *Enquête*. Ribot, t. VI, pp. 45 et 50.
3. *Enquête*, t. II, p. 302. Houyvet, premier président honoraire.

expliqué longuement dans un chapitre de ma *Psychologie du Socialisme* consacré aux inadaptés. J'y ai montré combien devient dangereuse et menaçante l'armée des bacheliers et licenciés sans emploi et quelles recrues redoutables elle apporte à l'armée de l'anarchie, des révolutions et du désordre. Ils sont prêts à toutes les destructions mais ne sont prêts qu'à cela.

Cette vérité, les universitaires eux-mêmes commencent à l'entrevoir.

Ce bourrage encyclopédique qui laisse sommeiller les facultés actives et principalement l'esprit d'observation et la sagacité d'interprétation des faits constitue, dans un état démocratique, un danger terrible. Le jeune homme, jeté dans la mêlée sociale avec toute la fougue de son âge, avec son besoin d'affirmation et sans avoir été formé à la méditation tranquille et prolongée ni au doute philosophique, ira grossir la clientèle des journaux violents, rédigés par quelque impulsif spirituel et inintelligent, ou par quelque illuminé haineux et sectaire et par la tourbe des « ratés », pour qui la violence n'est qu'un moyen de gagner malhonnêtement le pain quotidien, et aussi de satisfaire un fond trouble de jalousie. Les éducateurs sont directement responsables du naufrage de beaucoup d'intelligences et de caractères [1].

Cette redoutable question n'a pas été négligée entièrement devant la Commission, elle n'y a été qu'effleurée. Il y a des choses que chacun pense mais que peu de personnes osent dire tout haut. M. Ducrocq, professeur à la Faculté de droit de Paris, y a rappelé une discussion de la Société d'économie politique de Paris du 5 mai 1894 dans laquelle Léon Say avait posé la question suivante : « Les faits qui se sont produits depuis quarante ans justifient-ils les conclusions du pamphlet de Bastiat : Baccalauréat et socialisme ».

1. *Revue universitaire*, 15 avril 1899, J. Payot, Inspecteur.

L'opinion de Léon Say et de la plupart des membres présents fut que nos études classiques étaient responsables des progrès actuels du socialisme.

Le type des déclassés que ces études fabriquent, type destiné à se multiplier bientôt, est l'anarchiste bachelier Émile Henry, qui avait poussé ses études jusqu'au concours de l'École Polytechnique et qui finit sur l'échafaud, se croyant, comme tous les diplômés sans emploi, victime des iniquités sociales. Le demi-savoir, qui fait mépriser le travail utile, ne fait qu'aiguiser les appétits sans donner les moyens de les satisfaire. Tous ces malheureux bacheliers et licenciés qui ont vu défiler tant de choses sans en comprendre aucune, sont absolument incapables d'apercevoir la complexité des phénomènes sociaux et ne peuvent en percevoir que les injustices apparentes.

Et leur armée grandit chaque jour. Avec le mépris progressif du travail manuel, elle ne peut que grandir encore. En 1850, 20,000 familles seulement réclamaient pour leurs fils l'enseignement secondaire. Il y en avait 200,000 en 1900 [1].

Parmi les causes diverses de décadence qui agissent sur les peuples latins, l'avenir dira sans doute que nulle ne fut plus active que l'enseignement universitaire.

1. Enquête, t. VI, 5e partie, p. 3.

CHAPITRE IV

Les Lycées.

---

§ I. — LA VIE AU LYCÉE, LE TRAVAIL ET LA DISCIPLINE.

Il y a bien longtemps que la question de l'internat, c'est-à-dire des lycées, est agitée, et elle l'est bien vainement puisque ces discussions laissent toujours de côté l'opinion des intéressés, c'est-à-dire celle des parents. Or cette opinion est la seule qui puisse compter.

Le lycée est en France l'expression de certains besoins, désirs et sentiments des familles. Si elles ne gardent pas les enfants chez elles où ne les placent pas dans des familles de professeurs comme cela se pratique dans d'autres pays, c'est évidemment qu'elles ne le peuvent ou ne le veulent. C'est donc leur volonté qu'il faudrait modifier et ce n'est pas avec des règlements ou des projets en l'air qu'on y arrivera.

Évidemment les lycées sont de tristes casernes où se déforment le corps, l'esprit et le caractère de la jeunesse. Tout ce qu'on peut dire en leur faveur c'est qu'ils constituent des nécessités. Il faut savoir s'accommoder à ces nécessités, jusqu'à ce que l'opinion ait été transformée.

L'enquête dont nous allons reproduire quelques passages y contribuera peut-être. Elle nous montrera surtout combien est difficile chez les peuples latins le problème de la réforme de l'éducation.

Le lycée est une caserne fort mal tenue, si l'on veut, mais enfin une caserne. Cette définition a été plusieurs fois donnée devant la Commission.

Dans les grands lycées, vous avez 400, 500, 600 et jusqu'à 800 internes; par conséquent le lycée ne peut être qu'une caserne, chaque élève est un numéro, et il est impossible, quels que soient l'attention et le scrupule du proviseur et du censeur, qu'ils connaissent les élèves même par leur nom[1].

Quand un lycée a 1,200 internes, sans préjudice de plusieurs centaines d'externes, il est encombré. Pour y maintenir l'ordre matériel, on ne peut qu'y adopter des règlements étroits et rigoureux, semblables à ceux d'une caserne. En tout cas, il est impossible de faire autre chose que suivre la tradition aveuglément, en se conformant de point en point aux précédents[2].

Le lycée est sur tous les points du territoire géré par des règlements méticuleux et uniformes, partout identiques.

Les élèves de nos lycées et collèges, en ce qui concerne le travail sédentaire, sont divisés, d'après leur âge, en deux catégories :

a) Les enfants de sept à treize ans, qui sont astreints à un travail de dix heures par jour;

b) Les enfants de treize ans et au-dessus, qui sont astreints à un travail de douze heures et même treize heures par jour quand ils assistent à la veillée facultative.

La Commission considère ce règlement comme tout à fait contraire aux exigences d'une bonne hygiène. On ne saurait imposer, sans de graves inconvénients, à des hommes faits, dix et douze heures par jour de silence, d'immobilité, d'application intellec-

<hr>

1. *Enquête*, t. I, p. 267. Séailles, professeur à la Sorbonne

2. *Enquête*, t. I, p. 15 Berthelot, secrétaire perpétuel de l'Académie des sciences.

tuelle, dans un local fermé et insuffisamment aéré. Et ces exigences ne sont pas seulement nuisibles, elles sont inutiles. En effet, une telle continuité d'efforts intellectuels étant presque impossible, et la somme d'attention soutenue dont l'enfant le mieux doué est capable étant fort au-dessous de la limite réglementaire, on produit la lassitude et l'ennui, sans obtenir plus de travail utile. Par ces excès, on compromet en quelque sorte la discipline en la rendant oppressive, et on justifie la dissipation en la rendant presque nécessaire [1].

Dans tous les lycées de France, on se lève à la même heure, on se couche à la même heure; mêmes heures pour les repas, les classes, les récréations. De même, le régime des études, programmes, exercices scolaires, est réglé jusque dans les plus petits détails [2].

Le nombre d'heures de travail au lycée est excessif et très supérieur à celui qu'on impose aux forçats. L'hygiène y est déplorable. Le régime alimentaire généralement détestable.

Je puis vous parler du régime de l'internat, au point de vue matériel, intellectuel et moral.

Au point de vue matériel, c'est un régime absurde à première vue. Si nous faisons le compte des moments que l'élève passe debout en plein air, nous arrivons à deux heures et demie au total.

Il semble que, pour des êtres qui se développent, il y a là une situation dangereuse, anormale : être deux heures et demie à l'air libre, sur vingt-quatre, c'est trop peu.

Nos promenades du jeudi et du dimanche sont sans intérêt et sans utilité. L'élève s'y traîne dans les rues ou sur les routes. Il en revient fatigué, sans profit pour son développement physique.

..... J'en viens à la nourriture. Elle est, en général, franchement mauvaise, parce que mal préparée [3].

Ce régime abrutissant plonge les élèves sinon dans la tristesse au moins dans une sorte de résignation hébétée que trahit leurs faces mornes.

1. *Enquête*, t. I, p. 415. Maneuvrier, ancien élève de l'École Normale.
2. *Enquête*, t. I, p. 38. Lavisse, professeur à la Sorbonne.
3. *Enquête*, t. II, p. 417. Pequignat, répétiteur au lycée Henri IV.

La plupart de nos élèves ne sont pas gais; nous leur infligeons tant d'heures de travail que nécessairement leur santé laisse quelque peu à désirer, et lorsqu'arrivent les vacances, ils ont un véritable besoin de repos [1].

Aucun exercice physique ne vient rompre la monotonie de ce fastidieux labeur. On a beaucoup parlé des exercices physiques, on a fondé de belles ligues, prononcé d'éloquents discours, mais devant l'opposition sourde de l'Université, qui méprise ces exercices rappelant pour elle le travail manuel, objet de tous ses dédains, ils ont progressivement disparu.

Les exercices physiques n'existent même pas. Chaque élève y consacre quarante minutes environ par semaine [2].

Mais ce qui dépasse ce qu'on pourrait rêver, c'est la discipline ou au moins la surveillance étroite et méticuleuse à laquelle sont soumis les élèves. Leurs surveillants ne doivent pas les quitter d'une minute. Dans les lycées qu'on a construits à la campagne et qui possèdent de vastes parcs, ils n'ont même pas le droit d'y jouer.

Ici on touche à l'invraisemblable et il faut bien vite nous abriter derrière des citations. Le lecteur sera suffisamment éclairé par le dialogue suivant qui s'est engagé entre M. Ribot, Président de la Commission et deux proviseurs, sur cette interdiction faite aux élèves de circuler avec liberté aux heures de récréation.

M. Marc Sauzet. Vous avez été au lycée de Vanves, qui est à la campagne. Avez-vous remarqué quelque différence, au point de vue du régime des élèves, avec les autres lycées ?

M. Béjambes. Le régime est absolument le même. Le lever et le

1. *Enquête*, t. II, p. 640. Payot, inspecteur d'Académie.
2. *Enquête*, t. II, p. 396. Potot, surveillant général à Sainte-Barbe.

coucher sont à la même heure. La seule différence, c'est que l'été le matin les élèves passaient une demi-heure dans le parc, en promenade, sous la surveillance des répétiteurs, au lieu d'aller en études directement.

M. le Président. Ils n'allaient pas en rang, j'espère ?

M. Béjambes. En rang, dans les allées du parc. Jamais je n'ai vu les élèves aller jouer dans le parc. Il y avait des cours qui donnaient sur le parc, mais il était bien interdit aux élèves de dépasser la limite de la cour [1].

M. le Président (s'adressant à M. Plançon, proviseur du lycée Michelet). Vous n'avez pas osé prendre la responsabilité de leur laisser une certaine indépendance?

M. Plançon. Non, d'abord pour des raisons de moralité, puis parce que nous avons la garde du parc ; il faut y éviter quelquefois des petites déprédations, et nous ne pouvons naturellement pas ne pas veiller à ce que le parc soit toujours en bon état; nous y avons intérêt, parce que d'abord c'est une propriété de l'État que nous avons le devoir de maintenir intacte et propre, et ensuite pour les familles. Nous ne pouvons pas les laisser errer seuls dans le parc.

M. le Président. On n'a jamais essayé de leur laisser un peu plus de liberté dans le parc?

M. Plançon. Je ne crois pas que mes prédécesseurs l'aient essayé [2].

Quelque peu interloqué et supposant peut-être qu'il se trouvait en présence de cas exceptionnels, le Président s'est tourné vers M. Staub, proviseur du lycée Lakanal, et alors s'est engagé le dialogue suivant, digne comme le précédent d'être livré à la méditation des écrivains de l'avenir qui rédigeront l'invraisemblable histoire de l'éducation du peuple français à la fin du xix⁰ siècle.

M. le Président. Quelle est l'étendue du parc ?

M. Staub. 10 hectares.

M. le Président. Et vous croyez qu'il y aurait des inconvénients graves à laisser les élèves jouer dans le parc?

1. *Enquête*, t. II, p. 416. MM. Marc Sauzet, Béjambes et Ribot.
2. *Enquête*, t. I, pp. 582 et 583.

M. Staub. Très graves.

M. le Président. Et ces inconvénients sont de nature assez délicate pour que vous ne puissiez pas nous les dire?

M. Staub. Nullement. Ce sont nos mœurs qui s'y opposent. Le moindre accident nous amène les responsabilités les plus graves.

M. le Président. Ne peut-il pas arriver des accidents dans les cours aussi bien que dans le parc?

M. Staub. Les élèves y sont surveillés.

M. le Président. Et vous craignez les responsabilités pénales?

M. Staub. Ce n'est pas une crainte vaine.

M. Plançon. Nous avons l'exemple de nos collègues de Louis-le-Grand et de Charlemagne, celui-ci a été bel et bien condamné à 5,000 francs d'amende, parce qu'un élève, en jouant, avait passé la main dans une vitre et s'était blessé.

M. le Président. C'est donc la magistrature qui doit être accusée du peu de liberté des élèves au lycée Lakanal?

M. Staub. Tous les arrêts rendus en ce sens ont recherché s'il y avait eu ou non manque de surveillance.

M. le Président. Si la jurisprudence était modifiée, auriez-vous une raison d'exercer la même surveillance sur les élèves?

M. Staub. Oui, monsieur le Président.

M. le Président. Il est un peu pénible de ne pas même procurer aux enfants cet agrément qui est un des meilleurs à leur offrir.

Vous ne voyez pas le moyen d'utiliser ces grands espaces pour l'éducation des enfants? Vous n'en sentez pas le besoin?

M. Staub. Je ne dis pas que ce serait une mauvaise chose, mais ça serait une organisation spéciale; j'ai trouvé une organisation toute faite en arrivant.

Bien entendu avec un régime pareil et conforme, d'ailleurs, à la volonté des parents, ce lycée champêtre ne saurait attirer plus d'élèves que les lycées urbains. La suite du dialogue entre le Président et le proviseur indique bien que le digne fonctionnaire n'a jamais compris pourquoi.

M. le Président. Le lycée Lakanal se développe lentement.

M. Staub. Nous avons eu un moment de prospérité au début, puis le lycée a baissé, mais il a remonté.

M. le Président. Combien pourrait-il loger d'élèves?

M. Staub. 630 internes.

M. le Président. Et combien en a-t-il?

M. Staub. 210 environ.

M. le Président. De sorte que chacun doit revenir assez cher.

M. Staub. En effet. Il est difficile de comprendre que les internes ne soient pas plus nombreux. C'est le plus beau lycée de France. Le lycée de Bordeaux est un beau lycée, mais il n'est pas comparable à Lakanal [1].

Eh! oui, sans doute, c'est le plus beau lycée de France, et j'imagine qu'il refuserait beaucoup d'élèves s'il était administré par un proviseur anglais avec des règlements anglais. Cependant, encore faudrait-il supposer des parents assez audacieux pour y placer leurs enfants dans ces conditions de liberté relative.

Quel que soit le degré de routine et d'aveuglement dont sont imprégnés la plupart des universitaires, il ne faut pas supposer que quelques-uns n'aient pas entrevu tout ce qu'a d'absurde le régime de surveillance tatillonne auquel sont soumis nos lycéens, mais leurs efforts pour y remédier ont toujours été rudement réprimés.

Je sais bien qu'un grand nombre d'administrateurs ne demanderaient pas mieux que d'entrer dans une voie plus libérale ; mais ils ne se sentent pas la liberté nécessaire.

J'ai fait, une fois, dans ma classe, la tentative que voici : j'ai dit à mes élèves : « Je vais voir si je puis avoir confiance en vous, je vais sortir pendant deux minutes ; je suis sûr que vous vous conduirez bien ».

Je fis comme j'avais dit, mais pendant ce temps, le surveillant général vint à passer, — c'était en province, — « C'est épouvantable ce que vous venez de faire là, me dit-il, songez donc, si, pendant votre absence, un enfant avait crevé l'œil de son voisin... »

Je lui répondis que, même présent, il m'était difficile, à moi

1. Enquête, t. I, p. 585.

comme à tout autre, d'empêcher un élève de mettre une plume
dans l'œil de son camarade.

Avec cet esprit-là, on n'arrive à rien [1].

Hélas si, on arrive à quelque chose! On forme pour
l'avenir ces tristes générations d'êtres impuissants,
toujours prêts à osciller entre la révolution et la servitude.

Quant aux conséquences immédiates d'un tel régime,
M. Lavisse les a nettement indiquées.

Nous nous exposons à cette conséquence si périlleuse: des jeunes gens surveillés à outrance, dont tous les mouvements ont été
épiés, sont, du jour au lendemain, leurs études terminées, jetés
dans les rues des villes et exposés à tous les abus d'une liberté
dont ils n'ont pas fait l'expérience [2].

§ 2. — LA DIRECTION DES LYCÉES. LES PROVISEURS.

La valeur d'un établissement industriel et commercial dépend étroitement de la personnalité qui le dirige.
C'est là une banalité qui ne nécessite je pense aucune
démonstration. Nous devons donc admettre que la
valeur d'un lycée dépendra de l'homme qui est à sa
tête.

Il en est réellement ainsi dans l'enseignement congréganiste. Il ne saurait en être de même dans les
établissements de l'État, et voici pourquoi.

Chaque lycée est théoriquement dirigé par un
proviseur. En pratique ce directeur n'est guère
qu'un modeste comptable dirigé dans ses moindres
actes par les ordres que lui envoient les commis des

1. *Enquête*, t. II, p. 379. Well, professeur au lycée Voltaire.
2. *Enquête*, t. I, p. 38. Lavisse, professeur à la Sorbonne.

bureaux du ministre. Sans autorité, sans pouvoir, suspecté par ses supérieurs, dédaigné par les professeurs, peu redouté par les élèves, son rôle est celui d'un humble bureaucrate et non celui d'un directeur.

C'est un fonctionnaire, et, dans les grands établissements, un fonctionnaire débordé de besogne administrative. La centralisation, qui rend le ministre légalement, parlementairement, responsable de tout ce qui se passe dans chaque maison, a cette conséquence d'obliger le proviseur à passer le meilleur de son temps, non à diriger cette vie intérieure, mais à en rendre compte. Ce sont incessamment des rapports, des notices, des statistiques, une correspondance sans fin avec inspecteur, recteur ou ministre. Comment, dans les très grands lycées, le proviseur pourrait-il, ainsi surchargé, suivre chacun des élèves, en prendre la charge intellectuelle et morale ?

Ajoutez qu'il n'a aucun pouvoir sur les programmes ; il n'a aucun droit de modifier, d'assouplir les cadres des enseignements pour répondre aux besoins, aux vœux, de la ville, de la région. Il est enfermé dans son budget comme un simple comptable, et l'établissement de ce budget, qu'arrête seule l'autorité centrale, n'est pour lui, comme l'a fort bien dit M. Poincaré, qu'une opération administrative [1].

L'esprit bureaucratique, en France, envahit tout. La besogne matérielle, la correspondance, la tenue des registres de toute sorte, la paperasserie, tiennent de plus en plus de place dans les fonctions des chefs d'une maison [2].

Aujourd'hui tout a été concentré entre les mains de l'Administration centrale, et notre initiative personnelle n'existe pour ainsi dire plus. Même pour le renvoi d'un élève, il faut recourir à un conseil.

Un recteur ne pourrait même pas affecter un maître au grand ou au petit lycée d'une ville. Le ministre règle les moindres détails de l'administration [3].

Peu à peu on nous a retiré toutes nos prérogatives et nous sommes arrivés à être enserrés par les règlements d'une façon telle

1. *Enquête*, t. II, p. 686. Léon Bourgeois, ancien ministre de l'Instruction publique.
2. *Enquête*, t. II, p. 130. Bernès, professeur de rhétorique au lycée Lakanal.
3. *Enquête*, t. I, p. 559. Dalimier, proviseur du lycée Buffon.

que, si nous nous laissions faire, nous n'aurions absolument qu'à
suivre l'impulsion qui nous viendrait·d'en haut [1].

Je crains que les proviseurs et principaux de collège n'aient pas
plus d'autorité sur les professeurs que sur leurs maîtres répétiteurs. Par la fatalité même du système, qui est administratif et
paperassier, on en est arrivé à les considérer comme des administrateurs et des bureaucrates, et non pas comme des éducateurs.
Et cela n'est pas étonnant ! Ils n'ont ni initiative ni responsabilité,
pas plus pour l'instruction que pour l'éducation [2] !

Nous avons vu, a dit M. Ribot devant la Chambre des Députés, et
cela sautait aux yeux, que dans nos lycées s'était introduit un système
de centralisation poussé si loin, avec une minutie bureaucratique
si perfectionnée, que nos proviseurs, les chefs de nos établissements, ceux qui ont la charge de développer l'initiative chez les
élèves, à qui on dit toujours : « Faites des hommes et exaltez le
sentiment de la responsabilité, » quand ils se regardent eux-mêmes,
sont les serviteurs liés par les chaînes les plus étroites, par les
ordres venus soit de la rue de Grenelle, soit du cabinet d'un
recteur.

La situation est véritablement pénible et je n'y veux pas insister.
Un proviseur ne peut pas disposer d'une somme de 5 francs pour
gratifier un serviteur fidèle ; il ne peut ordonner une promenade,
introduire une innovation quelconque — je ne parle pas des
études, mais de l'administration intérieure du lycée et de la
discipline — sans se heurter à des règlements ; un proviseur passe
son temps à accuser réception des circulaires qui viennent par
centaines s'empiler sur son bureau ; bien plus, un proviseur
d'un de nos lycées, que nous avons mis à la campagne sans doute
pour faire des expériences et pour donner aux élèves la liberté
dans les champs reconquis, ce proviseur se croit obligé de suivre
fidèlement la consigne donnée aux proviseurs des lycées urbains
de mettre en rangs ses élèves le dimanche ou le jeudi pour aller
sur les routes poudreuses de nos villages de banlieue au lieu de
leur ouvrir le pa. de dix ou de quinze hectares que l'État a
acquis à grands frais. Quand nous lui demandons : pourquoi faites-
vous ainsi ? Parce que, dit-il, mes prédécesseurs ont fait ainsi et que
je ne veux pas m'exposer à des reproches en faisant autrement [3].

Un proviseur, en général, ne sait pas toujours exactement ce
qui se passe dans son établissement. Il n'ose pas intervenir dans

1. *Enquête*, t. I, p. 466. Follioley, proviseur honoraire.
2. *Enquête*, t. II, p. 295. Clairin, président de la Commission de l'Enseignement.
3. Séance de la Chambre des Députés du 13 février 1902, p. 657 de l'*Officiel*.

les classes. Il éprouve à l'égard du professeur un certain sentiment de défiance et il ne prend pas la liberté de lui donner des conseils. De son côté, le professeur le tient quelquefois en faible estime.

J'estime — avec M. le Président — que le véritable défaut de nos lycées, c'est le manque de solidarité, d'unité, d'harmonie. Chacun va de son côté, et il est fort heureux que, malgré ce défaut, les lycées ne marchent pas plus mal [1].

En fait, proviseurs et professeurs se détestent cordialement et ne sont pas moins détestés par leurs élèves. Il n'est pas admissible que dans de semblables conditions un établissement puisse prospérer.

Il ne faut pas s'en prendre aux proviseurs du fonctionnement si défectueux des établissements qu'ils dirigent. Enserrés comme ils le sont, ils ne peuvent mieux faire. Dès qu'on leur donne l'indépendance et la responsabilité, ils se transforment. M. Dupuy l'a très bien marqué dans le passage suivant de son rapport :

Les collèges qui sont au compte du principal sont plus florissants que les autres ; là où le principal est plus directement intéressé au succès du collège, le succès se manifeste assez vite. Je prendrai pour exemple certains collèges de l'Académie de Lille ; ils étaient languissants, on les a mis au compte du principal, et aujourd'hui, ils sont florissants, et ce changement s'est produit assez vite. Je crois que cela tient précisément, non seulement à ce que le principal a un intérêt plus direct, mais à ce qu'il est plus libre de ses actions, à ce qu'il peut modifier un peu le régime à son gré, à ce qu'il peut faire aux familles certaines concessions qu'un principal ordinaire ne peut pas faire [2].

Un malheureux proviseur est aujourd'hui enfermé dans un lacis de règlements, une surveillance méticuleuse et soupçonneuse, qui le paralysent entièrement et en font le plus tyrannisé et le moins indépendant des fonctionnaires. Voici comment le Président de la

1. *Enquête*, t. II, p. 223. Gautier, professeur au lycée Henri IV.
2. *Enquête*, t. I, p. 241. E. Dupuy, inspecteur général de l'Université.

Commission, M. Ribot, a résumé les vœux formulés à ce sujet.

Moins d'uniformité, moins de bureaucratie, un peu de liberté : c'est le vœu général qui se dégage de l'enquête. Les lycées étouffent sous la centralisation. On n'a fait, depuis dix ans, que la rendre plus pesante. On s'est appliqué à enlever aux proviseurs ce qui restait de leur initiative. Il n'est pas une académie, pas un lycée d'où ne s'élève une plainte, partout la même et partout aussi vive [1].

§ 2. — CE QUE COUTENT LES LYCÉES A L'ÉTAT.

Il est utile de savoir ce que coûte un pareil enseignement. Cela est d'autant plus intéressant que nous aurons comme point de comparaison l'enseignement congréganiste. On sait que c'est une règle générale, sur laquelle nous avons insisté dans un autre ouvrage, que tout ce qui est géré par l'État, qu'il s'agisse de chemins de fer, de navires ou de n'importe quoi, coûte de 25 à 50 pour cent plus cher que ce qui est géré par l'initiative privée.

Les lycées, bien entendu, n'échappent pas à cette loi. Alors que les maisons congréganistes, qui ne reçoivent aucune subvention, réalisent des bénéfices, l'État trouve le moyen de perdre des sommes énormes avec les lycées.

En restant sur le terrain économique, mais en me plaçant à un point de vue plus général, j'ai eu la curiosité de relever un point intéressant de la statistique d'après le budget de l'Instruction publique de 1895 ; je suis arrivé à cette conclusion que l'État donne pour les collèges une subvention de 75 francs par tête de collégien, pour les lycées une subvention de 300 francs par tête de lycéen, pour les facultés une subvention de 435 francs par tête d'étudiant.

1. *Enquête*, Ribot, t. VI, p. 4.

On voit que, pour les enfants des classes dirigeantes, l'État fournit une subvention beaucoup plus considérable que celle qui est afférente à l'enseignement primaire [1].

En 1869, il y avait 22 lycées qui ne demandaient aucune subvention à l'État ; en 1870, 19 ; en 1871, 12 ; en 1872, 11 ; en 1873, 10 ; en 1874, 1875 et 1876, 3 ou 4. Aujourd'hui, tous sans exception doivent être subventionnés [2].

Et à quoi tiennent ces frais énormes? Les raisons principales sont les suivantes : D'abord le luxe entièrement inutile des lycées. Les architectes croient devoir bâtir somptueusement ces casernes. Tout est en façade — comme l'enseignement universitaire — mais ces façades se paient très cher. M. Sabatier [3], a fait remarquer que le lycée Lakanal, qui compte 150 élèves, revient à une dizaine de millions. Le logement de chaque élève revient à 750 francs. Pour le même prix on aurait pu donner à chacun d'eux une villa et un jardin suffisants pour le loger lui et ses parents.

Ceci est une première raison, mais il en est bien d'autres. Le règlement étant uniforme pour tous les lycées, les frais sont partout égaux. Alors même qu'il n'y a pas d'élèves on nomme des professeurs.

Je pourrais citer tel collège qui coûte 20,000 francs à la ville, et qui compte un élève en rhétorique, un en deuxième, deux en troisième et quatre en quatrième. En tout, 60 élèves dans les petites classes [4].

Quand on voit, dans le budget d'un petit lycée, qu'une classe de sixième, qui compte quatre élèves, a un professeur agrégé au traitement de plus de 5,000 francs, on peut se demander s'il ne serait pas possible de trouver là une économie [5].

1. *Enquête*, t. II, p. 427. Brocard, répétiteur général à Condorcet.
2. *Enquête*, t. II, p. 530. Moreau, inspecteur général des finances.
3. *Enquête*, t. I. p. 201.
4. *Enquête*, t. II, p. 625. Grandeau, représentant de la Société nationale d'Agriculture.
5. *Enquête*, t. II, p. 533. Ribot, président de la Commission d'enquête.

Dans le même lycée, le professeur de cinquième, également agrégé, a cinq élèves. Les exemples analogues sont fréquents. Il serait difficile d'imaginer un plus complet gaspillage.

La troisième raison du prix excessif de l'enseignement des lycées est que les proviseurs n'ont absolument aucun intérêt à faire des économies et ont même un intérêt sérieux à n'en pas faire. S'ils en font, ils gênent la comptabilité des bureaux. Immédiatement on réduit leur budget et on ne le rétablira plus, même en cas de nécessité, ce qui pour l'avenir leur servira de leçon.

Le passage suivant de l'enquête est fort typique sur ce point.

Une petite réforme pourrait être intronisée immédiatement. Elle consisterait à permettre aux proviseurs, sous contrôle toujours, de disposer librement des économies qu'ils réalisent sur le budget de leur établissement. Aujourd'hui, lorsqu'un budget est fixé, le proviseur n'a aucun avantage à faire des économies. S'il en a réalisé 1,500 francs par une surveillance attentive sur le chauffage, l'éclairage, etc., on ui dit : « Cette année vous pourrez faire les mêmes économies que l'an passé, » et on diminue d'autant son budget. Il faudrait laisser le proviseur appliquer à ce qu'il croirait bon les économies qu'il parviendrait à réaliser [1].

1. *Enquête*, t. II, p. 537. J. Payot, inspecteur d'académie.

CHAPITRE V

Les Professeurs et les Répétiteurs.

§ I. — LES PROFESSEURS.

Nous venons de voir ce que sont les maisons scolaires où la jeunesse française est élevée. Nous avons vu la qualité de l'enseignement qu'elle y reçoit. Il nous reste à examiner — toujours d'après les dépositions de l'enquête — la valeur pédagogique de ses professeurs.

Les professeurs sont par définition des personnes qui enseignent, et par conséquent doivent savoir enseigner. Or l'éducation qu'ils ont reçue ne leur a jamais rien appris de cet art si difficile. Ils savent par cœur beaucoup de choses, mais très peu sont capables d'en enseigner aucune. C'est ce qui ressort nettement des déclarations faites devant la Commission par les universitaires les plus autorisés.

L'incapacité éducatrice des professeurs tient surtout au mode de préparation à l'agrégation. M. Léon Bourgeois l'a parfaitement marqué dans les lignes suivantes :

L'agrégation devrait être, non un grade des études supérieures, mais un certificat d'aptitude à l'enseignement secondaire. Or elle devient de plus en plus un concours entre candidats aussi savants et aussi spécialisés que possible. « Spécialisés », c'est ce dernier mot qui contient la condamnation du système[1].

La valeur pédagogique des professeurs est nettement indiquée dans les dépositions dont j'extrais les passages suivants :

Il y a énormément de professeurs qui ne savent plus professer. Ils savent tout, sauf leur métier, la partie pratique de leur métier. Ce n'est pas tout que de gaver les jeunes gens d'un stock de questions sans leur faire comprendre le pourquoi des choses. Il faut les faire raisonner. Ce n'est pas la mémoire seulement qu'il faut exercer, mais le jugement. Aujourd'hui, c'est par le jugement que les élèves pèchent[2].

Et c'est là peut-être un des plus dangereux résultats de notre éducation. Les produits de l'Université, élèves et professeurs, pèchent surtout par leur défaut de jugement et leur incapacité à raisonner correctement. Or le but principal de l'instruction dévrait être précisément de développer le jugement et le raisonnement.

La très grande insuffisance pédagogique de nos professeurs est certainement une des causes principales des pauvres résultats de notre éducation classique.

Je crois que la préparation pédagogique des professeurs laisse à désirer. Il y a même chez la plupart d'entre eux une sorte de préjugé contre la pédagogie, préjugé dont ils sont les premiers victimes, puisque beaucoup des plus brillants échouent dans leur classe, faute d'avoir réfléchi sur les procédés à employer pour communiquer leur savoir à autrui. Mais ce n'est pas seulement sur ce point que la préparation des professeurs est insuffisante : elle l'est aussi au point de vue historique et philosophique. Une des raisons

---

1. *Enquête*, t. II, p. 694. Léon Bourgeois, ancien Ministre de l'Instruction publique.
2. *Enquête*, t. II, p. 505. Buquet, directeur de l'École Centrale.

de la crise incontestable chez la jeunesse actuelle, qui manque évidemment de direction, c'est que les enfants ne reçoivent pas, dès le lycée, les grandes idées directrices qui devraient les dominer. Cela tient à ce que trop de professeurs n'ont pas eux-mêmes des idées très nettes à ce sujet ; ils n'ont pas reçu aussi l'enseignement pédagogique et civique qui leur dirait quel est le rôle de l'Université dans la France républicaine d'aujourd'hui [1].

M. Lavisse, à qui l'on doit en grande partie les programmes d'après lesquels se formèrent nos plus récentes générations de professeurs, ne s'est pas montré beaucoup plus tendre pour les éducateurs stylés par les méthodes qu'il a contribué plus que personne à fortifier.

Il sait qu'il sera professeur, mais il n'a pas le temps d'y penser. Et, quelques semaines après qu'il a conquis son titre d'agrégé, il tombe dans un lycée. Il ne connaît ni les lois, ni les règlements auxquels il doit obéir ; il est exposé à se tromper sur ses droits, à méconnaître ses obligations, à regimber à tort. C'est le moindre des inconvénients. Il peut ne pas savoir enseigner du tout. Dans l'enseignement de l'histoire, pour ne parler que de celui que je connais le mieux, il faut savoir choisir entre les faits et les idées, éliminer ceux qui ne sont pas intelligibles, n'employer que des mots clairs ou qui puissent être clairement définis. Autrement, l'enseignement de l'histoire ne laisse dans les esprits que des notions confuses enveloppées dans un verbalisme vague. Il perd toute puissance éducative. Il faudrait que le futur professeur fût averti de ces difficultés, habitué à les vaincre [2].

Sans doute, pourraient répondre les professeurs. Mais qui aurait dû nous « avertir de ces difficultés » sinon ceux qui nous ont formés ? On commence à voir maintenant les mauvais résultats des méthodes qu'on nous a appliquées, mais est-ce bien à nous qu'il faut s'en prendre ?

Les méthodes universitaires ne font du professeur qu'un subtil rhéteur et nullement un éducateur.

1. *Enquête*, t. II, p. 639. Payot, Inspecteur d'Académie.
2. *Enquête*, t. I, p. 42. Lavisse, de l'Académie française.

Elles lui laissent une mentalité très déformée. Ne connaissant rien du monde ni des nécessités qui le mènent, il vivra toujours dans le chimérique et l'irréel.

Les professeurs de l'Université constituent une caste dont les contours sont aussi arrêtés que celle des militaires et des magistrats. L'uniformité des programmes qu'ils ont dû subir leur donne des pensées identiques et des façons non moins identiques de les exprimer. Très indifférents au fond des choses, ils n'attachent guère d'importance qu'à la façon de les exprimer. Ils redoutent fort les opinions nouvelles et ne s'y rallient que lorsqu'elles sont approuvées par des maîtres d'une autorité reconnue. Ils acceptent alors sans difficulté les opinions les plus extrêmes. Leurs rares tentatives d'originalité n'aboutissent le plus souvent qu'à donner une forme paradoxale à des idées fort banales.

Ce qu'ils savent le mieux, c'est compliquer les choses les plus simples, et c'est ce qui rend leur enseignement si mauvais. M. Léon Bourgeois a su le dire, bien qu'en termes un peu voilés, devant la Commission d'enquête.

Il y a certaines manières de « faire la classe » que j'admire et que je redoute en même temps. Je parle de beaucoup de professeurs distingués, brillants même, qui y mettent toute leur ardeur et tout leur talent. C'est une occasion pour eux de se distinguer personnellement, en suivant et en faisant valoir leurs propres goûts, devant quelques élèves d'élite auxquels ils se communiquent. Mais les autres, dont nous avons cependant la charge? Certes, ces professeurs sont très aimés de tous les élèves : ils laissent *tranquilles* les médiocres et les mauvais, et les *forts* sont ravis d'un maître dont ils semblent partager un peu la renommée. Je ne puis m'empêcher de penser que le but de l'enseignement public, qui doit s'adresser à tous, est mieux atteint, et le profit pour l'État encore plus considérable, lorsqu'un professeur plus modeste parvient à faire travailler l'ensemble de ses élèves, à entraîner la masse, dont il a charge, à tirer de tous ce qu'ils peuvent véritablement donner [1].

Ce zèle accidentel se refroidit d'ailleurs assez vite, et au bout de fort peu de temps le rhéteur disert, devient un simple bureaucrate faisant son cours à heure fixe sans s'occuper de ses élèves. C'est alors que, comme je le faisais remarquer dans l'introduction, il pourrait être remplacé par un phonographe. M. Raymond Poincaré, ancien Ministre de l'Instruction publique, a fort bien marqué l'évolution bureaucratique finale de l'Universitaire.

[1] Le professeur arrive généralement avec l'idée de partir à la fin de sa classe, il fait son travail très consciencieusement, mais il ne fait que son travail.

Il vient, comme un bureaucrate ou un employé de ministère, passer deux heures dans le lycée. Il ne connaît pas ses élèves, il n'a aucun rapport avec eux [2].

Il ne faut pas trop en vouloir au professeur de se transformer si vite en bureaucrate et d'avoir la plus parfaite indifférence pour ses élèves. Il est le plus souvent un mécontent et un aigri. Le public a pour lui une considération assez faible, et l'Université le traite un peu en fonctionnaire subalterne auquel on ne ménage pas les tracasseries.

Ce défaut de prestige de l'universitaire en France est un point fort délicat, grave de conséquences de toutes sortes, mais qu'il serait inutile de dissimuler.

Ce qui contribue, dans le public, au défaut de considération pour les professeurs de l'Université,

1. *Enquête*, t. II, p. 693. Léon Bourgeois, ancien Ministre de l'Instruction publique.

2. *Enquête*, t. II, p. 677. Raymond Poincaré.

c'est l'insuffisance d'éducation extérieure de beaucoup d'entre eux. Cette absence d'éducation et ses causes ont été sobrement indiquées devant la Commission.

Chacun connaît la principale raison pour laquelle nombre de familles se portent de préférence vers l'enseignement libre; — c'est qu'elles croient y trouver plus de garanties, non pas assurément pour l'instruction, mais pour l'éducation. Cela seul, à mon sens, indique dans quelle voie on doit chercher à améliorer l'enseignement public. Les professeurs et les maîtres d'étude offrent assurément toutes garanties au point de vue de l'enseignement et de l'instruction, mais peut-être n'en offrent-ils pas toujours autant au point de vue de l'éducation [1].

Aujourd'hui, nous recrutons encore nos candidats dans les couches profondes de la démocratie ouvrière ou rurale.

Nous recevons des fils d'ouvriers, de paysans, surtout des fils d'instituteurs, qui nous arrivent après avoir pu faire, grâce aux secours des municipalités et de l'État, leurs études dans les collèges, puis dans le lycée du département, pour les terminer dans les lycées de Paris [2].

Sortis de couches fort modestes, où naturellement l'éducation laisse un peu à désirer, les jeunes professeurs n'ont pas trouvé dans le milieu universitaire les moyens de réparer les lacunes de leur éducation première. Ils ne connaissent rien du monde, où ils sont brusquement lancés, et ils y restent trop souvent dépaysés.

Cette raison d'origine ne suffirait pas à expliquer le défaut d'éducation et de tenue qu'on reproche trop souvent aux universitaires puisque l'enseignement congréganiste recrute ses professeurs dans des couches sociales tout aussi modestes. Mais les congréganistes ont toujours attaché une importance très grande aux

1. *Enquête*, t. I, p. 150. A. Leroy-Beaulieu, de l'Institut.
2. *Enquête*, t. I, p. 139. Perrot, de l'Institut, directeur de l'École Normale supérieure.

formes extérieures. Ils ont des traditions perpé-
tuées dans un milieu homogène, et, si l'on doit
redouter leurs doctrines, on ne peut contester
qu'au point de vue de l'éducation extérieure ils
soient fort supérieurs aux professeurs de l'Université.

Quelles que soient les causes de son défaut de prestige, l'universitaire est peu considéré par le public, et
il en souffre vivement. Sa profession est tenue comme
honorable assurément, mais faiblement cotée. A peine
au-dessus du vétérinaire et assez au-dessous du
pharmacien. Bien qu'il soit très convenablement
rétribué, les familles voient toujours en lui le
monsieur un peu râpé, un peu besoigneux et
courant le cachet. Si par hasard on l'invite, au
moment des examens, il passe tout naturellement
après l'ingénieur, l'officier, le magistrat et le notaire.
C'est l'individu qu'on met au bout de la table, qu'on
n'écoute guère et que les héritières ne regardent pas.
Un peu gauche, un peu emprunté, d'aspect assez
fruste, il ne se sent pas à son aise dans ce qu'on
appelle le monde, et redoute de s'y montrer.

Ce défaut de prestige que l'universitaire sent fort
bien, reste toujours un mystère irritant pour lui. Les
illusions dont il est saturé lui ont laissé croire que
c'est par les diplômes que se marquent les différences
intellectuelles et sociales entre les hommes. Persuadé
qu'avec ses diplômes il devrait être aux meilleures
places dans la vie, il s'indigne secrètement d'en être
fort loin, et finalement il n'a qu'antipathie pour une
société qui ne lui donne pas la situation à laquelle
il s'imagine avoir droit. De là en grande partie les
sympathies secrètes ou avouées de la plupart des

universitaires pour les doctrines révolutionnaires les plus avancées.

Un écrivain qui a longtemps appartenu à l'Université a très bien marqué ces causes de l'antipathie des professeurs pour la société, et surtout pour l'armée, dans les lignes suivantes :

Quelques professeurs détestent l'armée par jalousie plus que par politique.

Chez les membres de l'Université, l'éducation première n'est pas toujours au niveau du savoir acquis. C'est par les honorables et modestes fonctions de l'enseignement que beaucoup d'enfants du peuple font leur entrée dans la bourgeoisie. Ils s'y trouvent d'abord un peu dépaysés. Munis de leurs diplômes, ils se jugent très supérieurs au monde qui les entoure.

Si leurs manières un peu gauches, leurs vêtements dépourvus d'élégance ne leur assurent pas dans la haute compagnie des petites villes la place qu'ils estiment due à leur mérite, ils rendent, au fond de leurs cœurs froissés, les dédains au centuple. Ils jurent une haine mortelle à la société futile ou ignorante qui les tient si injustement à l'écart.

Ainsi s'expliquent les opinions révolutionnaires de certains professeurs.

Au contraire, l'officier, avec son brillant uniforme, est partout accueilli, recherché, fêté. Il orne les salons de la préfecture, il participe aux grandes chasses, aux aristocratiques réunions.

Par surcroît, le décret de messidor lui assigne dans les cérémonies la préséance sur les professeurs des lycées.

Que fait-on de l'adage « Que les armes passent après la toge ? »

Il y a là de quoi gonfler de venin et faire crever de dépit les amours-propres vulgaires [1].

Et malheureusement la considération que l'universitaire n'obtient pas dans le monde, il ne l'obtient pas beaucoup plus dans l'Université, qui ne voit en lui qu'un fonctionnaire subalterne qu'on peut rudoyer à son gré. M. de Coubertin a très bien marqué dans les lignes suivantes la situation actuelle des professeurs de notre Université.

1. H. des Houx, *Figaro*, 1er décembre 1901.

A voir le professeur dans son lycée, on le prendrait trop souvent pour le petit employé subalterne d'une administration publique, avec cette différence qu'il n'y jouit pas du confort relatif qu'offre le bureau. Dès la porte, l'absence de considération se marque dans le regard dédaigneux et les propos bourrus du concierge. Le professeur n'est pas là chez lui.

... Si l'Université veut que ses professeurs soient traités partout avec égards, c'est à elle à commencer; car elle est en grande partie responsable de leur effacement. Eux le sentent et ils en souffrent. J'ai été surpris de constater à quel point cette souffrance inavouée influait sur leur manière d'être et sur leurs pensées. Elle se traduit chez les plus âgés par une sorte de raideur, de froideur solennelle dont ils ont peine à se dépouiller en dehors même de leurs fonctions et qui leur devient comme une seconde nature; l'expérience des mille tracas auxquels ils sont en butte leur donne en plus une circonspection exagérée qui dégénère facilement en méfiance; leur enseignement se fait alors austère et sec; ils n'ont plus cette indulgente gaieté, cette bonne humeur qui sont indispensables à l'éducateur. Les autres — les jeunes — sont poussés inconsciemment au pessimisme; ils voient le monde en noir et laissent percer, lorsqu'ils en parlent, de l'âpreté ou de l'ironie. Sortir de la carrière serait l'ambition secrète de beaucoup d'entre eux : ils n'osent y songer [1].

Tel est le professeur que l'Université nous a fait. C'est à lui que revient le rôle d'élever la jeunesse. Nous connaissons déjà les résultats de son enseignement. Il était facile de les prévoir.

Il existe assurément des exceptions, mais si rares, qu'elles n'ont aucune action. On doit les signaler cependant pour les encourager, car l'Université ne les favorise guère. Deux ou trois professeurs ont exposé devant la Commission les efforts qu'ils avaient faits pour rendre aux élèves leur enseignement utile et on ne saurait trop les donner en exemple.

Parfois ma classe a lieu à l'Hôtel Carnavalet, au Louvre, au musée de Cluny.

Je choisis le moment où, dans les textes, nous avons rassemblé

1. De Coubertin. *Revue bleue*, 1898, p. 80.

un certain nombre de faits qu'il y a lieu d'élucider par la vue même des choses.

Traduisons-nous, par exemple, le discours où Cicéron reproche à Verrès d'avoir volé en Sicile tant d'objets de prix, je conduis mes élèves au Louvre, à la vitrine renfermant le trésor de Bosco-Reale, et je leur dis : Voilà une collection qui est à peu près de l'époque de Verrès, voilà quelques-unes des œuvres d'art qu'il aimait; voilà, sur des plats d'argent, de ces figures en relief qu'il admirait tant. Regardez comment, la plaque de métal qui les porte étant soudée au plat, il pouvait faire détacher ces hauts-reliefs pour se les approprier, si le plat ne lui plaisait point, etc.

M. le Président. C'est très intéressant, si c'est bien fait.

M. Rabaud. Je citerai encore le lycée de Montpellier, qui est dirigé par un ancien surveillant général de Saint-Louis. Ce proviseur — il n'est pas apprécié à sa valeur — a organisé des excursions à Nîmes, à Arles et dans toute cette admirable région du Midi, pleine de vestiges de l'antiquité.

M. le Président. — Tient-on compte au professeur des efforts qu'il tente dans ce sens ?

M. Rabaud. Jamais, monsieur le Président [1].

Je suis persuadé que le Président de la Commission d'enquête aurait rendu un grand service à son pays en demandant immédiatement au nom de la Commission, la croix pour les deux ou trois professeurs qui ont donné de telles preuves d'initiative, de zèle et de vraie intelligence des méthodes d'éducation. Cette récompense eût rendu peut-être de tels exemples un peu plus contagieux.

Le jour ne paraît pas proche où de semblables méthodes se vulgariseront, et pendant longtemps encore nous aurons des professeurs aussi ignorants de la psychologie de l'enfance qu'incapables de modifier leurs méthodes d'enseignement. Quelques rares professeurs commencent d'ailleurs à l'apercevoir.

---

1. *Enquête*, t. II, p. 235. Rabaud, professeur au lycée Charlemagne.

Il ne serait peut-être pas mauvais que des hommes chargés d'instruire la jeunesse, de l'élever, au sens le plus complet et le plus noble du mot, étudiassent ce que c'est que la jeunesse, par quels procédés, depuis qu'on élève des enfants, on les a élevés, quels ont été les meilleurs de ces procédés, comment on s'y est pris pour enseigner telle ou telle science, pour en tirer le plus grand profit possible, comment on s'y est pris pour former les caractères, les cœurs des jeunes gens, en un mot pour préparer des hommes. Or, cela, je suis bien obligé de dire qu'on ne l'apprend pas. La plupart d'entre nous, pour ne pas dire tous, que nous ayons passé par l'École Normale ou par une Faculté, ou que nous nous soyons formés seuls, nous avons, au cours de nos études, appris beaucoup de choses, sauf la façon de les enseigner. On nous a jetés brusquement dans le torrent de l'enseignement en nous laissant nous débrouiller.

Les réformes proposées ont presque toutes surpris la majorité de l'opinion publique universitaire ; habituée à certaines méthodes, elle s'est trouvée malhabile à s'accommoder de méthodes nouvelles. Telle est la raison essentielle de l'échec de ces réformes, et toutes les modifications qu'on pourra imaginer d'apporter dans l'enseignement secondaire risqueront toujours de rester lettre morte, tant qu'on ne se préoccupera pas d'abord de préparer un personnel qui les accepte volontairement, les comprenne bien, et les applique[1].

Rien n'est plus juste que ces dernières lignes. On ne saurait trop répéter qu'il n'y a pas de réformes possibles tant qu'on n'aura pas donné aux professeurs une éducation tout autre que celle qu'ils reçoivent aujourd'hui. L'auteur de la déposition qui précède est un des bien rares universitaires qui l'aient compris.

§ 2. — LES RÉPÉTITEURS.

Le répétiteur n'a guère d'autres fonctions que la surveillance des élèves. En relation constante avec ces derniers, il pourrait rendre à l'enseignement d'immenses services, car il est le plus souvent très

---

1. *Enquête*, t. II, p. 627. Jules Gautier, inspecteur d'Académie.

instruit. Pratiquement il est réduit au rôle pénible de simple surveillant. Méprisé par les professeurs, détesté par les élèves, tenu en défiance par le proviseur, il mène l'existence la plus dure et la plus ingrate qu'on puisse rêver.

Une difficulté presque insoluble, est celle du maître d'études. C'est lui qui vit réellement avec les élèves, qui donc pourrait devenir leur éducateur.

C'est un subordonné, qu'on ne paraît pas apprécier beaucoup, envers lequel, s'il le rencontre, le professeur se croit quitte quand il lui a envoyé un petit salut. Les relations des élèves avec les répétiteurs se ressentent des relations des répétiteurs avec les professeurs ; les répétiteurs ont, à leurs yeux d'enfants, une infériorité marquée, ce sont des hommes sans prix. Au contraire, une autorité morale très grande est indispensable à celui qui veut donner une éducation [1].

Parmi eux il s'en rencontre parfois qui sont désireux d'être utiles aux élèves. L'Administration les guérit vite de pareilles fantaisies.

Je connais beaucoup de maîtres d'études qui ne demanderaient pas mieux que de bien faire, mais c'est toujours difficile de bien faire. Il m'est arrivé d'envoyer de ces jeunes gens dans les lycées, et je leur disais qu'il n'y a pas de petite besogne, que leur besogne est extrêmement importante, capitale même dans un établissement d'enseignement secondaire; ils arrivaient pleins de zèle, d'ardeur; ils s'efforçaient de faire une discipline morale, de connaître les élèves, de les attacher à eux et d'agir par des procédés éducateurs. Mais aussitôt l'inquiétude s'emparait de l'Administration, on disait : il ne fait pas comme les autres, c'est un mauvais esprit ; et parce que ce garçon arrivait plein de zèle et n'aspirait qu'à bien faire, on se débarrassait de lui [2].

Tant que les trois dernières lignes qui précèdent resteront l'expression de la vérité, l'instruction et l'éducation des jeunes Français resteront au bas degré où nous les voyons aujourd'hui.

1. *Enquête*, t. II, p. 650. Rocafort, professeur de rhétorique au lycée de Nîmes.
2. *Enquête*, t. I, p. 263. Séailles, professeur à la Sorbonne.

L'Administration se méfie tout à fait des capacités éducatrices du répétiteûr et tient à le maintenir dans son rôle subalterne de surveillant. C'est pour cela sans doute qu'elle redoute tout à fait de voir des relations cordiales s'établir entre le répétiteur et l'élève.

Dans un article publié par une revue, je trouve le passage suivant :

Un répétiteur fut un jour très durement relevé par son proviseur pour avoir serré la main à un élève; un autre fut révoqué pour avoir fait de la gymnastique avec sa division. Et lui qui pourrait exercer une grande influence sur ses élèves, en est réduit à se faire détester [1].

Il ne faut pas croire que ces malheureux répétiteurs soient des individus quelconques, des sortes de manœuvres. Ils sont traités en manœuvres, mais ne le sont pas du tout. Leur instruction est à peu près celle des professeurs, et dans tous les cas beaucoup plus que suffisante pour instruire les élèves. La plupart sont licenciés et beaucoup sont docteurs.

Au lycée Montaigne, en particulier, sur sept ou huit répétiteurs généraux, cinq étaient ou sont docteurs en médecine, candidats à la licence en droit...

Ils tâchent de trouver un débouché de ce côté puisque le professorat leur est fermé. Un de mes camarades était bi-licencié; il n'avait jamais pu obtenir un poste de professeur; il a pris son doctorat en médecine. Quand il en trouvera l'occasion, il s'en ira; il reste dans le répétitorat comme pis-aller, la carrière de médecin étant, elle aussi, paraît-il, déjà fort encombrée [2].

Parmi les réformes proposées devant la Commission la plus utile peut-être serait de supprimer la distinction entre professeurs et répétiteurs. Avant d'être professeur il faudrait absolument avoir été répétiteur pendant cinq à six ans. Dans ce milieu transitoire, le pro-

1. *La France de demain.* 1899, p. 115.
2. *Enquête*, t. II, p. 107. Provost, répétiteur général au lycée Montaigne.

fesseur apprendrait l'art d'enseigner qu'il ignore totalement aujourd'hui. J'ajouterai que l'enseignement donné par le répétiteur sera toujours supérieur à celui donné par des agrégés, simplement parce qu'il est moins bourré de choses inutiles, et parce que, possédant une science plus récente, se souvenant de la peine qu'il eut pour l'acquérir, il saura mieux se mettre à la portée des élèves.

Si le lecteur a suffisamment médité sur ce chapitre et sur ceux qui précèdent, s'il a bien compris ce qu'est le lycée, ce que sont les professeurs, il doit commencer à entrevoir nettement combien les réformes apparentes proposées sont peu de chose devant les réformes profondes qu'il faudrait accomplir, mais que nul aujourd'hui ne pourrait, ni même n'oserait tenter. C'est pourquoi sans doute on n'en parle pas.

CHAPITRE VI

L'enseignement congréganiste.

L'enquête parlementaire s'est beaucoup occupée des progrès de l'enseignement congréganiste. Elle a rappelé certains faits connus de tout le monde, mais elle a aussi révélé des choses que le public ne soupçonnait pas. On n'eut guère pensé, par exemple, que les Frères des Écoles chrétiennes, qui jadis étaient relégués dans l'enseignement primaire le plus humble, arriveraient à faire une très sérieuse concurrence à l'Université dans l'enseignement secondaire et supérieur. En quelques années leurs progrès ont été foudroyants. Dans nos grandes écoles, l'École Centrale notamment, sur les 134 élèves présentés par eux en dix ans, les neuf dixièmes ont été reçus. Ils ont maintenant 30 établissements qui donnent l'enseignement secondaire. En outre, le seul enseignement agricole véritable en France est dans leurs mains. Ils ont des fermes de 35 hectares, où les élèves reçoivent une instruction pratique et obtiennent tous les prix dans les concours. Ils dirigent également des écoles commerciales et industrielles sans rivales. Et, alors que nos établissements d'instruction coûtent si cher à l'État, les leurs rapportent des dividendes aux commanditaires qui ont prêté des fonds. pour les créer. Quant aux autres maisons d'éducation congréganistes, bien que ne recevant aucune rétribution du budget, alors que les lycées lui coûtent si cher, ils font à ces lycées une concurrence des plus redoutables et leurs succès s'accroissent chaque jour.

Il faut admirer de tels résultats, dus uniquement à l'initiative privée. Mais il faut surtout tâcher d'en comprendre les causes. L'enquête ne les dit guère. Elles sont pourtant bien évidentes. Elles résident simplement dans la qualité morale des professeurs. Tous ces professeurs ont un idéal commun et-l'esprit de dévouement que tout idéal inspire. Cet idéal peut être scientifiquement traité de vaine chimère, mais la qualité philosophique d'un idéal est absolument sans importance. Ce n'est pas à sa valeur théorique qu'il faut le mesurer, c'est à l'influence qu'il exerce sur les âmes. Or l'influence de l'idéal qui guide les congréganistes est immense. Tous ces professeurs à peine rétribués sont dévoués à leur tâche et ne reculent pas devant les plus humbles besognes. A la fois surveillants et professeurs, ils s'occupent sans cesse de leurs élèves, les étudient, les comprennent et savent se mettre à leur portée. Leurs origines familiales sont au moins aussi modestes que celles des professeurs de l'Université, mais leur tenue générale est infiniment supérieure, et, par contagion, celle de leurs élèves le devient également. Il n'y a pas à contester que ces élèves ne soient, au moins extérieurement, beaucoup mieux élevés que ceux de nos lycées. Les parents s'aperçoivent très bien de la différence et les libres-penseurs eux-mêmes envoient de plus en plus leurs enfants chez les congréganistes. Ils savent d'ailleurs aussi que ces congréganistes s'intéressent personnellement à leurs élèves, ce qui n'est pas le cas des professeurs des lycées, et les font très bien réussir dans la préparation aux examens qui ouvrent l'entrée des grandes écoles.

Comme je ne vois aucun moyen de donner à nos universitaires les qualités incontestables que les congréganistes doivent à leurs croyances religieuses, j'ignore comment on ralentira les progrès des derniers. Des règlements, si rigides qu'on les suppose, n'y pourront rien. La diffusion de l'esprit clérical est assurément des plus fâcheuses dans un pays aussi divisé que le nôtre, mais aucune persécution ne saurait l'entraver. On peut évidemment décréter, comme on l'a proposé, que l'État ne laissera les fonctions publiques accessibles qu'aux élèves ayant passé par le lycée, mais une telle loi serait facile à tourner, car les congréganistes n'auraient qu'à envoyer leurs élèves au lycée le nombre d'heures suffisant pour obtenir les certificats nécessaires. Supposons cependant que par des moyens draconiens, on les oblige à fermer leurs établissements. Une telle loi aurait pour conséquence immédiate de transformer en ennemis du Gouvernement les parents qui tenaient à confier leurs enfants aux congréganistes. Elle aurait aussi cette autre conséquence, beaucoup plus grave encore, de supprimer toute concurrence à l'Université, et par conséquent de détruire le seul stimulant qui l'empêche de descendre encore plus bas qu'elle ne l'est aujourd'hui.

Tout ce qui vient d'être dit de l'enseignement congréganiste, et surtout de la supériorité de son éducation, a été très bien mis en évidence dans l'enquête et cela par les professeurs de l'Université eux-mêmes. Je n'ai maintenant qu'à citer.

Dans les maisons religieuses, les professeurs sont très souvent improvisés : à peine deux ou trois qui ont voulu être professeurs et qui ont leurs grades. En revanche, l'entraînement particulier qu'ils subissent en vue de l'apostolat sacerdotal les prépare admirablement au métier d'éducateur. Les pensées élevées sur lesquelles on les tient attachés, les sentiments de dévouement et de sacrifice dont on les pénètre, les leçons de psychologie pratique et de direction spirituelle qu'on leur enseigne, tout cela constitue des ressources pédagogiques de premier ordre, utilisables dès leur entrée en fonctions [1].

Au point de vue moral, il n'y a pas d'éducation, de direction dans l'Université. Nous n'avons pas de doctrine morale comme nous n'avons pas de doctrine disciplinaire. Nous n'enseignons rien de précis sur ce point important. Les maisons religieuses ont sur nous l'avantage d'enseigner au moins la morale d'une religion ; nous, nous n'enseignons même pas la morale de la solidarité, qu'on enseigne dans les écoles primaires. Nos élèves n'ont part aux théories morales qu'en philosophie ; à ce moment ils sont déjà formés il est trop tard [2]

Les enfants, dans les lycées, ne vivent qu'entre eux, n'ayant de rapport avec l'Administration que pour en recevoir des ordres ou des punitions. Or, la pire des écoles, c'est celle des enfants entre eux ; c'est ce qui rend si dangereuse l'école de la rue. Un enfant ne peut être élevé que par quelqu'un de formé, de plus âgé, de plus équilibré. En somme, nos jeunes gens ne sont pas assez avec des personnes qu'ils aiment et qui les aiment. Les établissements religieux n'ont évidemment pas une supériorité réelle sur les établissements laïques, mais ils tiennent compte des sentiments des enfants, ils occupent leur imagination, ils excitent leurs bons sentiments. Je lisais même récemment dans un livre sur les patronages catholiques que, dans les écoles classiques, les grands garçons sont peu à peu habitués à se préoccuper de leurs futurs devoirs, de leur futur rôle dans la société.

On leur enseigne à s'intéresser aux autres, surtout aux petits, aux faibles ; enfin, on leur trace une sorte de programme moral, tandis que ces précautions d'ordre élevé ne sont pas prises chez nous [3].

1. *Enquête*, t. II, p. 651. Rocafort, professeur d'histoire.
2. *Enquête*, t. II, p. 419. Pequignat, répétiteur à Henri IV.
3. *Enquête*, t. II, p. 436. Gaufrés, ancien chef d'institution.

Aux raisons qui précèdent, il faut joindre les succès que les congréganistes font obtenir à leurs élèves. Aussi leurs progrès s'accroissent-ils rapidement.

Il y a une poussée de concurrence de la part des établissements ecclésiastiques, ce n'est pas douteux ; tandis que les établissements publics ne s'accroissent plus guère, les établissements ecclésiastiques en particulier, parmi les établissements libres, s'accroissent rapidement [1].

Actuellement, d'après les chiffres donnés par MM. Leclerc et Mercadier devant la Commission, l'enseignement libre, c'est-à-dire congréganiste, possède 53,4 % du nombre des élèves, celui de l'État 46,5 % seulement.

La proportion au profit de l'enseignement congréganiste s'élève d'année en année, et pour l'entrée aux grandes écoles, il fait une rude concurrence aux lycées. D'après M. Mercadier, les établissements congréganistes fournissent à eux seuls 24 % des élèves de l'École Polytechnique. Pour d'autres écoles du Gouvernement, la proportion est plus élevée encore.

Mais ce qui est beaucoup plus intéressant et constitue une véritable révélation, ce sont les résultats obtenus par les Frères des Écoles chrétiennes dans tous les ordres d'enseignement, aussi bien dans ceux régis par les programmes de l'État que dans ceux créés par eux pour répondre aux besoins modernes dont l'Université ne se préoccupe nullement et dont ils ont été à peu près les seuls à s'occuper jusqu'ici. La déposition du Frère Justinus, assistant du Supérieur général des Écoles chrétiennes, a été aussi

1. *Enquête*, t. II, p. 83. Max Leclerc, chargé de missions relatives à l'enseignement.

longue qu'intéressante, et montre à quels merveilleux résultats peuvent arriver des hommes de cœur, d'initiative et de volonté. Sans aucune assistance pécuniaire de l'État, alors que notre Université pèse si lourdement sur le budget des contribuables, ils réussissent à donner des dividendes aux actionnaires qui leur ont prêté des fonds.

Voyons d'abord les résultats obtenus dans l'enseignement secondaire par les Frères, puisque c'est de lui qu'il s'agit maintenant. Je n'ai qu'à leur laisser la parole. Ce ne seront plus les belles périodes, les phrases sonores, mais singulièrement vides, des académiciens universitaires sur les beautés de l'enseignement classique, la vertu éducatrice du latin, etc., mais des faits bien nets, simplement exprimés. Les Frères ont montré tout le parti que l'on peut tirer des programmes et justifié une de mes assertions fondamentales, à savoir que ce ne sont pas les programmes, mais les professeurs, qu'il faudrait pouvoir changer.

D'après les renseignements donnés à la Commission, les Frères possèdent 456 écoles, dont 342 en France, les autres, établies dans huit colonies, dont cinq sont françaises. Ces écoles sont de toute nature, primaires, industrielles, secondaires, etc., suivant les besoins du milieu où elles sont créées. Celles d'enseignement uniquement secondaire sont au nombre d'une trentaine environ. Dans les maisons d'enseignement secondaire de Passy, de 1892 à 1898, ils ont préparé avec succès 865 élèves au baccalauréat, 48 élèves ont obtenu un double baccalauréat.

Pour couronnement des études, il a été organisé, à Passy, un cours de préparation à l'École Centrale, faisant immédiatement suite aux classes secondaires modernes. De 1887 à 1898, le pensionnat de Passy a eu quatre fois le *major* de la promotion, deux fois le *sous-major* et un certain nombre d'élèves dans les dix premiers. Sur 134 élèves présentés durant cette période, 119 ont été admis, soit plus de 89 %.

A l'École des Mines de Saint-Étienne, durant les dix dernières années, nous avons eu 11 majors sur les 20 réunis de l'entrée et de la sortie.

49 de nos élèves font actuellement partie de l'École des Mines, et 287 ont déjà obtenu à leur sortie le diplôme d'ingénieur. Plusieurs occupent aujourd'hui les positions les plus honorables (ingénieurs en chef ou directeurs) dans les bassins de la Loire, de l'Aveyron, du Gard, du Nord et du Pas-de-Calais.

En ce qui concerne les carrières suivies par les élèves sortis de nos établissements secondaires, voici les indications données par une statistique récente :

Commerce	35 %
Agriculture.	33 »
Industrie.	15 »
Administration	7 »
Armées et colonies	5 »
Études.	5 »

La grande majorité se dirige donc vers les carrières du commerce, de l'agriculture et de l'industrie [1].

Ces résultats indiquent la supériorité des méthodes employées, mais ce qui est beaucoup plus intéressant encore, c'est le développement que les Frères ont su donner aux établissements agricoles et industriels, rendant ainsi d'immenses services dont on ne saurait leur être trop reconnaissant. Je laisse de côté leurs écoles d'agriculture, notamment celle dont il est parlé dans l'enquête, comprenant une ferme de 35 hectares où les élèves doivent exécuter tous les travaux agricoles, y compris ceux du labourage, ce qui a valu au directeur de cette école, en 1899, le titre de premier lauréat de la Société des Agriculteurs de

---

1. *Enquête*, t. II, pp. 592 et suiv. Frère Justinus.

France. Je me bornerai à reproduire le passage de la déposition où il est montré comment l'enseignement varie suivant les besoins des régions.

Nous avons organisé pour l'industrie des cours pratiques analogues à ceux qui existent pour l'agriculture.

Aux derniers examens d'admission pour l'École des apprentis élèves-mécaniciens de la flotte, nos établissements de Brest, de Quimper et de Lambézellec ont fait admettre 27 de leurs élèves. — L'école de Brest a eu le n° 1 de la promotion ; le pensionnat de Quimper, le n° 2 ; celui de Lambézellec, le n° 3.

A l'autre extrémité de la France, 30 de nos élèves de la seule école Saint-Éloi d'Aix ont été déclarés admissibles à l'École Nationale d'Arts et Métiers, dans les examens du 30 juin au 2 juillet 1898.

Notre pensionnat secondaire moderne de Rodez possède également une section industrielle très prospère. De 1890 à 1898, on compte 88 de ses élèves admis à l'École Nationale d'Arts et Métiers, aux Équipages de la flotte ou à l'École des contremaîtres de Cluny.

Des organisations semblables existent dans un certain nombre de nos établissements. Plusieurs, comme à Saint-Malo, à Paimpol, à Dunkerque, ont des cours spéciaux de répétitions de sciences, de calculs nautiques, etc., pour les élèves inscrits aux écoles d'hydrographie. Il y a quelques semaines à peine, 24 de ces jeunes gens, ainsi préparés à Saint-Malo et à Paimpol, ont été reçus capitaines au long cours et 6 autres capitaines pour le cabotage.

En ce qui concerne les cours professionnels proprement dits, le type le plus généralement connu est offert par l'établissement Saint-Nicolas de Paris.

Dans sa séance du 12 juin 1897, l'Académie des Sciences morales et politiques décernait à cette œuvre, reconnue d'utilité publique, le prix Audéoud. Voici comment s'exprimait à ce sujet M. Léon Aucoc, dans son rapport :

La maison principale (Paris) compte à elle seule 1,030 élèves ; celle d'Issy, 1,050 ; celle d'Igny, 830.

Chaque année le Conseil d'administration est obligé de refuser des enfants, faute de place.

Selon le désir des parents, les enfants reçoivent uniquement l'instruction primaire à ses différents degrés ou une instruction spéciale qui les prépare soit à l'industrie, soit à l'horticulture.

Les ateliers de la maison de Paris sont un des traits caractéristiques de l'œuvre de Saint-Nicolas.

La maison traite avec des patrons, qui font toutes les dépenses et profitent de toutes les recettes qui résultent du travail fait dans les ateliers, sous la direction d'un contremaître choisi par eux. Suivant les professions, l'apprentissage dure trois ou quatre ans. Il n'y a pas, dans ces ateliers, un instant perdu pour l'instruction professionnelle, et les apprentis ne sont pas exposés à subir, dès l'âge de treize ans, de mauvaises influences. En général, c'est à des métiers qui exigent une intelligence développée et du goût que sont préparés les enfants : imprimeurs, graveurs-géographes, lithographes, relieurs, facteurs d'instruments de précision, mécaniciens, sculpteurs sur bois, monteurs en bronze, ciseleurs sur métaux. Chaque jour, les apprentis reçoivent, des Frères qui s'occupent de leur éducation, des leçons spéciales de dessin et de modelage appropriés à leurs travaux. Les contremaîtres se louent beaucoup de leurs apprentis, et chaque année, au moment des vacances, le supérieur de la maison reçoit un grand nombre de propositions qui lui sont faites pour donner de l'emploi à ces jeunes gens.

Les résultats de l'instruction primaire proprement dite ont été, dans toutes 'es expositions universelles, à Chicago comme à Paris, l'objet de distinctions éclatantes. Ce que nous aimons surtout à signaler, c'est le travail de tous les jours : 346 certificats d'études, 36 brevets d'instruction primaire élémentaire et 5 d'instruction primaire supérieure, tel est le résultat de l'année 1895-1896.

Pour l'instruction agricole et horticole, donnée à Igny, les jeunes apprentis ont obtenu 44 prix : 19 au concours de Reims, 13 à celui de Paris, 12 à celui de Versailles, parmi lesquels un *prix d'honneur* et un *premier grand prix*.

Tout ce travail est soutenu par une discipline douce et affectueuse qui produit les meilleurs résultats.

L'œuvre de Saint-Nicolas a été à Paris la première institution de travail manuel ; elle en est restée un des modèles.

A Lyon, l'école de La Salle a été organisée par les Frères en faveur des élèves d'élite de leurs écoles. Les fondateurs offrent aux familles qui le désirent pour leurs enfants, avec une éducation religieuse et morale, un complément d'instruction primaire et professionnelle.

Les cours sont de trois années à l'école de La Salle.

L'instruction est à la fois industrielle et commerciale.

Elle comprend le dessin industriel et toutes les mathématiques qu'il exige, le français, la correspondance, le droit usuel, la comptabilité, l'économie sociale, l'histoire et la géographie, l'anglais, l'étude de la physique et de la chimie appliquées à l'industrie.

Des ateliers d'ajustage, de forge, de tissage, de menuiserie, de modelage, de manipulations chimiques, de typographie et de gravure, permettent aux élèves de connaître leurs aptitudes spéciales et de préparer sûrement leur avenir.

Le système des ateliers extérieurs à l'établissement, dirigés par de véritables chefs d'industrie, et dans lesquels les élèves restent sous la surveillance de l'École, parut donc au Comité être la vraie solution de la question de l'apprentissage. Ce fut aussi l'avis des principaux industriels de la région.

L'expérience a établi que l'on avait bien jugé, car le système adopté a donné les meilleurs résultats. Il a aussi pour lui l'expérience de l'étranger. Dans les grandes villes industrielles de Hollande, d'Allemagne, de Belgique, de Suisse, qui sont nos rivales, les écoles professionnelles sont généralement des fondations libres qu'encouragent par des subventions les villes ou le gouvernement.

Les industriels de la localité leur prêtent leur concours, et c'est pour elles une garantie de progrès incessants [1].

Et ce qui est très caractéristique et prouve une fois de plus la supériorité de tout ce qui sort de l'initiative privée, c'est que cet enseignement, qui donne de si remarquables résultats, non seulement ne demande comme je l'ai déjà dit, aucune subvention à l'État, aucune assistance de personnes bienfaisantes, mais constitue au contraire une source de bénéfices pour ceux qui le fondent. Voici d'ailleurs sur ce point la déclaration du Frère Justinus.

Toutes les sociétés civiles, propriétaires des locaux dans lesquels nous avons organisé nos pensionnats, ont toujours distribué leurs dividendes annuels. Il n'en est pas une, à ma connaissance, qui ait dérogé à cette règle.

Nous nous sommes imposé le devoir de ne point fruster des légitimes intérêts de leurs capitaux les amis qui nous prêtent leur concours dans notre œuvre d'éducation. Aussi les directeurs de nos pensionnats s'attachent-ils scrupuleusement à satisfaire à toutes les obligations qui leur incombent envers les sociétés civiles propriétaires. C'est la première de leurs obligations financières.

M. le Président. Vous arrivez à faire une concurrence qui est redoutable, non pas seulement aux établissements publics, mais aux collèges ecclésiastiques ? Partout on le constate [2].

---

1. *Enquête*, t. II, pp. 598 et suiv. Frère Justinus, assistant du Supérieur général des Frères des Écoles chrétiennes.
2. *Enquête*, t. II, p. 602. Frère Justinus.

Concurrence redoutable sans doute, mais j'ajouterai, bienfaisante et utile, et nous ne pouvons que souhaiter qu'elle se développe encore. Je ne suis pas suspect, je pense, de cléricalisme, mais j'avoue que si j'étais Ministre de l'Instruction publique, mon premier acte serait de nommer directeur de l'enseignement primaire et secondaire le Supérieur des Écoles chrétiennes qui a obtenu de tels résultats. Je lui laisserais toute liberté quant au choix des méthodes et des professeurs, exigeant simplement qu'il renonçât rigoureusement à toute prédication religieuse, de façon à laisser aux parents une liberté totale sur ce point.

Je me suis étendu sur la déposition qui précède plus que sur aucune autre parce que, au point de vue de l'enseignement secondaire, les Frères arrivent à des résultats équivalant à ceux de nos meilleurs lycées, et qu'au point de vue de l'enseignement agricole et professionnel, si nécessaire aujourd'hui, ils sont sans rivaux. La première chose à faire pour rivaliser avec eux serait d'étudier leurs méthodes. Nous sommes libres d'avoir, au point de vue religieux, des opinions fort différentes des leurs, mais nous devons tâcher d'acquérir assez d'indépendance d'esprit pour reconnaître leur supériorité, surtout quand elle est aussi manifestement écrasante.

Il ne faudrait pas croire cependant que les congréganistes seuls soient capables d'entreprises aussi bien organisées. Il y a plus de 50 ans qu'un simple particulier avait fondé à Nantes un établissement d'enseignement scientifique et industriel portant son nom, fréquenté tous les ans par 500 élèves. On leur enseigne les langues, le dessin, les sciences, et l'enseignement technique y est développé au point que tous les élèves trouvent à se placer en sortant de l'École. Malheureusement l'État a acheté récemment l'établissement, et y a installé naturellement les méthodes universitaires. Le premier résultat obtenu a été le départ de 200 élèves[1]. On est bien obligé de subir les terribles méthodes de l'Université, quand il s'agit des examens mnémotechniques qu'elle impose, mais des industriels savent bien que ce n'est pas avec ces méthodes qu'on forme des jeunes gens possédant les connaissances nécessaires pour ne pas devenir des déclassés.

1. J'emprunte ce chiffre au journal *l'Instruction primaire*. 23 octobre 1898, p. 95.

LIVRE IV

LES RÉFORMES PROPOSÉES ET LES RÉFORMATEURS

CHAPITRE PREMIER

**Les reformateurs. La transformation des professeurs.
La réduction des heures de travail.
L'éducation anglaise.**

---

§ I. — LES RÉFORMATEURS.

La plupart des personnes qui ont déposé devant la Commission d'enquête ont montré avec éloquence l'insuffisance et les dangers de notre système universitaire, mais quand il s'est agi d'exposer les moyens de le remplacer, cette éloquence a été vite tarie et la plupart des réformateurs se sont montrés singulièrement incertains dans leurs projets, se bornant le plus souvent à des modifications de programmes, bien des fois essayées déjà sans succès, à des conseils vagues, à des projets en l'air, sans indication des moyens pour les réaliser. C'est très bien de dire, par exemple, avec M. Gréard, recteur de l'Académie de Paris, qu'il faut « diversifier, assouplir les formes de l'éducation secondaire ». Mais combien cet éloquent académicien n'aurait-il pas fait œuvre plus utile en donnant, au lieu de phrases très vides, des conseils un peu pratiques.

Il est à remarquer que ce sont justement les auteurs des critiques les plus vives qui se sont montrés le plus insuffisants dans leurs projets de réforme. Il serait, en vérité, difficile de suivre des conseils comme celui de M. Jules Lemaître, quand il propose de « laisser l'enseignement un peu à la merci du professeur, qui, dans la branche qui le concerne, enseignerait ce qu'il saurait lui-même et ce qu'il aimerait le mieux »[1].

Devant des propositions aussi vagues, les critiques des critiques avaient une belle occasion d'exercer leur verve. Ils n'y ont pas manqué. Devant la Commission, M. Darlu s'est exprimé de la façon suivante :

Malgré sa sagesse et sa philosophie, M. Fouillée a cédé à une tentation à laquelle nous ne résistons guère, et qui nous entraîne à concevoir chacun notre système. Car il y a autour de chaque chose réelle, comme le dit Leibnitz, une infinité de possibilités qui ont tout le charme que leur prête notre imagination, tandis que les défauts de la réalité frappent nos yeux.

Je suis un peu effrayé, je l'avoue, de voir tant d'esprits en travail pour enfanter des systèmes d'éducation nouveaux. Il y a quelque temps, c'était M. Jules Lemaître qui prenait en main la direction de l'Instruction publique en France.

Il est vrai qu'il l'a abandonnée pour réclamer celle des Affaires étrangères et ensuite celle de l'Intérieur. Eh bien, M. Jules Lemaître avait commencé par demander la suppression pure et simple de l'enseignement classique, sauf dans quatre ou cinq lycées qu'il conservait comme des échantillons d'une flore disparue. Puis

1. Enquête, t. I, p. 187.

Il entendit parler du système des cycles ; il se précipita sur cette idée, et quelques jours après c'était la thèse qu'il soutenait ardemment [1].

La plupart des professeurs envisagent d'ailleurs avec une parfaite indifférence tous ces projets de réforme, dont ils perçoivent aisément l'inanité. M. Sabatier n'a pas hésité à le dire devant la Commission :

> L'on constate que tous les essais de réforme de l'enseignement secondaire faits parallèlement ont misérablement échoué, et n'ont servi qu'à aggraver la situation de cet enseignement. Si bien que j'ai entendu plusieurs professeurs me dire : Au nom du ciel, qu'on ne fasse plus de réformes, qu'on ne change plus les programmes, qu'on n'annonce plus d'ères nouvelles [2] !

Tous ces projets sont, je l'ai dit déjà, la conséquence de l'indéracinable illusion latine qu'un peuple peut modifier à son gré ses institutions. En réalité, il ne peut pas plus choisir ses institutions que sa littérature ; sa langue, ses croyances, ses arts, ou tout autre élément de civilisation. Nous avons bien des fois montré dans nos ouvrages que ces éléments sont le produit de l'âme de la race et que pour les changer il faudrait changer d'abord cette âme.

L'éducation ne saurait échapper à une loi aussi générale. Bonne ou mauvaise, elle est fille de nécessités sur lesquelles nous ne pouvons que fort peu de chose. Les réformes en bloc sont absolument sans valeur, et alors même qu'un tyran les imposerait par la force, elles ne pourraient durer, car, pour qu'elles pussent se maintenir, il faudrait réformer en même temps l'âme des professeurs, celle des parents et celle des élèves.

<hr>

1. *Enquête*, t. II, p. 532. Darlu, maître de conférences.
2. *Enquête*, t. I, p. 201. Sabatier, doyen de la Faculté de théologie protestante.

Il faut laisser de côté tous ces pompeux projets de réforme radicale et ne les considérer que comme une inutile phraséologie. Pour l'éducation, tout comme d'ailleurs pour les institutions, les seules réformes possibles et efficaces sont les petites réformes de détail, faites d'une façon successive et continue. Elles constituent les grains de sable dont l'addition finit, à la longue, par former des montagnes.

Et même ces petites réformes successives ne sont possibles qu'à la condition d'être en rapport avec les nécessités du moment et les exigences de l'opinion. En matière d'éducation, la volonté et les préjugés des parents sont aujourd'hui tout puissants.

Nous allons essayer d'extraire du monceau de projets présentés devant la Commission les quelques réformes possibles, si non aujourd'hui, au moins dans quelque temps, c'est-à-dire lorsque les préjugés qui s'opposent à leur réalisation auront été suffisamment ébranlés.

Voici l'énumération des principales.

§ 2. — TRANSFORMATION DU PROFESSORAT.
NÉCESSITÉ POUR TOUS LES PROFESSEURS DE PASSER PAR LE RÉPÉTITORAT.

Je ne crois pas cette réforme possible avant longtemps, avec nos idées latines, mais je la mentionne cependant en premier rang, parce qu'elle a figuré dans les projets présentés par un Ministre à la Chambre des Députés. Elle est capitale, et pourrait, quand il sera possible de l'appliquer sérieusement, amener des résultats tout à fait considérables.

Cette réforme entraînerait deux conséquences, dont la première est la suppression de l'agrégation, la seconde un recrutement des professeurs fort différent du recrutement actuel.

La suppression de l'agrégation serait fort importante. Nous avons vu, en effet, par les dépositions de l'enquête, que si notre corps de professeurs est si faible au point de vue pédagogique, c'est que les nécessités du concours de l'agrégation en font des spécialistes au lieu d'en faire des professeurs. Un des meilleurs Ministres de l'Instruction publique, M. Léon Bourgeois, l'a dit en termes excellents devant la Commission.

Le concours de l'agrégation pourrait tout au plus être maintenu pour l'enseignement dans les Facultés, bien qu'il fût infiniment préférable d'agir, comme en Allemagne, où les professeurs de l'enseignement supérieur sont choisis d'après la valeur de leurs travaux personnels, le succès de leur enseignement libre, et pas du tout d'après leur aptitude à réciter ce qu'ils ont appris dans les livres. La méthode allemande façonne des savants capables de faire avancer la science, la méthode française ne fabrique que des perroquets.

Mais nous n'avons à nous occuper ici que de l'enseignement secondaire et non de l'enseignement supérieur. Or, pour l'enseignement secondaire, il n'est nul besoin de spécialistes versés dans les subtilités des livres. De simples licenciés, dont la cervelle est moins bourrée de choses inutiles, sont infiniment préférables, et la meilleure preuve en est fournie par les professeurs de l'enseignement congréganiste, qui sont tout au plus licenciés. La plupart de nos répétiteurs, étant licenciés, sont très aptes, pourvu qu'ils possèdent les qualités pédagogiques nécessaires, à donner l'enseignement secondaire. Ce qu'il importe uniquement de savoir, c'est s'ils ont ces qualités pédagogiques.

Supposons donc l'agrégation supprimée entièrement pour l'enseignement secondaire, et voyons comment un jeune licencié pourrait devenir professeur. Il entrerait au lycée comme répétiteur, mais avec le droit, qu'il n'a guère aujourd'hui, de donner des répétitions et de suppléer le professeur en congé ou malade, ce qui permettrait de juger de ses aptitudes pédagogiques. Au bout de quatre ou cinq ans de stage, et s'il était reconnu capable d'enseigner, il serait nommé professeur titulaire d'une chaire élémentaire. Il avancerait ensuite à l'ancienneté, comme le font actuellement les professeurs. Du même coup serait supprimé l'antagonisme entre les professeurs et les répétiteurs. Tous les professeurs obligés d'être d'abord répétiteurs, c'est-à-dire obligés de vivre sans cesse avec les élèves, apprendraient à les connaître et la pratique les rendrait d'excellents pédagogues.

Cette réforme ne coûterait absolument rien à l'État. Au lieu d'agrégés beaucoup trop payés et de répétiteurs très insuffisamment payés, les lycées auraient des professeurs moyennement payés, mais auxquels la perspective de l'avancement et de la retraite serait un stimulant suffisant.

Quant aux fonctions de surveillant : conduite des élèves, inspection des dortoirs, etc., on pourrait les confier, comme l'a proposé M. Léon Bourgeois, à de simples sous-officiers. Leurs habitudes de discipline en feraient des agents excellents, qui exécuteraient avec ponctualité et plaisir une besogne que les répétiteurs actuels exécutent sans ponctualité et sans plaisir.

C'est un peu timidement qu'une telle réforme a été proposée par MM. Bourgeois et Payot. Il est aisé cependant de lire le fond de leur pensée et je n'ai fait que la préciser. Voici d'ailleurs les parties essentielles de leurs dépositions.

> Au lieu de faire parmi eux des catégories distinctes, j'admettrais que le professeur pût et dût même, dans certains cas, prendre des enfants en dehors de la classe et les faire travailler ; j'admettrais aussi que les répétiteurs pussent contribuer à l'enseignement pour certaines parties ; je les chargerais de cours complémentaires. Pourquoi ne feraient-ils pas des cours de langues vivantes, de sciences élémentaires, etc., s'ils possèdent les licences correspondantes ?
>
> M. le Président. Vous inclineriez à les fondre dans le corps des professeurs, à ne plus faire une démarcation aussi absolue ? Ce seraient des professeurs adjoints ?
>
> M. Léon Bourgeois. Oui [1].

> Quant aux répétiteurs, j'estime que nous ne savons pas les associer à notre enseignement. La plupart sont jeunes, intelligents, cultivés, enthousiastes ; ils ont foi dans leurs fonctions d'éducateurs. Nous les confinons de façon un peu dédaigneuse dans des fonctions policières de pure surveillance. Nous pourrions tirer meilleur parti de leur ardeur, notamment en leur confiant certaines parties de l'enseignement. Je voudrais aussi voir les professeurs ne pas considérer comme une déchéance de s'associer à la surveillance. On pourrait commencer par déclarer interchangeables les heures du professeur et celles du répétiteur ; les professeurs chargeraient les répétiteurs plus spécialement attachés à leur ordre d'enseignement de faire la classe pendant certains jours, quitte pour les professeurs à rendre ce travail sous forme d'heures de surveillance [2].

Ajoutons enfin que le professeur, un peu plus démocratisé et cessant de se croire autre chose que

---

1. *Enquête*, t. II, p. 690. Léon Bourgeois, ancien Ministre de l'Instruction publique.

2. *Enquête*, t. II, p. 638. Payot, Inspecteur d'Académie.

ce qu'il est réellement, c'est-à-dire un modeste fonctionnaire, sera obligé de s'occuper des élèves, et même, pour augmenter ses ressources, d'en prendre en pension quelques-uns chez lui. Ce serait presque le système du tutoriat, très en honneur en Angleterre et en Allemagne, et que l'Université interdit aujourd'hui à ses professeurs.

L'éducation, ne l'oublions pas, est la chose essentielle. Nous n'aurons rien fait, tant que nous n'aurons pas reconnu sincèrement les graves lacunes de notre système. Ici je voudrais d'abord la franchise d'avouer le mal et la ferme volonté d'y porter remède. Loin d'être : le plus d'internes possibles dans un lycée, l'idéal doit être : peu d'internes.

Nous interdisons, sous une forme ou sous une autre, aux professeurs d'avoir des élèves chez eux, c'est une concurrence! Il faudrait les y encourager ; il faudrait créer des maîtres-répétiteurs externes, mariés, ayant un groupe d'élèves, une petite famille ; il faudrait, au lycée même, donner au maître-répétiteur un rôle au moins égal à celui du professeur [1].

Donner au répétiteur « un rôle égal à celui du professeur », c'est justement ce que nous avons demandé. Ce rôle sera égal quand le répétiteur saura que son emploi est un début, et que les futurs professeurs sauront qu'on ne peut arriver à être professeur qu'après avoir été d'abord répétiteur.

M. Couyba, ancien agrégé de l'Université, a très bien montré devant la Chambre des Députés la nécessité de transformer les répétiteurs en professeurs après un stage suffisant. Mais je crains qu'il n'ait pas bien senti le poids des préjugés universitaires, s'opposant absolument à une telle réforme, si capitale pourtant.

Renoncez à l'utopie du professeur-adjoint, et préparez à tous

1. *Enquête*, t. I, p. 268. Séailles, professeur à la Sorbonne.

11

ces jeunes gens l'accès aux fonctions de professeur titulaire; s'il le faut, diminuez pendant quelques années le nombre des boursiers de licence et d'agrégation et des normaliens, et, par conséquent, le nombre des licenciés et des agrégés ; réservez, au fur et à mesure des extinctions, les postes de professeurs de collège aux répétiteurs licenciés. Je souscris d'avance, monsieur le Ministre, et toute l'Université souscrira, aux mesures transitoires qui auront pour but d'améliorer en ce sens la situation des répétiteurs.

Mais — j'y insiste à nouveau — toutes ces mesures ne peuvent avoir qu'un caractère provisoire. Dès aujourd'hui il faut préparer cette réforme profonde qui réalisera l'idéal de l'éducation, je veux dire l'union dans la personne d'un même maître des fonctions de professeur et de répétiteur [1].

Malheureusement, bien que, — un philosophe dirait parce que — sortis des rangs les plus humbles de la démocratie, les universitaires se croient des personnages importants, et rougiraient d'être confondus avec les répétiteurs, gens sans aucune valeur évidemment puisqu'ils ne sont que licenciés, c'est-à-dire ne peuvent pas réciter autant de choses qu'eux !

En Allemagne ces grotesques préjugés n'existent pas.

J'ai vu en Allemagne un professeur, très versé dans la philosophie de Kant, enseigner à la fois la danse, l'histoire naturelle et la musique, au lycée de jeunes filles [2].

Mais nous sommes en France, pays démocratique, et non en Allemagne, pays aristocratique. Il faudrait donc qu'un Ministre eut une main prodigieusement énergique pour exécuter la réforme dont il vient d'être question dans ce paragraphe, et qui est pourtant une des plus importantes qu'il soit possible de rêver aujourd'hui.

1. Couyba. Séance de la Chambre des Députés du 12 février 1902; p 614 de l'Officiel.

2. *Enquête*, t. I, p. 335. Boutroux, de l'Institut, professeur à la Sorbonne.

§ 3. — LA RÉDUCTION DES HEURES DE TRAVAIL.

La réduction des heures de travail, plusieurs fois proposée devant la Commission, serait évidemment une excellente mesure, mais elle sera bien difficilement applicable avec l'organisation actuelle des lycées. On a fait remarquer avec raison devant la Commission qu'on ne peut travailler de tête douze heures par jour. C'est de toute évidence, et on peut être bien certain que les élèves ne travaillent pas pendant ces douze heures. La vérité est que si on les tient assis douze heures par jour, c'est simplement parce qu'on ne sait que faire d'eux. Parents, professeurs, surveillants, chacun cherche simplement à s'en débarrasser. M. Keller l'a dit nettement et justement.

Il ne manque pas de parents qui mettent leurs enfants au collège pour s'en débarrasser, et là, les maîtres se laissent aller à garder leurs élèves dans des salles d'étude pour les surveiller plus facilement[1].

Sans doute il vaudrait beaucoup mieux que les élèves passassent une moitié de leur temps à se promener, à faire de l'exercice, etc. Mais, devant l'opposition des proviseurs, des professeurs, et probablement aussi des parents, je crois la réforme sinon impossible, au moins d'une réalisation bien difficile.

Cette unique raison, tenir les élèves assis pour n'avoir pas à s'occuper d'eux, est aussi celle qui prolonge la durée des classes et leur donne une absurde longueur.

1. *Enquête*, t. II, p. 555. (Keller, vice-président de la Société générale d'éducation.

Dans nos lycées, les classes ont une durée de deux heures consécutives. Or cette durée dépasse la capacité normale d'attention chez les adultes, à plus forte raison chez les enfants. Nous tous qui faisons des cours, nous savons très bien qu'une heure de suite est, pour le professeur et pour les auditeurs, l'extrême limite de l'effort utile.

J'avoue même que je préférerais encore le système allemand proprement dit, qui fixe la durée de toutes les classes à cinquante minutes [1].

Cette réforme est une de celles qui ont été adoptées dans les nouveaux programmes. Il est douteux que les élèves y gagnent quelque chose. Le temps qu'ils passaient assis dans une classe, ils le passeront assis dans une étude. On peut avoir la parfaite certitude qu'ils ne le passeront pas à se promener ou à faire des exercices, dont cependant ils auraient si grand besoin.

§ 4. — L'ÉDUCATION ANGLAISE.

La réforme consistant à introduire l'éducation anglaise en France a été à peine mentionnée devant la Commission. Ceux qui s'en étaient faits les bruyants défenseurs n'ont pas songé à venir la défendre.

Je suis très partisan de l'éducation anglaise, dont j'ai parlé bien souvent dans mes livres, et dont j'ai montré les avantages fort longtemps avant ses propagateurs actuels. Mais cette éducation, admirablement adaptée aux besoins d'un peuple chez lequel la discipline est une vertu héréditaire, ne l'est en aucune façon aux besoins des jeunes Latins, qui n'ont pas de discipline du tout et ne travaillent guère que lorsqu'ils y sont forcés.

1. *Enquête*, t. I, p. 333. Boutroux, professeur à la Sorbonne.

Ce qui exerce surtout un mirage chez les partisans du système anglais, ce sont les grandes écoles si confortables situées à la campagne, mais ils oublient que le prix de pension étant extrêmement cher, ces établissements ne peuvent être fréquentés que par les fils de l'aristocratie ou de la haute bourgeoisie. L'éducation y est excellente, l'instruction très faible, mais ceux qui en sortent sont assurés par l'influence de leurs parents d'entrer dans les hautes fonctions du Gouvernement, de la magistrature, de l'industrie, etc.

D'ailleurs il est bien inutile de discuter là-dessus, puisqu'il faudrait, pour adopter le système anglais, renverser de fond en comble notre Université actuelle, changer les idées des parents, des professeurs et l'âme héréditaire des enfants. C'est d'ailleurs ce qu'a bien marqué M. Gaston Boissier.

> Maintenant, la mode est à l'éducation anglaise. Il ne sera pas facile de l'introduire chez nous. Comment voulez-vous laisser la liberté qu'on demande pour les grands élèves dans des établissements organisés comme les nôtres ? Il faudrait, pour y arriver, absolument détruire ce qui est la condition même de notre éducation ; il faudrait revenir sur tout ce qui a été fait sous l'Empire, renoncer à l'internat, changer la discipline, créer enfin de toutes pièces une autre Université sur des bases tout à fait nouvelles. Est-on sûr d'ailleurs que l'éducation secondaire anglaise mérite tous les éloges qu'on lui prodigue [1] ?

Et puis, il y a toujours ce facteur fondamental dont tous les réformateurs négligent entièrement de tenir compte, la volonté des parents. Croit-on que des établissements anglais établis en France auraient quelque succès ? En aucune façon. Les parents auraient trop

1. *Enquête*, t. I, p. 67. Gaston Boissier, de l'Institut, professeur au Collège de France.

peur que leurs rejetons s'enrhument ou se blessent en jouant, et la liberté accordée ne serait pas du tout acceptée par eux.

Il ne faudrait pas me répondre que je n'en sais rien puisqu'aucun établissement analogue n'existe en France. Il me suffirait de faire remarquer que nous avons des lycées qui se rapprochent des établissements anglais au moins pour le séjour à la campagne et le confortable. Or, loin d'obtenir des succès, ils déclinent, et il en est de même pour les établissements congréganistes analogues.

Le lycée Michelet offre aux familles de superbes ombrages, des terrains pour les jeux, une piscine, un manège, des jardins, l'espace dans le plein air, sur une hauteur salubre, toutes les conditions d'isolement propres au développement d'une forte et saine éducation. Lakanal non plus n'a rien à envier aux établissements d'Angleterre les plus justement renommés. Eh bien, Michelet est pour nous une inquiétude. Pendant plusieurs années il s'est développé. Il a perdu, il perd encore, quoique moins sensiblement. Quant à Lakanal, il a de la peine à se peupler. Ce n'est pas au surplus une situation propre à Paris. Les petits lycées de Talence à Bordeaux, de Saint-Rambert à Lyon, de la Belle-de-Mai à Nice, n'ont pas meilleure fortune. Évidemment, ce mode d'éducation n'est point pour le moment en faveur[1].

Voyez les trois établissements de cette région : l'État, représenté par le lycée Lakanal, l'enseignement libre, intermédiaire entre l'État et les maisons religieuses, représenté par Sainte-Barbe des Champs, et, tout à côté, les Dominicains d'Arcueil.

Or aucun de ces trois établissements n'a pu résister à cette sorte de répugnance que les familles ont aujourd'hui à envoyer leurs enfants à la campagne.

Voilà trois établissements tout à fait différents, dont pas un n'a échappé à cette sorte de désertion des familles.

Et la crise continue, en dépit des réformes de Sainte-Barbe et malgré les efforts du P. Didon, qui s'est transporté à Arcueil pour essayer de donner lui-même une nouvelle impulsion à l'établissement des Dominicains.

L'établissement de Marseille a atteint le chiffre de 1,683 élèves ;

1. *Enquête*, t. I, p. 11. Gréard, vice-recteur de l'Académie de Paris.

mais le petit lycée, construit avec tous les perfectionnements modernes, a toujours été en décroissant ; à Bordeaux également, cette crise existe, comme partout ailleurs. Je citerai encore le cas du lycée de Vanves, qui n'est pas non plus en prospérité [1].

Et c'est ainsi qu'en pénétrant dans le détail des projets de réforme que chacun propose et qui semblent au premier abord d'une réalisation si facile, nous voyons se dresser ce mur inébranlable des facteurs moraux, que les rhéteurs ne voient pas, et qui rendent vains leurs beaux discours. Ce sont les ressorts invisibles du monde visible. L'heure ne paraît pas prochaine où nous serons soustraits à leur empire.

1. *Enquête*, t. II, p. 850. Morlet, censeur à Rollin.

CHAPITRE II

Les changements de programmes.

———

Toutes les discussions de la commission d'enquête ont naturellement abouti à de nouvelles modifications des programmes. Le Ministre de l'Instruction publique a fait adopter par la Chambre des Députés un nouveau programme d'enseignement, rédigé par une commission, dans lequel on a essayé de concilier les opinions les plus contradictoires. La seule partie utile des réformes adoptées, si jamais elle est appliquée, ce qui est fort douteux, étant donné les idées de nos professeurs, serait que désormais l'enseignement secondaire fût combiné avec l'enseignement primaire de manière à faire suite à un cours d'études élémentaires de quatre années.

Tout le reste a eu pour résultat la plus complète confusion. Un ancien Ministre, M. Hanotaux, l'a signalée dans les termes suivants :

Visiblement on a voulu donner satisfaction à tout le monde :
... On a donc tout gardé, tout empilé dans ce nouveau second cycle, et on aboutit ainsi à une complication qui ressemble beaucoup à de la confusion.

Par la crainte légitime de surcharger les programmes, on a divisé les études, dans le second cycle, en un certain nombre de sections se complétant ou s'excluant l'une l'autre, si bien que les programmes

futurs ressembleront à une sorte d'opération algébrique où il sera
bien difficile de se reconnaître. M. Fortoul avait inventé la bifurca-
tion; on nous présente aujourd'hui la décifurcation, la fourche à
dix dents; c'est à faire frémir.

Efforçons-nous d'être clairs : déjà, dès le premier cycle, on distingue entre trois catégories d'élèves : ceux qui font du latin et du
grec, ceux qui font du latin et pas de grec, enfin ceux qui ne font
ni latin, ni grec. Ainsi, à l'entrée du second cycle, on trouve les
élèves qui ont fait du latin et du grec et qui continuent, soit le groupe
A; puis, ceux qui ont fait du latin et pas de grec et qui continuent
le groupe B; enfin, ceux qui ne font ni latin, ni grec et continuent, groupe C. Mais il y a, dans chaque groupe, ceux qui,
tout en continuant, veulent joindre à leurs nouvelles études, soit
l'étude des sciences, groupe D, soit l'étude des langues étrangères,
groupe E. Il y a aussi ceux qui ont fait du latin et du grec et qui
y renoncent tout en poursuivant l'étude des sciences et des langues,
ceux-là retombent dans la catégorie de ceux qui, dans le premier
cycle, n'ont fait ni latin ni grec et forment, auprès d'eux, le groupe F.
Il y a, enfin, ceux qui veulent tout continuer à la fois; on prévoit
qu'il s'en trouvera, et on forme ainsi un groupe G.

Vous croyez que c'est fini: pas du tout. Il y a un paragraphe
insidieux, intitulé, *section nouvelle*, et qui crée, « au-dessus du
premier cycle, et à côté du second », une suite d'études plus courtes,
spécialement consacrées aux sciences et aux langues vivantes et
qui se rapprochent de ce que les Allemands appellent « l'enseignement réel. » C'est donc un groupe nouveau, très distinct des autres
et que, pour la commodité de la conversation, nous qualifierons
groupe H. Cela fait huit; et j'en passe.

Ainsi, quand le grand garçon, frais émoulu de la troisième, arrivera aux portes de bronze du second cycle, on lui posera grave-
ment cette question: jeune homme, où prétendez-vous aller?
Groupe G ou groupe H; ou bien : combinez-vous A avec C? Voyons,
réfléchissez; surtout, ne vous trompez pas: car ici, quand on est
entré, on ne revient pas en arrière : laissez toute espérance, *las-
ciate ogni speranza.*

Évidemment, tout le monde est content, et, plus que tout le
monde, notre vieille connaissance le « préjugé scolaire. » Les
élèves suivront, tant bien que mal, par petits paquets, ces voies
différentes. Mais, les professeurs, comment feront-ils, courant sans
cesse après le petit bataillon sacré qui entrera, sortira, se disper-
sera, se reconstituera, s'égaillera, et se retrouvera enfin, pour livrer
l'assaut décisif, en masse compacte, au pied de la forteresse indes-
tructible [1].

1. Gabriel Hanotaux, ancien Ministre, *Le Journal*, 27 janvier 1902.

L'erreur latine de surpuissance des constitutions, des institutions et des programmes, est trop irréductible pour qu'il y ait intérêt à essayer de la combattre. Un étranger qui voudrait comprendre la vanité de cette erreur n'aurait qu'à parcourir le petit volume de 230 pages publié en 1890 sous ce titre : « *Instructions, programmes et règlements* », qui régit encore notre enseignement universitaire. Il est signé de M. Léon Bourgeois, alors Ministre de l'Instruction publique, qui en a rédigé lui-même une grande partie.

Il serait difficile, sauf en ce qui concerne l'enseignement des langues, de citer un meilleur ouvrage sur l'enseignement et les professeurs ne trouveraient nulle part de conseils plus sages. L'étranger qui lirait un tel programme déclarerait notre enseignement parfait. Après avoir visité nos lycées et examiné leurs élèves, il déclarerait au contraire, avec la commission d'enquête, que notre enseignement est le plus inférieur, peut-être, que possède aucun peuple civilisé. Du même coup, il verrait se dégager l'évidence de cette notion que personne n'a exposée devant la Commission d'enquête, probablement parce que personne ne l'a comprise, que les programmes sont sans importance. Avec de bons professeurs, tous les programmes sont excellents.

L'important est donc, je le répète encore, de réformer les méthodes et non les programmes.

La seule réforme utile des programmes consisterait à supprimer les trois quarts des choses enseignées. Malheureusement, loin de supprimer, on ne fait qu'ajouter toujours. Il y a déjà plusieurs années qu'un savant éminent, M. Armand Gautier, avait montré les conséquences de cette surcharge.

... Une même quantité de travail ou de volonté appliquée à un ensemble de matières et de programmes de plus en plus variés et de plus en plus amples, produit, résultat inévitable, une médiocrité de plus en plus évidente sur chaque sujet, excepté sur celui ou sur ceux que l'élève préfère et conçoit bien. — Augmenter indéfiniment les programmes, c'est effrayer les timides, les faibles, les moyens ; c'est surtout créer logiquement la médiocrité générale et le superficialisme ; c'est habituer l'enfant à savoir en vue de l'examen et par une série d'artifices qui ne laissent presque rien dans l'esprit passé le jour de l'épreuve ; c'est tendre à développer la mémoire aux dépens de l'intelligence et du jugement ; c'est faire du plaqué qui ait un jour, une heure au moins, l'aspect de l'or solide et pur.

Je suis donc de l'avis de la plupart de mes collègues, de MM. Rochard et Hardy en particulier, lorsqu'ils demandent qu'on simplifie les épreuves du baccalauréat. Je suis plus de cet avis qu'eux-mêmes, car sans regret, je verrais disparaître cet examen, principale cause, sous sa forme actuelle, de notre surmenage scolaire, du travail en vue du diplôme, de ce cauchemar incessant des dernières années passées au lycée : *la préparation au bachot!* mot bien trouvé dans son enveloppe méprisante pour caractériser un résultat méprisable en lui-même. Si cette épreuve n'est pas prise au sérieux par l'élève qui n'y voit qu'un bon débarras, par le maître qui la présente comme une amère pilule qu'il faut bien une fois avaler ; par l'examinateur enfin, qui se sent de plus en plus disposé à faiblir devant cette générale médiocrité[1].

La nécessité de réduire .es programmes a été signalée également devant la Commission d'enquête.

Si l'on consentait à réformer les programmes, il faudrait prendre le contre-pied des programmes actuels : se contenter de ce qu'il est possible de demander, mais le demander à fond : remettre l'esprit scientifique en honneur à la place de l'esprit d'érudition[2].

On ne saurait mieux dire, mais une telle réduction

1. Armand Gautier, professeur à la Faculté de médecine. (Communication faite à l'Académie de médecine, le 26 juillet 1887.)

2. *Enquête*, t. II, p. 32. Lippmann, professeur à la Sorbonne. J'ai été attaqué très vivement, à l'Académie des sciences, par M. Lippmann à propos de certaines questions de physique, et je sais qu'il se montre fort peu accueillant

des programmes semble peu réalisable aujourd'hui avec les théories actuelles. L'idée persistante de l'Université est que la valeur des hommes se mesure à la quantité de choses qu'ils peuvent réciter, et, loin de vouloir réduire cette quantité, elle ne cherche qu'à l'augmenter. Elle éprouve d'ailleurs un tel besoin d'uniformité et de réglementation, et a en outre une telle méfiance de ses professeurs, qu'elle croit devoir indiquer méticuleusement, pour ainsi dire page par page, ce qui doit être enseigné.

L'idée d'apprendre peu de choses mais de les apprendre à fond devrait être l'idée maîtresse de l'enseignement. Il est douteux qu'elle rallie aujourd'hui beaucoup de suffrages aussi bien parmi les professeurs que parmi les parents.

Je ne saurais trop répéter combien sont oiseuses toutes ces discussions sur des programmes. Il s'écoulera longtemps malheureusement avant qu'il soit possible de faire pénétrer dans une cervelle d'universitaire que ce sont les méthodes d'enseignement seules qui ont de l'importance. Avec une bonne méthode les programmes peuvent tenir en quelques lignes.

Et telle est la force des préjugés latins sur l'importance des programmes que dans les innombrables enquêtes publiées en France sur l'enseignement à l'étranger il est à peu près impossible de découvrir des renseignements précis sur les méthodes employées. Les auteurs de ces enquêtes ont jugé sans doute qu'il s'agissait là de détails sans importance.

L'éducation d'un peuple ne peut évidemment s'a-

pour les rares savants qui auraient des recherches à faire dans le laboratoire théoriquement public, qu'il dirige, mais cela ne saurait m'empêcher de reconnaître que sa déposition devant la Commission d'enquête a été une des plus utiles, bien que très insuffisamment développée.

dapter de toutes pièces à un autre, mais il y a toujours beaucoup à apprendre en l'étudiant dans ses détails. Et puisque nous prenons parfois la peine de copier les plans des établissements étrangers, nous pourrions prendre aussi celle d'étudier ce qui s'y passe à l'intérieur.

Ce qui a le plus contribué à rendre les Romains les maîtres du monde, dit Montesquieu, c'est qu'ayant combattu successivement contre tous les peuples, ils ont toujours renoncé à leurs usages sitôt qu'ils en ont trouvé de meilleurs.

Il fait aussi remarquer que les Gaulois ne surent jamais s'élever à cette conception.

Et ce qu'il y a de surprenant, dit-il, c'est que ces peuples, que les Romains rencontrèrent dans presque tous les lieux et dans presque tous les temps, se laissèrent détruire les uns après les autres, sans jamais connaître, chercher, ni prévenir la cause de leurs malheurs.

Notre enseignement universitaire est une des principales causes de la décadence actuelle, mais nous ne le comprenons pas. Et nous continuerons à descendre la pente de la décadence précisément parce que nous ne le comprenons pas.

CHAPITRE III

La question du Grec et du Latin

§ I. — L'UTILITÉ DU GREC ET DU LATIN.

On connaît les interminables discussions auxquelles
a donné lieu, depuis plus de trente ans, la question
du grec et du latin. Elle est entrée maintenant dans
cette phase sentimentale où la raison n'intervient
plus.

Toutes ces discussions ont fini cependant par ébranler un peu chez les générations nouvelles, n'ayant pas
encore d'opinion arrêtée, le prestige des langues
mortes. Les esprits indépendants remarquent facilement que ces langues n'ont plus guère pour déten-
seurs — en dehors des pères de famille intimidés par
le fantôme des traditions séculaires et d'un certain
nombre de commerçants illettrés — que les protes-
seurs qui vivent de ces langues ou de vénérables
académiciens qui en ont vécu. Ces derniers déten-
seurs de l'éducation gréco-latine se montrent eux
mêmes de plus en plus hésitants, de moins en moins
affirmatifs. Tous d'ailleurs sont bien obligés de confesser que les langues anciennes sont si mal ensei-

gnées par l'Université, qu'après sept ou huit ans d'études les élèves n'en possèdent que de vagues notions très vite oubliées après l'examen. Les élèves les plus forts sont à peine capables de traduire en deux heures et à coups de dictionnaire une page d'un auteur très facile.

Les dépositions de l'enquête vont, d'ailleurs, nous éclairer sur l'utilité des langues qui forment encore la base de l'éducation classique et à l'étude desquelles tant d'années précieuses sont consacrées.

L'argument le plus invoqué en faveur du grec et du latin, celui auquel on revient toujours, est la mystérieuse « vertu éducative » que posséderaient ces langues mortes. Cet argument d'ordre sentimental impressionne toujours les cerveaux faibles par le fait seul qu'il a longtemps servi.

Il est probable cependant qu'il ne servira plus beaucoup, car ce sont des autorités fort compétentes qui se sont chargées d'y répondre devant la Commission d'enquête, en montrant que la fameuse « vertu éducative » des langues anciennes réside tout autant dans les langues modernes, qui possèdent au moins le mérite de l'utilité. Voici, d'ailleurs, les parties les plus saillantes de ces dépositions :

Les versions grecques et latines sont certainement, je n'en disconviens pas, une très bonne gymnastique intellectuelle. Pourquoi ? Parce qu'elles habituent les enfants à détacher les idées des mots et les objets des signes; parce qu'elles les forcent, par le fait, à réfléchir sur les choses elles-mêmes et, en même temps, sur leurs diverses représentations nominales; mais le bénéfice de ce travail cérébral se retrouve, à très peu de chose près, dans la version allemande, anglaise, italienne [1].

J'ai eu un second prix de discours latin au concours général. Il

1. *Enquête*, t. II, p. 673. Raymond Poincaré, ancien Ministre de l'Instruction publique.

m'est donc permis, ce me semble, de parler librement de l'enseignement classique et de ses résultats. Or j'estime qu'on peut initier les élèves de l'enseignement moderne aux idées antiques, à la beauté antique, d'une façon bien plus rapide, plus sûre et plus complète, par de bonnes traductions convenablement commentées, que par l'explication pénible, tâtonnante, chaque jour abandonnée et chaque jour reprise, de fragments minuscules des grandes œuvres. Jamais les élèves de l'enseignement classique n'ont sous les yeux un ensemble. Courbés sur quelques vers qu'ils déchiffrent lentement, ils ne voient jamais d'affilée dans le texte un chant d'Homère ou de Virgile.

Quand je m'interroge en toute sincérité, je fais bon marché de ce que j'ai appris de grec et de latin. Que n'ai-je songé plutôt à faire de l'allemand ou de l'anglais, à m'initier aux questions artistiques[1]!

Le fait de traduire et de comparer des expressions est instructif au même degré, *quelle que soit* la langue dont il s'agit. On parle de la valeur éminemment éducative des auteurs anciens; on a raison, mais à condition que l'élève possède des connaissances linguistiques suffisantes pour les apprécier. Or, on se fait souvent des illusions sur les notions qu'ont les écoliers. Je me demande si les enfants, qui ont déjà de la peine à comprendre les déclinaisons et les conjugaisons, qui trouvent une très grande difficulté à traduire une version et ne remettent parfois qu'un devoir informe sans aucune espèce de sens, je me demande, dis-je, si ces enfants goûtent la pensée des auteurs qu'ils torturent[2].

Je ne crois pas que les langues mortes aient une vertu éducative particulière. Je crois, au contraire, que les langues vivantes, par le fait même qu'elles sont vivantes, ont un avantage sur les autres[3].

Il faut, en vérité, posséder un mysticisme spécial pour parler encore de la force éducative des langues anciennes, des idées générales et universelles qu'elles nous livrent. Un des auteurs de l'instruction officielle de 1890 donne, pour démontrer l'utilité de la grammaire et de la langue latines, l'étrange argument que voici : « Il s'agit, en un mot, d'apprendre la gram-

<hr>

1. *Enquête*, t. II, p. 493. Maldidier, professeur agrégé de l'Université.
2. *Enquête*, t. II, p. 376. Weil, professeur au lycée Voltaire.
3. *Enquête*, t. I, p. 456. Aulard, professeur à la Sorbonne.

maire pour pouvoir lire Virgile et Tacite, de lire Virgile pour apprendre à aimer la campagne et Tacite pour prendre les sentiments de Thraséas et d'Helvédius Priscus ». Il n'y a que dans des cervelles d'universitaires que puissent germer des raisonnements d'une aussi pauvre psychologie. Tous nos jeunes élèves seraient des héros pleins de hardiesse s'il leur suffisait de lire les exploits des grands hommes pour acquérir leurs sentiments. En admettant même l'invraisemblable conception que des lectures puissent posséder une telle vertu, pourquoi la perdraient-elles par une traduction que chacun comprendrait aisément alors que les originaux restent incompréhensibles pour l'immense majorité des écoliers ?

Laissons entièrement de côté la question utilitaire, peu négligeable cependant à l'âge actuel, et demandons-nous s'il n'y a pas d'autres connaissances ayant une vertu éducative supérieure à celle du latin. Dans un discours prononcé devant la Chambre des Députés à propos de la réforme de l'enseignement, M. Massé a répondu à cette question dans les termes suivants :

Les humanistes, dont tout à l'heure M. le Ministre s'est fait l'interprète, combattent cette évolution en invoquant les qualités éducatives des langues mortes, seules susceptibles, selon eux, de former le cœur et de donner une large culture intellectuelle. Mais les sciences n'ont-elles pas, elles aussi, leur vertu éducative, et l'étude des grandes lois de la nature, des phénomènes physiques et chimiques auxquels nous assistons, des révolutions dont notre globe a été le théâtre, l'évocation des espèces disparues, le lien qui unit les sciences entre elles et qui constitue l'objet même de la philosophie, tout cela n'est-il point de nature à former le cœur des jeunes générations? Quant à l'esprit, sera-t-il moins fortement trempé lorsqu'au lieu d'étudier les abstractions de la logique, il aura employé successivement les différents modes de raisonne ment, la déduction dans les mathématiques, l'induction dans les sciences physiques et naturelles[1]?

Parmi les arguments classiques en faveur du latin on a naturellement invoqué l'utilité qu'il pouvait avoir pour l'étude du droit. La réponse a été faite d'une façon catégorique par des juristes dont personne ne discutera l'autorité, notamment par M. Sarrut, avocat général à la Cour de Cassation.

> De nos huit codes, il n'y a évidemment que le Code civil qui ait quelques points de contact avec le droit romain; on ne peut pas trouver la moindre trace de droit romain dans les sept autres codes.
> En fait, le droit romain n'est pas étudié. Sur quarante licenciés en droit, trente-neuf n'ont pas ouvert un livre de droit romain. *A peine un élève de nos lycées sur dix est-il en état de traduire un texte de droit romain, même à coups de dictionnaire[2].*

Dans la liste des arguments, d'ailleurs peu variés, que l'on a fait valoir devant la Commission en faveur du latin, il en est un que sa bizarrerie mérite de sauver de l'oubli. Il a pour auteur un professeur, M. Boudhors, qui a fait cette découverte que dans la littérature latine «nous avons une littérature républicaine que nous ne retrouverons pas ailleurs.» L'antiquité grecque et latine représente, dans l'opinion de ce brave universitaire, «des citoyens libres dans des pays libres[3].»

On s'étonne de voir des idées aussi vieillottes et aussi fausses répandues encore dans l'Université. Est-il vraiment nécessaire de les réfuter? Toutes ces républiques antiques n'étaient que de petites oligarchies où des familles aristocratiques régnaient souve-

---

1. Séance du 13 février 1902; p. 632 de l'*Officiel*.
2. *Enquête*, t. II, p. 575. Sarrut, avocat général à la Cour de cassation.
3. *Enquête*, t. II, p. 140.

rainement sur une vile multitude, et rien n'était moins démocratique qu'un tel régime, pas plus au temps de Caton qu'au temps de César ou qu'au temps des républiques grecques. Les luttes de Cicéron, Catilina, etc., n'étaient pas des luttes de principes, comme celles qui nous divisent aujourd'hui, mais des rivalités d'ambition personnelle.

Quant à la prétendue liberté des républiques grecques, il faut avoir aussi peu pénétré les choses de l'histoire que le font beaucoup d'historiens pour croire à la liberté de la Grèce antique et la vanter. Jamais divinité tyrannique ne tint ses adorateurs plus profondément pliés sous son joug que ne le furent les peuples les plus civilisés de l'antiquité grecque et latine sous la main de fer de la coutume.

L'État, c'est-à-dire le faisceau de lois, de traditions et d'usages dont il était le gardien, était tout, et l'individu rien. Aucune puissance n'eût pu sauver celui qui eût essayé de toucher à ce dépôt sacré. Eût-il la sagesse de Socrate, le peuple entier se dressait immédiatement contre lui. L'empire des morts sur les vivants était alors tout-puissant. De ce que nous nommons la liberté l'homme n'avait pas même l'idée. Que les gouvernements s'appelassent aristocratie, monarchie, démocratie, aucun d'eux ne tolérait la liberté individuelle, et il est facile de comprendre qu'avec l'étroite solidarité nécessaire aux nations qui voulaient rester puissantes, aucun ne pouvait la tolérer. L'antiquité grecque ne connut ni la liberté politique, ni la liberté religieuse, ni la liberté de la vie privée, ni celle des opinions, ni celle de l'éducation, ni liberté d'aucune sorte. Rien dans l'homme, ni le corps, ni l'âme, n'était indépendant. Il appartenait tout entier à l'État, qui pouvait toujours disposer de sa personne et de ses biens à son gré. Dans ces âges antiques, qu'on nous offre encore pour modèles, il n'était pas permis au père d'avoir un enfant difforme ; et, s'il lui en naissait un contrefait, cet enfant devait mourir. A Sparte, l'État dirigeait l'éducation, sur laquelle le père n'avait aucun droit. La loi athénienne ne permettait pas au citoyen de vivre à l'écart des assemblées et de ne pas être magistrat à son tour. Je ne parle pas de la tyrannie religieuse. Il venait fort rarement à un Athénien l'idée de douter des dieux de la cité. Socrate paya de sa vie un tel doute. La loi punissait sévèrement quiconque se fût abstenu de célébrer religieusement une fête nationale. L'État ne permettait même pas à l'homme les sentiments les plus naturels et n'autorisait chez lui qu'une sorte d'immense égoïsme collectif. Les Spartiates ayant éprouvé une défaite à Leuctres, les mères des morts durent se montrer en public avec un visage gai et remercier les dieux, alors que les mères des vivants devaient montrer de l'affliction. Quand Rousseau admire ce trait, il montre à quel point il ignorait ce que fut, dans l'antiquité, la tyrannie de l'État. La prétendue liberté antique dont les disciples de ce philosophe ont fait la base de leur système politique n'était que l'assujettissement absolu des citoyens. L'Inquisition, avec ses bûchers, ne constituait pas un régime plus dur.

Le seul argument sérieux que l'on pouvait invoquer, jadis, en faveur de l'éducation gréco-latine, c'est qu'elle avait contribué à former les hommes éminents des derniers siècles. A cette époque, elle représentait, en effet, l'encyclopédie des connaissances humaines. La Bible et les ouvrages grecs et latins constituaient à peu près les seules sources de connaissances auxquelles on pouvait puiser. Mais, aujourd'hui, le monde a entièrement changé, et les livres qui ont instruit tant de générations ne représentent plus guère que des documents historiques bons à occuper les loisirs de quelques érudits.

Du reste le fameux argument du trésor d'idées générales, donné par l'éducation gréco-latine, n'a guère été invoqué devant la Commission. On s'est souvenu d'une conférence célèbre de M. Jules Lemaître, qui fut professeur avant d'être académicien. J'en reproduis quelques passages qui serviront de conclusion à ce qui précède.

Et qu'est-ce donc enfin que ce fameux trésor d'idées générales, d'idées éducatrices, dont les littératures grecque et latine auraient le monopole !

Ne parlons pas du grec qui, même dans l'enseignement supérieur, n'est très bien su que de quelques spécialistes. Ce trésor, prétendu unique et irremplaçable, ce sont quelques pages de Lucrèce, dont le principal intérêt est d'être vaguement darwiniennes ; ce sont, dans Virgile, quelques morceaux des *Géorgiques*, qui ne valent pas tels passages de Lamartine ou de Michelet, et les amours de Didon, qui ne valent pas les amours raciniennes d'Hermione ou de Roxane ; ce sont les chapitres de Tacite sur Néron ; c'est, dans les épîtres d'Horace, la sagesse de Béranger et de Sarcey ; c'est le spiritualisme déjà cousinien des compilations philosophiques de Cicéron ; c'est le stoïcisme théâtral des lettres et des traités de Sénèque ; et c'est enfin la rhétorique savante, mais presque toujours ennuyeuse, de Tite-Live et du *Conciones*. Rien de plus, en vérité. Or cela se trouve tout entier ramassé dans Montaigne, et tout entier répandu dans les écrivains du dix-septième siècle, où nous n'avons qu'à l'aller prendre.

Non, je le sens bien, ce n'est pas aux Grecs ni aux Romains que je dois la formation de mon cœur et de mon esprit.

Si donc le bénéfice que j'ai pu retirer du latin m'échappe, à moi qui l'ai très bien su il y a vingt-cinq ans, de quel profit peut-il être pour les neuf dixièmes de nos collégiens, qui ont encore l'air de l'apprendre, mais qui ne le savent pas et ne peuvent pas le savoir[1] ?

En admettant même que les ouvrages latins contiennent un trésor d'idées générales, il semble évident que pour le découvrir il faudrait au moins les lire. Un document officiel va nous dire ce que les élèves ont lu d'auteurs anciens ou nouveaux, après sept ans d'études. « Si toutes les pages de grec, de latin, de « français, qui ont été lues et expliquées, dans un « cours d'études, étaient rassemblées, on n'en ferait « pas toujours un volume de l'épaisseur du doigt. » (Instructions de 1890, p. 23.)

Je n'ai guère parlé que du latin dans les pages qui précèdent. Il serait sans intérêt de s'appesantir sur la question du grec, qui a été à peu près abandonné entièrement devant la Commission. Il a été reconnu que les notions qu'en possèdent les élèves sont presque totalement nulles et ne dépassent guère la connaissance de l'alphabet et la conjugaison de quelques verbes.

Les professeurs ne paraissent pas, eux-mêmes, bien ferrés sur la langue qu'ils enseignent. M. Brunot, maître de conférences à la Sorbonne, a donné d'intéressants documents sur ce point.

Je puis vous dire qu'à l'agrégation, où nous avons institué, depuis plusieurs années, des épreuves improvisées, il est impossible de proposer à nos futurs agrégés autre chose que certains textes très faciles. Cette année même, nous avons discuté la question de mettre à l'agrégation, comme texte improvisé, de l'Homère. Eh bien, ce n'est pas possible[2].

Dans ces conditions, l'enseignement du grec ne devrait donc pas être conservé, à mon avis, comme obligatoire même dans l'ensei-

1. J. Lemaître.
2. *Enquête*, t. I, p. 367. Brunot, maître de conférences à la Sorbonne.

gnement classique ancien, si ce n'est pour les jeunes gens ou les familles qui désirent avoir cette culture spéciale et qui ont un goût suffisant pour s'y adonner de bonne volonté[1].

En Allemagne, la question de l'éducation classique, si supérieure pourtant à la nôtre, a soulevé aussi de violentes discussions. Dans une Commission spéciale réunie à Berlin, en 1890, l'empereur a prononcé un véhément réquisitoire contre l'éducation gréco-latine. Mais le tout-puissant César n'a pas pu triompher entièrement de l'opposition des Universités et l'enseignement du grec et du latin n'a pas été modifié. Cependant, comme le dit justement M. Lichtenberger, professeur d'allemand à l'Université de Nancy, « l'humanisme apparaît à l'Allemagne moderne comme le culte stérile d'un passé mort à tout jamais, d'un idéal de beauté périmé, comme une religion déchue, bonne tout au plus pour quelques attardés et quelques délicats, mais sans action sur l'homme contemporain qui doit être formé en vue de l'action. »

§ 2. — L'OPINION DES FAMILLES SUR L'ENSEIGNEMENT DU GREC ET DU LATIN.

Il ressort clairement de ce qui précède que l'enseignement du grec et du latin équivaut à une perte totale de temps. Ces langues sont dépourvues — d'après l'opinion des savants les plus autorisés — de toute utilité, et alors même qu'elles seraient utiles, cela n'aurait aucun intérêt, puisque l'Université est obligée de se reconnaître incapable de les

1. *Enquête*, t. I, p. 24. Berthelot, ancien Ministre de l'Instruction publique

enseigner à ses élèves. Il est donc évident que les heures ainsi perdues pourraient être consacrées à apprendre de très utiles choses, les langues modernes par exemple.

En conclurons-nous qu'il y a une chance quelconque pour que l'enseignement du grec et du latin disparaisse des lycées? En aucune façon. Devant cette réforme, nous trouverions encore ce mur solide des facteurs moraux que nous avons déjà rencontré plusieurs fois. Il est constitué ici par la volonté des parents toute-puissante en ces matières. Le bourgeois français est essentiellement conservateur, et d'autant plus conservateur qu'il raisonne généralement assez mal. Ses pères ont appris le latin, lui-même l'a appris, ses fils doivent, par conséquent, l'apprendre. Il est d'ailleurs persuadé que la connaissance de cette langue donne une sorte de noblesse à ses enfants et les fait entrer dans une caste spéciale.

L'enquête va nous éclairer sur ce point; c'est une des rares questions sur lesquelles elle nous ait révélé des faits peu connus.

Nous avons été frappés de l'unanimité des pères de famille à demander le maintien de l'enseignement classique complet. Pour le grec seulement, il y a eu quelques exceptions, d'ailleurs très rares. Mais, à part ce point particulier, ces hommes, qui sont dans des conditions de vie et des carrières très différentes, se sont tous prononcés avec ensemble et énergie pour le maintien des études classiques[1].

La raison fondamentale qui a poussé tant de jeunes gens vers les carrières dites libérales, et vers l'enseignement gréco-latin, c'est une raison de *vanité*. C'est par vanité pure que bien des pères de famille se sont obstinés jusqu'ici à demander pour leurs enfants

1. *Enquête*, t. II, p. 555. Keller, vice-président de la Société générale d'éducation.

(quelles que fussent les aptitudes de ceux-ci) l'enseignement secondaire classique.

Une partie de notre bourgeoisie française eût cru signer sa déchéance, si elle n'avait pas obligé ses enfants, quelque médiocres qu'ils fussent parfois, à apprendre le grec et le latin.

Si les Allemands ont plus de goût que nous pour la vie économique moderne, s'ils n'ont pas les mêmes superstitions vaniteuses en ce qui concerne les carrières industrielles et commerciales, cela tient en grande partie à ce que la bourgeoisie est en Allemagne une classe récente. Elle plonge ses racines immédiates dans le monde des industriels, des marchands, des boutiquiers.

Et c'est aussi pour cela que les mères allemandes retiennent moins leurs enfants que les mères françaises, les poussent beaucoup moins à faire du latin ou du grec et à rechercher les carrières et les positions tranquilles [1].

Je voudrais conserver le latin : les familles y tiennent beaucoup plus qu'on ne croit, tellement qu'on appelle encore, j'hésite à le dire, l'enseignement moderne « l'enseignement des épiciers ». L'opinion courante inflige à l'enseignement moderne un caractère de déchéance, d'amoindrissement qu'il vaudrait mieux éviter pour beaucoup d'enfants qui ne sont pas faits pour les études littéraires véritables et qui cependant mériteraient de ne pas être mis dans la catégorie des épiciers. Les enfants eux-mêmes tiennent au latin pour une raison qui est un enfantillage, mais d'une influence réelle lorsqu'ils commencent leurs études : c'est que les filles n'en font pas. Pour un garçon de dix ans apprendre le latin, c'est comme s'il mettait sa première culotte. Ils sont fiers quand ils rentrent à la maison : leurs sœurs ne savent pas le latin, ne le sauront jamais; elles apprennent la physique, la chimie, la littérature; elles en sauront autant que leurs frères et leurs maris : mais elles n'ont pas appris le latin et les garçons ont le sentiment de cette supériorité.

Si donc on veut avoir un enseignement, autre que l'enseignement classique complet, qui réunisse la grande majorité des enfants de France, il y faut garder le latin [2].

Il faut tenir compte des préjugés, si puissants et si tenaces en France, et de la vanité des familles. Trop souvent, on place des enfants dans les lycées ou dans les collèges, non par suite d'un choix judicieux et réfléchi, mais par vanité et par amour-propre;

---

1. *Enquête*, t. II, p. 439. Blondel, ancien professeur à la Faculté de droit de Lyon.

2. *Enquête*, t. II, p. 307. Girodon, fondateur de l'École Fénelon.

on tient, avant tout, à ce que les enfants fassent leurs études classiques [1].

A Marseille, en 1861 ou 1863, il y avait déjà — c'était alors une nouveauté due à M. Fortoul ou à M. Rouland — un enseignement commercial qui durait norr   ment cinq ans. Il n'a jamais fait fortune, quoiqu'il eût d'excellents professeurs. Même dans une ville comme Marseille, le moindre bourgeois, le moindre négociant voulait que son fils, puisqu'il y avait des bacheliers latins, fut bachelier en latin comme celui du plus gros négociant. Si nous déracinions la passion égalitaire du corps des trente-huit millions de Français, nous arriverions peut-être à quelque chose sur ce point [2].

Il y a une maladie générale de la bourgeoisie qui domine en quelque sorte la question et l'empêche d'aboutir. Nos classes bourgeoises ont une tendance fatale et invétérée, qui survit à tous les régimes, à vouloir se séparer rapidement du peuple et à organiser pour elles-mêmes une éducation de caste. Si l'on veut bien y réfléchir, notre enseignement secondaire est précisément cette éducation de caste. Tel que nous le comprenons à l'heure actuelle, il n'est pas le complément de l'enseignement primaire, il n'est pas non plus l'épanouissement, par sélection, de cet enseignement primaire, il est autre chose, il est un enseignement qui se juxtapose au précédent, qui ne le continue pas, et qui établit, d'un côté un enseignement pour le peuple, de l'autre un enseignement pour les riches auxquels vient se joindre l'élite populaire, dont nous ne devons pas tenir compte, pour cette raison qu'elle prend tous les défauts ou toutes les qualités de la classe dite « bourgeoise » ou dite « riche » [3].

Le préjugé des familles est d'ailleurs partagé par les grandes administrations publiques, M. Goblet en a donné une bien amusante preuve devant la Commission.

En même temps nous donnions à cet enseignement ainsi transformé les premières sanctions qui devaient y attirer les familles, en ouvrant à son baccalauréat l'accès de certaines grandes écoles et de certaines administrations de l'État. Je me souviens à ce sujet que, si j'obtins facilement des Ministères de la Guerre et de la

<hr>

1. *Enquête*, t. II, p. 513. Jacquemart, inspecteur de l'enseignement technique.
2. *Enquête*, t. I, p. 186. Brunetière, maître de conférences à l'Ecole Normale supérieure.
3. *Enquête*, t. I, p. 489. Henry Bérenger, publiciste.

Marine que le baccalauréat du nouvel enseignement fût reçu pour l'entrée aux Écoles Polytechnique et de Saint-Cyr et à l'École navale, il me fut impossible d'avoir l'adhésion de certaines administrations financières, comme les contributions directes et l'enregistrement, les honorables représentants de ces administrations soutenant qu'une des principales obligations de leurs agents était de savoir rédiger un rapport et que la connaissance du grec et du latin y était nécessaire [1].

On ne saisit pas du tout l'influence que pourraient exercer quelques notions de grec et de latin sur les rapports que sont appelés à écrire de modestes bureaucrates, mais on saisit très bien et ceci justifie ce que j'ai voulu démontrer, que devant des préjugés aussi tenaces, des réformes sérieuses sont totalement impossibles.

La force du latin réside, on le voit, dans le prestige qu'il exerce sur une foule de braves gens dont beaucoup n'en ont d'ailleurs jamais retenu un seul mot. La corporation des épiciers tient cette langue en haute estime et veut absolument que ses fils la connaissent. C'est dans les Chambres de commerce que l'éducation classique a rencontré le plus de défenseurs. Ce fait a frappé le Président de la Commission d'enquête et il a eu soin de le noter dans son rapport.

C'est un fait à noter qu'en dehors de l'Université, qui lui reste profondément attachée, l'enseignement classique a partout des défenseurs convaincus. Les Chambres de commerce des grandes villes se sont énergiquement prononcées en sa faveur [2].

1. *Enquête*, t. II, p 662. René Goblet, ancien Ministre de l'Instruction publique.
2. *Enquête*, Ribot, Rapport général, t. IV, p. 23.

§ 3. — L'ENSEIGNEMENT DU GREC ET DU LATIN AVEC LES PRÉJUGÉS ACTUELS.

Concilier les préjugés des parents avec la nécessité de substituer l'enseignement de choses utiles à celui du grec et du latin semble un problème difficile. Il n'est pas cependant insoluble. Chez les peuples latins, la forme l'emportant toujours de beaucoup sur le fond, il suffit de conserver les façades pour satisfaire l'opinion. Conservons donc la façade gréco-latine pour respecter les préjugés, mais changeons ce qui est derrière. Gardons le mot, et supprimons presque entièrement la chose. En consacrant une heure par semaine à l'étude du grec et du latin on arriverait à concilier les intérêts opposés et en apparence irréductibles que je viens de signaler.

Et il ne faudrait pas supposer qu'avec cette heure de grec et de latin par semaine les élèves en sauront moins qu'aujourd'hui. Avec un enseignement intelligent, ils en connaîtront plus au contraire que les élèves actuels et même que le plus savant des bacheliers six mois après son examen.

Au lieu de consacrer cette heure de grec et de latin par semaine à expliquer des chinoiseries grammaticales destinées à être immédiatement oubliées, comme cela se fait aujourd'hui, nous la consacrerons à apprendre les citations latines les plus courantes, quelques racines grecques et à lire des traductions interlinéaires de quelques auteurs très faciles. Nous aurons ainsi économisé un nombre immense d'heures qui pourra être consacré à enseigner une foule de choses utiles : langues vivantes, sciences, dessin, etc.

Du nombre énorme d'heures ainsi gagnées, quelques-unes pourront être utilisées pour faire lire dans des traductions françaises les principaux auteurs grecs et latins, dont actuellement, après sept ou huit ans d'éducation gréco-latine, les élèves n'ont traduit péniblement que de vagues fragments.

Malgré ce que cet enseignement peut avoir de superficiel en apparence, je suis persuadé que les élèves qui l'auraient reçu connaîtraient beaucoup mieux l'antiquité gréco-latine que les bacheliers actuels.

L'enseignement de l'antiquité par la lecture de traductions[1], aurait en plus l'avantage d'intéresser les élèves. Au lieu d'avoir Homère et Virgile en horreur, ils les liraient avec intérêt, car l'*Énéide* et l'*Iliade* sont de vrais romans. Ce qui rend ces livres si antipathiques aux élèves, c'est l'ennui d'en traduire des fragments à coups de dictionnaire.

Intéressez les élèves, intéressez-les à tout prix : c'est, comme je l'ai dit, l'ennui, qu'on n'a pas su éviter dans les études grecques et latines, qui est, en grande partie, la cause de la décadence de ces études. C'est l'enseignement du grec et du latin qui s'est tué lui-même. Si l'on continue dans cette voie, le suicide sera complet ; le latin et le grec succomberont au discrédit général où ils seront tombés devant le monde, devant les élèves et devant un certain nombre de professeurs même[2].

Quant à l'étude des principales citations latines, dont il existe plusieurs recueils, et de quelques racines grecques et latines, c'est l'unique moyen de garder du grec et du latin, ce qui peut avoir quelque ombre d'utilité non seulement au point de vue des étymolo-

1. Il y en a d'excellentes à 0 fr. 25 le volume. Le prix d'une bibliothèque des anciens auteurs très suffisante ne dépasserait guère 10 francs.

2. *Enquête*, t. II. p. 197. Belot, professeur de philosophie au lycée Louis-le-Grand.

gies, mais surtout pour ne pas paraître ignorer des choses que connaissent nos contemporains instruits.

> Quoi de plus facile que de loger dans la mémoire toute neuve de nos élèves un certain nombre de racines grecques et latines ? J'ai constaté que les miens se prêtent très volontiers à cet exercice. Je leur mets entre les mains un vocabulaire de deux cents mots ou radicaux grecs et latins, quelque chose comme notre ancien Jardin des racines grecques ; ils l'apprennent à petites doses sans la moindre difficulté et il suffit amplement à tous leurs besoins présents et futurs [1].

J'ai été fort heureux de voir un universitaire distingué, M. Torau Beyle [2], arriver à peu près à la même conclusion que moi en ce qui concerne le temps à consacrer à l'étude du grec et du latin. Il propose, lui aussi, de les enseigner seulement pendant une heure par semaine à titre de cours supplémentaire. C'est à peu près le temps consacré aujourd'hui à l'escrime et à la danse.

Un partisan convaincu des études gréco-latines, M. Hanotaux, est arrivé par une autre voie à des conclusions analogues. Dans un article publié par *le Journal* en faveur de l'enseignement du latin, il formule le souhait que tout jeune Français cultivé puisse comprendre l'*Epitome Historiæ Græcæ* et le *Selectæ*. Je n'y vois aucune utilité, mais je n'y vois non plus aucun inconvénient, attendu que ce souhait est d'une réalisation extrêmement facile. Cette lecture, par les méthodes que j'indiquerai dans un autre chapitre, ne demanderait pas au dernier élève d'une école primaire plus d'un mois de travail.

Au risque de sembler paradoxal, j'ajouterai à ce qui précède qu'il y aurait un grand intérêt psycholo-

---

1. *Enquête*, t. II, p. 495. Maldidier, professeur agrégé de l'Université.
2. *Revue politique et parlementaire*, 10 mai 1899.

gique à introduire le grec et le latin à la dose que
j'ai dite — une heure environ par semaine — dans l'enseignement primaire. Ce serait le seul moyen de
faire perdre à ces deux langues le prestige mystérieux
qu'elles exercent encore dans l'esprit de la bourgeoisie actuelle. Dès que l'on constatera que de jeunes
maçons ou des apprentis cordonniers peuvent hardi-
ment citer à propos une douzaine de citations latines,
personne ne se figurera plus que la connaissance de
quelques mots de cette langue confère une sorte de
noblesse. Son prestige s'évanouira alors très vite.
Ce sera comme si la plupart des ouvriers recevaient
les palmes académiques comme récompense de leurs
services. Les classes, dites dirigeantes, n'en voudraient bientôt plus.

Je n'imagine pas assurément que des réformes
aussi simples aient la moindre chance d'être jamais
acceptées en France. Les grandes réformes imposées
à coups de décret sont les seules qui nous tentent.
Elles n'ont pourtant d'autres résultats que de produire des révolutions apparentes qui rendent impossible aucune évolution.

CHAPITRE IV

La question du baccalauréat et du certificat d'études.

§ I. — LA RÉFORME DU BACCALAURÉAT.

Les résultats désastreux de l'enseignement classique ayant été reconnus par les universitaires qui ont déposé devant la Commission d'enquête, ils se sont naturellement demandé comment y remédier.

Avec cette logique simpliste si répandue chez les latins, ils ont vite découvert la cause secrète du mal, le bouc émissaire qu'il fallait charger des crimes d'Israël. Le coupable c'était le baccalauréat ! Et avec ce radicalisme énergique qui est le produit nécessaire des raisonnements simplistes, le remède a été immédiatement signalé. Le baccalauréat étant la cause évidente de tout le mal, il n'y avait qu'à le supprimer. Sans perdre de temps, un projet de loi a été déposé dans ce sens au Sénat.

Supprimer est, bien entendu, une façon de parler. L'esprit latin n'hésite jamais à demander des réformes radicales, mais comme, de par son hérédité, il est doté d'un conservatisme extrêmement tenace, il concilie ces deux tendances contraires en se bornant à changer simplement les mots sans toucher aux choses.

L'infortuné baccalauréat a suscité un intéressant exemple de cette mentalité spéciale. Après avoir proposé de le supprimer, on propose immédiatement, — et cela dans le même projet de loi, — de le rétablir sous un autre nom. Il ne s'appellera plus baccalauréat, il s'appellera certificat d'études, à l'imitation de ce qui se passe en Allemagne, et de cette façon notre enseignement classique vaudra évidemment celui des Allemands. Rien n'est, comme on le voit, plus simple.

Ce qui semble tout à fait remarquable et digne d'être offert aux méditations des psychologues c'est que personne n'ait vu, ou au moins n'ait dit, que les parchemins sur lesquels on aura remplacé le mot « baccalauréat » par « certificat d'études » ne sauraient en aucune façon posséder la vertu de modifier les méthodes qui rendent notre enseignement inférieur à ce qu'il est chez la plupart des peuples. Sans doute on nous prévient que ce nouveau baccalauréat, qualifié de certificat d'études, sera précédé de sept à huit baccalauréats spéciaux, dits examens de passage, que l'élève sera obligé de passer devant un jury à la fin de chaque année scolaire. J'ai déjà montré l'enfantillage d'un tel projet de réforme. Si les résultats étaient les mêmes qu'à l'examen final du baccalauréat actuel — et pourquoi seraient-ils différents — la moitié seulement des élèves serait reçue. Les lycées perdraient donc d'un seul coup la moitié de leurs élèves, et leur budget, qui présente déjà des déficits énormes, serait si onéreux pour l'État, que les professeurs arriveraient vite à recevoir tous les candidats. Les choses redeviendraient donc exactement ce qu'elles sont aujourd'hui.

Nous sommes loin de penser cependant que la campagne entreprise contre le baccalauréat ait été inutile. Elle a contribué à montrer aux moins clairvoyants ce que valent nos études classiques, et c'est pourquoi nous n'avons pas jugé inutile de consacrer un chapitre à cette question. Ce sont les examens du baccalauréat qui ont mis en évidence la pauvreté des résultats produits par les études classiques.

Ce baccalauréat si incriminé n'est en réalité qu'un effet et en aucune façon une cause. Qu'on le maintienne ou qu'on le supprime, ou encore qu'on change son nom, cela ne changera en aucune façon les méthodes universitaires. Si on le remplace par un certificat obtenu après un examen passé dans l'intérieur du lycée, le seul avantage sera de dispenser les professeurs de faire constater au public l'ignorance des élèves qu'ils ont formés.

§ 2. — L'OPINION DES UNIVERSITAIRES SUR LE BACCALAURÉAT.

Bien qu'il soit de toute évidence que le baccalauréat n'est pour rien dans l'état actuel de notre enseignement classique, la campagne menée contre lui a été des plus violentes, et la violence s'est accentuée chez les créateurs mêmes des programmes actuels, tels que M. Lavisse. Ne pouvant s'en prendre à leurs méthodes et à leurs programmes, ce qui eût été s'en prendre à eux-mêmes, les universitaires s'en prennent au baccalauréat et aucune injure ne lui est épargnée. M. Lavisse le qualifie de « malfaiteur ».

Je suis l'ennemi convaincu du baccalauréat, que je considère — passez-moi le mot violent — comme un malfaiteur [1].

Est-il bien certain que ce soit le diplôme qui mérite une qualification aussi sévère? J'en doute un peu.

Le même M. Lavisse a expliqué dans une conférence publique les origines des programmes actuels du baccalauréat.

Du baccalauréat, régulateur des études, le programme a été rédigé à Paris, par des hommes très compétents, très mûrs, trop compétents, trop mûrs : je suis un de ces messieurs. Nous l'avons déduit de conceptions coutumières, qui peuvent avoir vieilli, comme nous-mêmes, sans que nous le sachions. Ce programme, nous le modifions assez souvent, il est vrai, preuve que nous ne sommes jamais tout à fait contents, et cette inquiétude nous est une circonstance atténuante. Mais à travers toutes les modifications, nous gardons des principes fixes : celui-ci, que l'éducation qui a formé des hommes comme nous, est la meilleure de toutes évidemment et que nous en devons le bénéfice aux générations futures ; celui-ci encore, qu'il faut que tout écolier sache toutes choses à un moment donné : le grec, le latin, le français, une langue étrangère, l'histoire, la géographie, la philosophie, les mathématiques, la physique, la chimie, l'histoire naturelle, l'astronomie, tout en un mot, et quelques autres choses encore [2].

En résumé, l'élève est censé savoir par cœur l'Encyclopédie de Larousse. Comme il ne peut évidemment en retenir qu'une faible partie, l'examen n'est pour lui qu'une question de chance. C'est ce que nous montre très bien M. Lavisse. Après avoir constaté que la façon dont on fait passer l'examen est « scandaleuse », il ajoute :

Bien que je puisse affirmer que les jurys ont, en somme, des habitudes de large indulgence, — si large qu'être bachelier cela ne signifie à peu près rien, — il est certain que, dans l'examen oral comme dans l'examen écrit, des juges cotent plus haut et d'autres plus bas. Ici encore, un candidat peut être refusé salle A, qui

1. *Enquête*, t. I, p. 40. Lavisse, professeur à la Sorbonne.
2. Lavisse. Conférence sur le baccalauréat.

aurait été reçu en face, salle B. C'est le palier qui fait la différence.

Les personnes qui ont déposé devant la commission d'enquête n'ont pas d'ailleurs été beaucoup plus indulgentes, bien que n'ayant pas participé à la confection des programmes. Voici quelques extraits de leurs dépositions.

Le gros événement que j'aperçois dans le baccalauréat, c'est que cet examen donne, non pas le maximum de la constatation des efforts faits par l'enfant, mais tout au contraire un minimum accidentel, tiré en quelque sorte à la loterie, sur deux ou trois points déterminés.

La part de chance y est tout à fait excessive [1].

Bien entendu les élèves sont fixés sur ce point et ont recours à tous les moyens capables de fixer la chance. Recommandations par des gens influents, sans parler de la fraude.

Dois-je ajouter enfin qu'un trop grand nombre de candidats ont recours à la fraude? Certainement, l'examen, comme il est pratiqué, est démoralisateur [2].

Ce que les élèves étudient spécialement, ce sont les réponses chères au professeur. Devant tel examinateur, il faut assurer que Marat était un grand homme et devant tel autre examinateur déclarer qu'il n'était qu'un immonde gredin. Toute erreur de doctrine est fatale au candidat.

Il y a des candidats qui étudient surtout les examinateurs, qui relèvent les questions posées par tel ou tel, répétées d'années en années, et qui ne se préparent que pour ces questions.

Un professeur de Faculté voulait toujours qu'on lui parlât des cinq périodes du génie de Corneille ; les élèves connaissaient sa petite faiblesse et, formés par leurs professeurs, ils apprenaient les cinq périodes du génie de Corneille. Un jour, le professeur était absent et remplacé par son suppléant. Un pauvre candidat,

____

1. *Enquête.* t. II, p. 676. R. Poincaré, ancien Ministre de l'Instruction publique.

2. *Enquête,* t. I, p. 40. Lavisse, professeur à la Sorbonne.

croyant avoir affaire à l'homme aux cinq périodes, répondit à cette question : Que savez-vous de Corneille : « On distingue cinq périodes ». Mais l'examinateur lui dit : « Vous vous trompez, je ne suis pas M. X... »[1].

Les questions posées par les professeurs sont parfois invraisemblables et dénotent de leur part une mentalité déconcertante.

Il semble que leur principale préoccupation ne soit pas de rechercher ce que sait l'élève, mais bien de l'embarrasser. Voici quelques-unes des questions posées dans diverses facultés et citées devant la Commission d'enquête.

Quelles sont, en France, les terres propres à la culture des asperges ?

Quelles sont les vertus curatives dès eaux minérales de France ?

Pourriez-vous dire quelles ont été les réformes faites par l'électeur de Bavière au xviii° siècle[2] ?

Est-il beaucoup de membres de l'Institut — en dehors de quelques spécialistes — capables de répondre à ces questions?

La seule règle qui guide réellement les examinateurs est d'arriver à une certaine moyenne constante de refusés et d'admis. Ils maintiennent soigneusement la proportion de 50 % d'admis, d'après la statistique présentée par M. Buisson à la Commission[3]. La régularité annuelle de ce chiffre indique la préoccupation des examinateurs. Ils iraient plus vite et les résultats seraient absolument les mêmes si la réception des candidats était tirée simplement à pile ou face.

Malgré le hasard qui préside, à la réception des candidats, les examinateurs ne cessent de se plaindre

1. *Enquête*, t. II, p. 262. Pasquier, recteur à Angers.
2. *Enquête*, t. II, p. 561. Malet, professeur au lycée Voltaire.
3. *Enquête*, t. I, p. 438.

de leur insuffisance. A les entendre, la très immense
majorité des élèves ne se composerait que de misérables crétins. Voici quelques extraits de doléances présentées devant la Commission.

> Les juges du baccalauréat, les professeurs des Facultés de droit,
> ne cessent de se plaindre de l'ignorance surprenante des jeunes
> gens.

> Un rapport récent, adopté à l'unanimité par la Faculté de droit
> de Grenoble, répond que ce qu'il faudrait apprendre aux étudiants
> en droit, c'est le français, le latin, l'histoire et la philosophie, que,
> pour la plupart d'entre eux, l'enseignement secondaire serait à
> refaire tout entier [1].

> La majorité des candidats au baccalauréat possède peu de notions
> précises. Si l'on n'y mettait une complaisance parfois excessive,
> la plupart des jeunes gens ne recevraient pas leur diplôme de ba-
> chelier. Voilà la vérité sur cet examen encyclopédique [2].

> Le baccalauréat sera toujours un détestable « psychomètre » : il
> prend la mesure non des esprits, mais des mémoires ; non de la
> force intellectuelle acquise, mais des connaissances emmagasinées.
> Il mesure des quantités plus qu'il n'est apte à apprécier les qua-
> lités [3].

> Plus le baccalauréat se complique et se hérisse, plus les bache-
> liers sont médiocres, plus nous sommes obligés de leur verser à
> flots l'indulgence et la pitié [4].

Je ne suis pas bien sûr que ce ne soient pas les
professeurs et non les élèves, qui auraient besoin
d'indulgence et de pitié, mais ils n'en méritent guère,
puisqu'ils se montrent si incapables de comprendre
à quel point la surcharge des programmes est absurde.
Oui, sans doute, plus on charge les programmes plus
les bacheliers sont médiocres, et en vérité il est surprenant qu'une chose si simple semble incompréhen-

---

1. *Enquête*, t. II, p. 124. Bernès, professeur au lycée Lakanal.
2. *Enquête*, t. II, p. 625. Grandeau, représentant de la Société nationale d'encouragement à l'agriculture.
3. *Enquête*, t. II, p. 540. Bertrand, ancien professeur à l'École Polytechnique.
4. *Le Baccalauréat et les études classiques*, in-18, par Gebhart, professeur à la
Sorbonne.

sible aux universitaires. Vous grossissez sans cesse l'encyclopédie que les malheureux candidats doivent avoir dans leur tête. Ils ne peuvent donc en retenir que de vagues lambeaux. Êtes-vous bien certains qu'en dehors de votre spécialité, votre ignorance ne soit pas aussi complète — peut-être même beaucoup plus — que celle des candidats ? Interrogez-vous, réfléchissez, peut-être agirez-vous comme M. Lavisse, qui, revenu de ses erreurs, veut maintenant brûler les dieux qu'il a pendant si longtemps respectueusement adorés. Les élèves actuels de l'Université sont ce que leurs professeurs les ont faits.

Ce qui fera longtemps encore la force du baccalauréat, c'est le prestige qu'il possède aux yeux des familles. Elles le considèrent comme une sorte de titre nobiliaire destiné à séparer leurs fils de la vile multitude. Le Président de la Commission, M. Ribot, l'a marqué dans les termes suivants :

Le baccalauréat ainsi compris est un des contreforts du décret de messidor sur les préséances. Il n'est plus une garantie de bonnes études, il est devenu une sorte d'institution sociale, un procédé artificiel qui tend à diviser la nation en deux castes, dont l'une peut prétendre à toutes les fonctions publiques et dont l'autre est formée des agriculteurs, des industriels, des commerçants, de tous ceux qui vivent de leur travail et en font vivre le pays [1].

Ribot, *Rapport général*, t. VI, p. 44.

CHAPITRE V

La question de l'enseignement moderne et de l'enseignement professionnel.

§ I. — L'ENSEIGNEMENT MODERNE.

L'histoire de l'enseignement dit moderne constitue un exemple frappant de l'impossibilité d'accepter les réformes les plus simples, les plus urgentes, lorsqu'elles ont à lutter contre les facteurs moraux — opinions, préjugés, etc., — que nous retrouvons à chaque page de cet ouvrage.

Un ministre entreprenant, M. Léon Bourgeois, avait rêvé, il y a quelques années, de réformer à lui seul et sans bruit notre détestable éducation classique. A force de ténacité il obtint d'établir à côté de l'enseignement gréco-latin, un enseignement dit moderne, terminé par un baccalauréat spécial. Le latin et le grec étaient remplacés par des langues vivantes et des sciences.

Les programmes de cet enseignement étaient excellents, la réforme théoriquement parfaite. Les résultats furent pitoyables.

Ils ont été pitoyables parce que la réforme a eu contre elle l'opposition sourde de toute l'Université. L'enseignement dit moderne répondait à d'incontestables besoins et cependant il végéta misérablement. Nous allons en avoir la preuve en lisant quelques extraits des rapports présentés à la Commission. Montrons d'abord le but de cette éducation, tel que l'a résumé un ancien Ministre de l'Instruction publique, M. Berthelot.

> L'éducation moderne, si elle était convenablement dirigée, devrait reposer essentiellement sur l'étude du français, des langues modernes et des sciences, et préparer d'une façon fructueuse aux carrières par lesquelles les citoyens peuvent vivre et servir leur patrie d'une manière indépendante[1].

Certes, ce programme était excellent, voyons comment l'Université en a tiré parti :

> Au lieu de se borner à détruire les défauts de l'enseignement classique, on lui a juxtaposé un nouvel enseignement fait à son image ; une sorte de contrefaçon, de reproduction de second ordre ; on a créé une sorte d'Odéon à côté du Théâtre-Français.
>
> Le nouveau venu n'a rien innové, rien guéri. Il nous apparaît avec les mêmes défauts que son ancien : — même surcharge des programmes ; — on a supprimé les langues mortes, mais on a ajouté les langues vivantes, la législation usuelle, l'économie politique, etc., etc... — Même système de classes rigides, imposant des efforts égaux à des esprits inégaux ; même déchet dans les résultats ; même production de non-valeurs[2].

> L'enseignement secondaire moderne est de création toute récente, puisqu'il ne date que de sept ou huit années ; il est encore difficile d'en apprécier les résultats. Mais, dès maintenant, il est permis de craindre qu'au point de vue qui nous occupe ces résultats ne soient pas sensiblement meilleurs que ceux de son frère aîné. L'enseignement moderne n'est guère autre chose que l'enseignement classique débarrassé du grec et du latin et quelque peu fortifié du côté des sciences et des langues vivantes ; cet enseignement reste toujours et avant tout théorique, tout ce qui, dans ses

1. *Enquête*, t. I, p. 22. Berthelot.
2. *Enquête*, t. I, p. 449. Manœuvrier, ancien élève de l'École Normale supérieure.

programmes, pourrait présenter un caractère pratique étant relégué au second plan [1].

Vous rencontrez contre cet enseignement moderne la coalition de tous les classiques. Je lisais récemment dans un livre de M. Renan : « Il n'y a pas de gens qu'il soit plus difficile de faire changer d'avis que les pédagogues ; ils tiennent à une idée, il n'y a pas moyen de les en faire revenir. Ce sont des gens de parti pris hostiles. »

Il y a à Caen un homme éminent, M. Zévort, recteur de l'Académie. Il parlait en ces termes de l'enseignement spécial qui a précédé l'enseignement moderne :

« A part des exceptions très peu nombreuses, recteurs, inspecteurs d'académie, proviseurs et principaux ne virent, dans l'enseignement nouveau, qu'un intrus, une superfétation plutôt tolérée à regret que franchement acceptée. Les professeurs firent également défaut au ministre réformateur ; la situation des maîtres des cours spéciaux, un peu améliorée au point de vue matériel, continua d'être amoindrie au point de vue moral, inférieure à celle de leurs collègues de l'enseignement classique. Que si ces derniers, pour compléter le total des heures qu'ils devaient à l'État, étaient envoyés dans des classes d'enseignement spécial, leur présence y était plus nuisible qu'utile, tant ils mettaient de mauvaise grâce à s'acquitter de leur tâche, qu'ils considéraient comme la plus humiliante corvée. »

La même chose se produit actuellement pour l'enseignement moderne. On lui fait la même guerre. On veut lui rendre toute concurrence impossible.

On a voulu tenter un essai loyal, mais on a fait l'essai le plus déloyal [2].

A l'opposition de l'Université est venue se joindre aussi celle des parents.

Une réforme de notre enseignement secondaire ne sera efficace que si elle se combine avec une réforme de l'esprit public, de l'esprit qui règne dans nos familles françaises.

Nos familles françaises sentent vaguement la nécessité d'une réforme dans l'éducation, mais elles ne comprennent pas suffisamment ce qu'elles ont à faire pour y collaborer.

La plupart des parents persistent à ambitionner pour leur fils des carrières tranquilles : carrières du gouvernement, de la magistrature, de l'armée, de l'administration... carrières où on évite le plus possible les soucis et les tribulations.

1. *Enquête*, t. II, p. 512. Jacquemart, inspecteur de l'enseignement.
2. *Enquête*, t. II, p. 303. Houyvet, premier président honoraire.

Ils ne se préoccupent ni de rendre leurs enfants capables d'affronter par leur valeur personnelle les luttes de la vie, ni de développer chez eux le sentiment de la responsabilité.

Et c'est pourquoi nos jeunes gens sont aujourd'hui soutenus beaucoup moins par leur volonté propre que par le cadre dans lequel ils sont placés. Et ce cadre n'est pas celui qui convient à notre société démocratique.

La principale préoccupation des parents, c'est de maintenir les enfants dans ce cadre le plus qu'ils peuvent, et de les soustraire aux nécessités de la lutte pour l'existence. Ils ne sont pas encouragés au travail.

C'est aux parents que j'impute la plus grande partie des erreurs actuelles de notre enseignement; c'est de ce côté qu'il faudrait un grand changement, c'est aux parents qu'il faut inculquer l'idée d'inspirer aux enfants plus d'ardeur pour le travail, et de les pousser un peu, leurs études une fois terminées, à voyager à l'étranger. J'ai conseillé moi-même à un certain nombre de jeunes gens des séjours à l'étranger; j'ai été attristé de voir le peu de profit qu'ils en avaient tiré. A peine étaient-ils arrivés quelque part que leurs parents les pressaient de revenir, ou bien ils se mettaient à la recherche de jeunes gens avec qui ils pouvaient parler français [1].

L'histoire lamentable de l'essai d'enseignement moderne en France est une des meilleures preuves de la justesse de quelques-unes des propositions fondamentales de cet ouvrage et notamment celles-ci : on ne réforme pas des préjugés à coup de décret et les programmes n'ont en eux-mêmes aucune vertu. Il n'y a pas de mauvais programmes avec de bons professeurs et il ne saurait exister de bons programmes avec des maîtres qui ne savent pas enseigner.

Ne considérons pas de telles vérités comme banales, puisque l'Université ne les a pas encore comprises et que les auteurs des divers projets de réforme ne les ont pas comprises davantage.

Le mouvement vers les études scientifiques auquel nous ne pouvons pas nous résoudre, les Allemands

1. *Enquête*, t. II, p. 444. Blondel, ancien professeur à la Faculté de droit de Dijon.

l'ont entrepris depuis longtemps et s'y engagent de plus en plus résolument chaque jour.

Je viens de voir dans un journal allemand la toute récente statistique des gymnases et des écoles réales de Prusse. Il y a seize ans, en 1882, le nombre total des élèves recevant l'instruction sans le latin était de 12,000 contre 120,000 recevant l'éducation latine et grecque. Aujourd'hui, — grâce à une série de réformes qui ont consisté à multiplier les types intermédiaires, à avoir des établissements très divers dans lesquels il est fait soit beaucoup, soit un peu, soit pas du tout de latin, les uns avec du grec, les autres sans — la proportion des élèves qui font des études secondaires, classiques ou demi-classiques, sans grec et sans latin, sur 150,000 élèves en tout s'est élevée à 65,000 contre 86,000 qui ont gardé le type classique traditionnel [1].

En Allemagne, nous l'avons dit, il y a des établissements spéciaux pour chaque genre d'enseignement, gymnases, réalgymnases, écoles réales, écoles techniques ; rien n'est mêlé et chaque genre d'enseignement a ses sanctions et débouchés propres ; c'est là le secret du succès des Allemands. En France, au contraire, on veut ouvrir toutes les carrières à tous, en dépit des différences d'instruction et d'éducation, par conséquent de capacité générale. Les carrières doivent être, sans doute, accessibles à tous mais sous de communes conditions de préparation suffisante et d'aptitude suffisante. Au lieu de tout confondre et égaliser, les autres pays, Allemagne, Autriche, Angleterre, Etats-Unis, Italie, etc., distinguent et classent hiérarchiquement [2].

Toutes ces critiques ont été répétées devant la Chambre des Députés, à propos de la discussion de la réforme qui a abouti à de si médiocres résultats. M Massé s'est exprimé de la façon suivante :

En dépit des transformations apportées au régime des lycées et collèges, en dépit des modifications introduites dans nos programmes, notre enseignement secondaire et supérieur continuera, comme par le passé, à former uniquement des fonctionnaires, si vous ne permettez pas à l'enseignement primaire et à l'enseignement professionnel de le pénétrer davantage.

Plus d'hommes se consacreraient au commerce, à l'industrie, à

1. *Enquête*, M. Buisson, t. I, p. 439.
2. *Enquête*, Pouillée, t. I, p. 276.

l'agriculture, aux colonies, si les études primitives qu'ils ont faites avaient dirigé de ce côté leur activité. Ils sollicitent des emplois du Gouvernement parce qu'en dehors des fonctions publiques, leurs facultés resteraient sans emploi. Et, cependant, déjà les fonctions publiques sont encombrées, déjà s'accroît chaque jour davantage le nombre de ceux qui constituent ce qu'on a appelé le prolétariat intellectuel, c'est-à-dire le nombre de ces hommes chez lesquels l'instruction a développé des besoins, des goûts, des aspirations qu'ils sont absolument impuissants à satisfaire.

Si l'enseignement secondaire actuel détourne du commerce, de l'agriculture, de l'industrie, des colonies, de tout ce qui constitue la richesse d'un peuple, l'enseignement secondaire de demain doit poursuivre un but diamétralement opposé; ses méthodes, ses programmes, ses plans d'études doivent différer. Ce qu'il doit avant tout se proposer, c'est de développer, en même temps que la personnalité, l'esprit d'initiative, l'énergie et la volonté.

Il est dangereux, Messieurs, de tourner vers un but unique l'activité et les facultés de tout un peuple, alors surtout qu'on sait que ces facultés et cette activité resteront fatalement sans emploi.

Puisse notre système d'enseignement et d'éducation ne point préparer à la République des légions d'oisifs, de mécontents et de déclassés, qui, un jour aussi, pourraient tourner contre elle leurs facultés sans emploi et empêcher la France de poursuivre le rôle glorieux qui doit être le sien [1].

M. Leygues, Ministre de l'Instruction publique, a appuyé ces conclusions et très bien montré les conséquences de notre enseignement universitaire.

Le travail de l'ouvrier n'est pas rémunéré suffisamment dans bien des cas, c'est vrai. Mais combien plus maigre encore est le salaire et plus misérable la condition de ceux qui sans fortune se sont engagés dans des professions libérales et qui n'ont ni clients ni causes, qui errent dans la vie désabusés, découragés, meurtris de toutes leurs déceptions et de tous leurs désespoirs. Il n'est pas de sort plus triste que le leur, de misère plus sombre que leur misère; il n'est pas d'êtres plus dignes de pitié.

Qne deviennent-ils, ces déclassés. Selon la nature de leur âme, quand la souffrance est trop aiguë, ils tombent dans le servilisme ou la révolte.

Voilà ce qu'il faut avoir le courage de dire pour enrayer l'émigra-

1. M. Massé, séance du 13 février 1902; p. 633 de l'*Officiel*.

tion perpétuelle vers les villes où tant d'énergics s'usent, où sombrent tant de courages, pour que, sous prétexte de favoriser la démocratie, nous ne soyons pas exposés à voir ce qui serait la fin de la démocratie : l'atelier vide et la terre déserte.

Dans un pays comme la France où la population professionnelle et active (industriels, négociants, agriculteurs) représente 48 p. 100 de la population totale, 18 millions d'individus sur 38 millions d'habitants, où le capital industriel s'élève à 96 milliards 700 millions de francs, où le capital agricole atteint 78 milliards de francs ; où les exportations se sont chiffrées en 1900 pour plus de 4 millards de francs, l'Université ne peut se contenter de préparer les jeunes gens qui lui sont confiés aux carrières libérales, aux grandes écoles et au professorat ; elle doit les préparer aussi à la vie économique, à l'action [1].

Personne n'a jamais contesté la justesse de telles assertions et l'on peut dire cependant que depuis le temps qu'on les répète, elles n'ont encore converti personne.

§ 2. — L'ENSEIGNEMENT PROFESSIONNEL.

L'enseignement professionnel est donné presque exclusivement en France par des universitaires, et par conséquent avec leurs méthodes théoriques. Le manuel appris par cœur en étant l'unique base, les résultats obtenus sont naturellement aussi parfaitement nuls que ceux de l'éducation classique.

Si nous ne possédions pas un petit nombre d'écoles techniques dues le plus souvent d'ailleurs, comme celles des Frères dont nous avons parlé, à l'initiative privée, on pourrait dire que l'enseignement professionnel n'existe pas en France. Les causes de son insuffisance ne sont pas uniquement imputables à l'Université.

1. M. Leygues, Ministre de l'Instruction publique, séances des 12 et 14 février 1902 ; pp. 615 et 666 de l'*Officiel*.

Sous l'influence de préjugés héréditaires fortement développés par notre éducation classique, l'enseignement professionnel jouit auprès des familles d'une considération très faible. Elles croient toujours que l'instruction gréco-latine seule peut développer l'intelligence et conférer à ceux qui l'ont reçue de grands avantages dans la vie. Nous sommes encore à un âge de transition où peu de personnes comprennent qu'il y a dans cette opinion une double erreur. En réalité notre enseignement classique déprime l'intelligence et n'assure à ceux qui l'ont reçu aucune supériorité réelle dans la vie.

La principale cause de notre antipathie pour le travail manuel et tout ce qui y ressemble, ce n'est pas tant l'effort qu'il demande que le mépris qu'il inspire. Ce sentiment, énergiquement entretenu par l'Université et ses concours, est un de ceux qui ont le plus contribué à précipiter notre décadence industrielle et économique actuelle. Chez les peuples latins, le plus infime clerc, le plus humble commis, le plus modeste professeur, se croient d'une caste fort supérieure à celle d'un industriel ou d'un artisan, bien que ceux-ci gagnent davantage et exécutent des travaux exigeant beaucoup plus d'intelligence.

Il résulte de cette croyance générale que la plupart des parents tâchent de faire entrer leurs fils dans la caste réputée supérieure et les sortir de la caste considérée comme inférieure.

Une revue importante a publié sur ce sujet la lettre d'un industriel du nord de la France dont je reproduis l'extrait suivant :

Il est désolant de voir, dans un arrondissement qui a été si vivant au point de vue industriel et qui possède de grandes ressources, que la bourgeoisie se désintéresse de plus en plus des affaires pour les places administratives.

Il en est malheureusement ainsi du peuple qui ne voit dans l'instruction que le moyen de faire de ses enfants, soit des employés, soit des fonctionnaires. Tout le monde veut des places. Pendant ce temps nous sommes à proprement parler colonisés par les Belges qui détiennent la plupart des grands établissements industriels qui prospèrent dans la région.

Un exemple frappant est ce qui s'est passé dans le bassin industriel de Maubeuge, depuis l'établissement des droits protecteurs. Ce pays s'est développé, depuis 1892, dans des proportions considérables, mais sous l'influence des Belges de Liège et de Charleroi qui sont venus créer en masse des établissements à la frontière et qui ont trouvé chez eux tous les capitaux nécessaires. Nos nationaux assistaient à cette invasion les bras croisés et employaient leurs capitaux en rentes ou en fonds portugais, brésiliens ou grecs !

C'est navrant et désespérant.

Nous sommes bien malades. C'est une consomption très lente dont on ne s'apercevra que quand il sera trop tard [1].

Le même journal a publié également une lettre qui montre bien ce qu'ont coûté à nos colonies les préjugés qui régissent l'enseignement théorique que nous donnons aux jeunes indigènes.

L'indigène qui sait lire, écrire et compter regarde d'un œil de mépris tous ceux qui bêchent la terre ou qui transforment, dans l'atelier, le fer et la pierre inertes ; il se croit d'essence supérieure et indigne de peiner et de suer ; il se dit Européen, et il exige les mêmes prérogatives que ce dernier.

On n'insiste pas assez là-bas, dans nos écoles, sur l'utilité du cultivateur et de l'ouvrier, sur la noblesse de leur tâche, sur leur rôle dans le monde. On ne montre jamais à la fin des études et comme récompense que le diplôme et la sinécure tant enviée à laquelle on pourra prétendre. On dégarnit les champs, les usines, les ateliers, pour encombrer les bureaux et sevrer ainsi la colonie de la partie la plus intelligente de sa population.

Si au lieu de suivre les programmes métropolitains et d'apprendre aux indigènes la suite des rois de France depuis Pharamond jusqu'à Napoléon III, on leur avait seulement donné les principes élémentaires de lecture, d'écriture et de calcul, tout en leur indiquant le maniement des outils ou des instruments aratoires, et la façon de

---

1. *France de demain*, 15 janvier 1908.

tripler le rendement d'un champ de canne à sucre, de coton ou d'arachide, croyez-vous qu'on n'aurait pas augmenté la richesse du pays, et, partant, le chiffre des opérations commerciales ?

Qui peut énumérer les services que rendrait à nos colonies une armée indigène de bons contremaîtres et de bons fermiers choisis parmi les jeunes gens intelligents et laborieux.

Nos colonies ne rapportent rien, dit-on ! Précisément parce que nous nous empressons d'immobiliser ceux-là seuls, qui pourraient produire et les enrichir[1].

Et nous touchons ici à un des points les plus fondamentaux de la question des réformes de l'enseignement. Les classes dirigeantes n'en comprennent pas l'utilité. Elles ne voient pas que notre enseignement classique — sous toutes ses formes — n'est plus en rapport avec les besoins de l'âge actuel, que sa triste insuffisance et l'absence d'enseignement professionnel sont les causes de notre profonde décadence industrielle, commerciale et coloniale.

La bourgeoisie française ne comprend pas l'évolution du monde moderne et par conséquent ne pourra pas l'aider. Les réformes, filles de la nécessité, se feront à côté d'elle, sans elle, et naturellement contre elle.

C'est surtout à notre Université que l'évolution économique actuelle du monde échappe entièrement. Figée dans de vieilles traditions, les yeux fixés sur le passé, elle ne voit pas qu'avec les progrès des sciences et de l'industrie, le rôle des grammairiens, des rhéteurs, des érudits et de toutes les variétés connues de vains parleurs, s'efface de plus en plus. Le monde moderne est gouverné par la technique, et la supériorité appartient à ceux qui, dans toutes les branches des connaissances, sont le plus versés dans la tech-

---

1. *France de demain*, 15 janvier 1902.

nique. On a essayé, mais sans grand succès, de le faire comprendre à la Commission d'enquête.

En 1870, nous avons été vaincus par un ennemi qui, au point de vue militaire, était plus scientifiquement organisé que nous. Aujourd'hui, sur le terrain industriel et commercial, nous sommes également vaincus par un ennemi scientifiquement organisé[1].

Cet enseignement professionnel qui nous manque et pour lequel il serait bien difficile d'ailleurs de trouver des professeurs, pourrait avoir — sans les préjugés de l'opinion dont je viens de parler — un nombre immense d'élèves. Les documents statistiques fournis à l'enquête en donnent la preuve incontestable.

On peut se faire une idée, par les chiffres suivants, du préjudice causé à notre prospérité économique par ce véritable accaparement de la jeunesse par l'enseignement secondaire. Le nombre des élèves recevant en France l'enseignement secondaire s'élève aujourd'hui à cent quatre-vingt mille. Or la clientèle de l'enseignement technique industriel, commercial et même agricole, ne dépasse pas vingt-deux mille. La proportion est donc de huit contre un, au désavantage de ce dernier. Or c'est le contraire qui devrait se produire, si l'on remarque que la population commerciale, industrielle et agricole de la France forme les neuf dixièmes de la population totale, et que c'est en somme l'agriculture, le commerce et l'industrie qui font vivre et grandir les nations[2].

Eh oui, sans doute, c'est l'agriculture, l'industrie et le commerce qui font vivre et grandir les nations, et nullement les avocats et les bureaucrates[3]. Tous les efforts d'une Université éclairée devraient tendre à fortifier l'enseignement donné à la fraction la plus importante d'un pays, aussi bien par le nombre que

1. *Enquête*, t. II, p. 412. Blondel, ancien professeur de faculté.
2. *Enquête*, t. II, p. 513. Jacquemart, inspecteur de l'enseignement.
3. Les Allemands le savent fort bien et c'est pourquoi ils multiplient chaque jour leurs écoles professionnelles. La Saxe, qui n'a que trois millions d'habitants, possède trois écoles d'art industriel, trois écoles d'industrie supérieure, cent onze écoles professionnelles pour les professions spéciales, quarante écoles de commerce, etc.

par la richesse qu'elle lui procure. Or, c'est justement le contraire qui se produit. L'enseignement professionnel n'a pas seulement à lutter contre les préjugés des parents, il doit lutter encore contre la mauvaise volonté de l'Université et l'incapacité de ses professeurs. Mauvaise volonté et incapacité que nous avons déjà signalées à propos de l'enseignement dit moderne.

Le plus important des enseignements professionnels devrait être, dans un pays agricole comme la France, celui de l'agriculture. Les démonstrations au tableau et la récitation des manuels en forment malheureusement l'unique base.

Un rapport de M. Méline, inséré à l'*Officiel*, contient à ce sujet des documents fort précis. Ils montrent à quel point toutes nos méthodes générales d'enseignement reposent sur les mêmes principes.

Sans parler de l'Institut agronomique établi à Paris, la France possède 82 écoles d'agriculture dites pratiques, qui coûtent annuellement plus de 4 millions. Elles comptent 651 professeurs et 2,850 élèves, ce qui fait à peine 4 élèves par professeur. Chaque élève revient comme on le voit, à un peu plus de 1,400 francs par an à l'État. « Dans beaucoup d'établissements il n'y a guère que des boursiers et sans eux, il faudrait presque fermer l'école. »

Il est parfois difficile de rendre pratique un enseignement donné à beaucoup d'élèves. Ce n'est plus le cas quand un professeur a une moyenne de 4 élèves. On pouvait donc espérer que l'enseignement agricole de ces nombreuses écoles aurait un caractère réellement utilitaire et que les jeunes agronomes si coûteusement formés rendraient quelques services. Hélas! il n'en a rien été, et un psychologue connaissant un peu nos méthodes d'enseignement aurait pu le prévoir. L'éducation des élèves est restée si théorique que pas un agriculteur ne peut les utiliser, fût-ce comme simples garçons de ferme. N'étant absolument bons à rien, ces agronomes qui devaient régénérer notre agriculture, demandent presque tous des emplois de l'État et surtout des places de professeur. Il y a plus de 500 de ces demandes pour une quinzaine de places annuellement vacantes.

« Cela n'est-il pas grotesque, conclut le journal *Le Temps*, en résumant ce rapport. Cet enseignement scientifique, ce grand orchestre de formules abstraites a donc pour effet d'enlever des forces vives à l'agriculture au lieu de lui en donner ? Ces écoles n'ont plus qu'un but, qui est, non de préparer des praticiens, mais des concurrents bourrés de formules et de superfluités d'apparence scientifique, pour mieux triompher dans les épreuves des concours et arriver aux fonctions administratives. Tous mandarins ici comme ailleurs. »

On a bien expliqué devant la Commission d'enquête ce que sont ces cours d'agriculture pratique.

Les professeurs se contentent de dicter purement et simplement un cours, devant une classe d'élèves qui écrivent pendant une heure sur les matières fertilisantes, ou sur un autre sujet, des développements auxquels ils ne comprennent rien [1].

Il est navrant de voir de telles copies, et comment nos petits cultivateurs perdent rapidement toutes les notions apprises dans les manuels. D'autre part, les enfants qui sont présentés savent encore la lettre, mais ils ne savent absolument pas ce qu'est la chose, ils sont d'une ignorance inouïe au point de vue pratique ; ils ont appris des mots au sujet des engrais, du bétail, des plantes,

1. *Enquête*, t. II, p. 631 Jules Gautier, professeur au lycée Henri IV.

mais ils ne savent absolument pas les utiliser. Si vous n'arrivez pas à organiser des visites de fermes et d'exploitations, ce qu vous faites actuellement ou rien, c'est absolument la même chose [1].

Un de nos collègues disait naguère : « S'il faut s'étonner d'une chose, c'est qu'il se trouve encore quelques jeunes gens disposés à suivre la carrière agricole, car tout les en détourne. » Rien n'est plus vrai, et un simple coup d'œil jeté sur notre régime scolaire suffira pour le démontrer.

... Rien, dans ses études, ne réveille en lui le goût de la vie rurale, rien ne le ramène aux champs : tout semble fait pour l'en éloigner. La nature de ses études, d'abord : elles sont, comme disait Montaigne, « purement livresques » ; elles lui inspirent le dédain des travaux manuels ; exclusivement théoriques, linguistiques et grammaticales, elles ne développent ni le sens pratique, ni l'esprit d'observation, ces deux conditions essentielles de succès en toute carrière, mais principalement dans la carrière agricole [2].

La conséquence de cet enseignement est que l'élève, qui devrait acquérir le goût de l'agriculture, prend au contraire cette profession en horreur, comme il prend également en horreur aussi tous les métiers manuels qu'il voit si méprisés partout.

Aujourd'hui l'ouvrier ne veut plus que son fils travaille de ses mains ; il préfère en faire un petit employé, mal payé, et nos écoles primaires ne contribuent que trop à cultiver ces illusions.

A la campagne beaucoup d'agriculteurs ne veulent plus que leurs fils cultivent la terre ; ils cherchent à en faire de petits fonctionnaires. C'est une véritable contagion, si bien qu'en France, pour les travaux manuels, le terrassement, la culture, nous sommes obligés de faire venir des Italiens ou des Belges.

L'Algérie se peuple de Maltais, d'Espagnols, et pendant ce temps-là nos villes fourmillent de scribes, qui, en vertu de la loi de l'offre et de la demande, se contentent de traitements tout à fait insuffisants [3].

1. *Enquête*, t. II, p. 71. Duport, président d'une Commission supérieure d'enseignement agricole.
2. *Enquête*, t. II, p. 388. R. Lavollée, docteur ès lettres.
3. *Enquête*, t. II, p. 555. Keller, vice-président de la Société générale d'éducation.

Les nécessités économiques de l'âge actuel deviennent de plus en plus pressantes, et, chez les peuples latins, les familles pas plus que l'Université, ne les comprennent. Un ancien ministre, M. Ilanotaux, a proposé devant la Commission d'enquête la création d'écoles professionnelles parallèles à l'enseignement classique actuel. Pour lui, ce dernier enseignement ne serait maintenu que pour le très petit nombre de futurs érudits qui étudieraient le grec et le latin tout comme on étudie ailleurs le Persan et l'Arménien. De tels projets sont excellents et leur réalisation assurée le jour où nous aurons changé l'âme des parents, des professeurs et des élèves.

Mais alors même que cette transformation serait effectuée, on ne voit guère où se recruteraient les professeurs du nouvel enseignement. Sans doute les Frères des Écoles chrétiennes ont bien su trouver des professeurs pour l'enseignement technique, où ils peuvent servir de modèle, mais ces professeurs sont des techniciens auxquels — imitant en cela les Américains — on ne demande que de connaître leur profession sans s'occuper un seul instant de savoir s'ils possèdent aucun diplôme. Du jour où cet enseignement serait organisé par l'État, c'est-à-dire par l'Université, il y aurait immédiatement des concours, une agrégation et l'instruction serait donnée uniquement par ces méthodes théoriques dont nous connaissons les résultats.

Toute grande réforme sur ce point étant impossible avant une réforme totale de l'opinion, il ne faut songer aujourd'hui qu'à de modestes changements accomplis sur une petite échelle. Un des meilleurs proposés devant la Commission consisterait à transformer les petits collèges de province en établissements d'enseignement professionnel. Devant l'impossibilité de trouver des professeurs capables de donner cet enseignement, il faut bien se contenter d'un enseignement exclusivement théorique. Si mauvais qu'il soit, il est encore supérieur à l'enseignement classique.

Nous avons eu occasion, notamment pendant ma direction, de sauver un certain nombre de ces petits collèges en y introduisant un peu d'agriculture théorique, c'est-à-dire un peu d'histoire naturelle, de physique et de chimie, de façon à initier les enfants aux choses de la vie rurale. Cette introduction seule a suffi pour sauver ces petits collèges. L'école de Neubourg, qui comprend des bâtiments superbes, était complètement tombée. On nous a demandé d'y introduire un peu d'enseignement agricole primaire supérieur; aussitôt l'école s'est remplie et elle est aujourd'hui prospère. C'est la preuve que les programmes doivent s'adapter aux milieux et au temps [1].

J'estime qu'il faudrait transformer nos petits établissements secondaires, suivant les besoins des régions, comme le disait si bien M. Tisserand, en écoles industrielles ou agricoles préparatoires à nos écoles spéciales d'un ordre supérieur. Cela vaudrait beaucoup mieux pour les budgets des villes et pour l'avenir des enfants [2].

Mais ce sont là des réformes de·détail qui ne sauraient conduire bien loin. De vraies réformes ne seront possibles, comme je l'ai dit tant de fois déjà, que lorsque les méthodes d'enseignement des professeurs, et surtout l'opinion des familles, auront changé.

De tels changements ne peuvent être amenés que par des nécessités impérieuses, et ne sont pas déterminés par des programmes ni des discours.

Les nécessités impérieuses qui transformeront peut-

<hr>

1. *Enquête*, t. II, p. 628. Tisserand, représentant de la Société nationale d'agriculture.

2. *Enquête*, t. II, p. 625. Grandeau, représentant de la Société nationale d'agriculture.

être un jour les opinions des parents, commencent à se dessiner nettement. Aujourd'hui les classes vraiment influentes, et par conséquent vraiment dirigeantes, tendent de plus en plus à se composer exclusivement d'individus possédant une certaine aisance. Or, il devient évident que dans un avenir assez prochain ce seront surtout les industriels, les artisans, les colons, les agriculteurs, les commerçants qui posséderont cette aisance. Avec le développement des besoins actuels et l'invariabilité de leurs salaires, depuis long-temps fixés par l'État, les ressources des classes lettrées : magistrats, fonctionnaires, professeurs, etc., deviennent de plus en plus maigres, alors que l'aisance des autres classes devient chaque jour plus grande.

Les classes jadis dirigeantes devenant de plus en plus besoigneuses, et jouant par conséquent un rôle do plus en plus effacé, finiront peut-être par comprendre qu'elles doivent orienter autrement l'éducation de leurs fils.

La dernière supériorité des classes jadis dirigeantes réside à peu près exclusivement aujourd'hui dans le port habituel d'une redingote. Se râpant de plus en plus, elle aura bientôt perdu tout prestige. Quand ce prestige sera totalement évanoui, comme il l'est depuis longtemps en Amérique et en Angleterre, une révolution tout à fait profonde s'accomplira dans l'âme des peuples latins. Elle sera terminée le jour où on admettra comme exactes les définitions suivantes des diverses catégories sociales données par un des déposants de l'enquête.

Le bon industriel, le bon agriculteur, le bon commerçant, le bon fonctionnaire, le bon officier, ce sont termes qui se valent. D'une manière générale, ce sont des hommes qui remplissent dans les cadres d'une démocratie des professions diverses, mais une même fonction sociale. La différence des carrières ne supprime pas l'égalité des mérites.

En définitive, ils sont tous de la classe dirigeante future ; cette classe ne peut pas se composer d'esprits façonnés sur le même patron, répondant au même signalement ; elle doit se composer des meilleurs dans toutes les spécialités. Qu'ils diffèrent par la spécialité de la profession, mais qu'ils se ressemblent par la supériorité de l'homme[1] !

Il y a longtemps déjà que Diderot avait dit la même chose.

Les études théoriques, écrivait-il, sont propres à remplir les villes d'orgueilleux raisonneurs et de contemplateurs inutiles et les campagnes de petits tyrans, ignorants, oisifs et dédaigneux. On a bien plus loué des hommes occupés à faire croire que nous étions heureux que les hommes occupés à faire que nous le fussions en effet. Nos artisans se sont crus méprisables, parce qu'on les a méprisés. Apprenons-leur à mieux penser d'eux-mêmes, c'est le seul moyen d'obtenir des productions parfaites.

Avant d'arriver à répandre de telles idées, il faudra passer par pas mal de bouleversements et de révolutions accomplis par l'armée des bacheliers, licenciés et professeurs sans emploi.

Aujourd'hui des assertions analogues à celles contenues dans les citations que je viens de reproduire appartiennent à l'immense catégorie des choses que chacun répète volontiers, que l'on est prêt à applaudir bruyamment, mais dont personne ne croit un seul mot. Il ne faut pas se lasser cependant de les répéter.

Lorsque le rabot et la lime, écrivait jadis Jules Ferry alors qu'il était Ministre de l'Instruction publique, auront pris, à côté du compas, de la carte géographique et du livre d'histoire, la même place et qu'ils seront l'objet d'un enseignement raisonné et systématique, bien des préjugés disparaîtront, bien des oppositions de castes s'évanouiront, la paix sociale se préparera sur les bancs de

<hr>

1. *Enquête*, t. I, p. 441. Buisson, ancien directeur de l'Enseignement primaire au Ministère de l'Instruction publique.

l'école primaire, et la concorde éclairera de son jour radieux l'avenir de la société française.

On ne peut pas dire que de telles idées soient tout à fait irréalisables, puisque les Américains les ont à peu près réalisées. Aux États-Unis la séparation des classes est très faible et le passage de l'une à l'autre fréquent et facile. Mais ces peuples n'ont pas derrière eux le poids des traditions séculaires qui pèsent sur les Latins. Ils n'ont pas eu à lutter contre une Université toute-puissante, infiniment peu démocratique et hostile à tous les progrès. Ce qui gêne surtout les sociétés latines dans leur évolution et les oblige à procéder par bonds désordonnés qui ne font souvent que les ramener un peu plus en arrière, c'est la lourde tyrannie des morts.

La raison cherche vainement à repousser ces ombres formidables. Le temps seul réussit quelquefois à les anéantir. Dans la lutte violente que les Latins soutiennent contre les morts depuis un siècle, ce ne sont pas les vivants qui ont triomphé.

CHAPITRE VI

La question de l'éducation.

§ I. — INCERTITUDE DES PRINCIPES UNIVERSITAIRES EN MATIÈRE D'ÉDUCATION.

Le problème de l'éducation est beaucoup plus important encore que celui de l'instruction. C'est le caractère des hommes bien plus que leur savoir qui détermine leurs succès dans la vie. L'Université ne s'est pas malheureusement montrée plus apte à donner une bonne éducation qu'une instruction convenable.

A la vérité on ne peut dire qu'en matière d'éducation les méthodes de l'Université soient bonnes ou mauvaises, attendu qu'elle ne possède aucune méthode, aucune idée directrice.

Pendant longtemps, elle a cru que l'éducation pouvait se faire avec des manuels et des préceptes appris par cœur. Elle commence à revenir d'une aussi évidente erreur, mais elle en est encore à chercher les moyens de remplacer les manuels. Pour le moment, elle se borne à proclamer très haut les bienfaits d'une bonne éducation.

Lorsqu'on se réfère aux manifestations officielles de l'Université, aux circulaires des ministres et des recteurs, aux discours de distribution de prix, qui sont comme les professions de foi du corps enseignant, on y trouve constamment répétée cette affirmation que « le but de l'enseignement secondaire est de former l'homme et le citoyen ». Là-dessus, tout le monde est d'accord. C'est un truisme. Mais lorsqu'on descend de la région des principes à celle de l'application et du fait, on voit combien nous sommes loin de cet idéal et combien on a fait peu de choses pour le réaliser [1].

En réalité, on n'a rien fait du tout et on s'en est tenu à ces brillants discours si chers aux Latins. Les résultats obtenus sont indiqués dans le passage suivant de l'enquête.

C'est parce que l'éducation de notre démocratie française est insuffisante, que notre régime politique et social actuel n'a pas porté tous les fruits qu'on en pouvait attendre, et c'est aussi l'une des causes qui permet à ceux qui n'aiment pas ce régime de multiplier leurs attaques [2].

Quant aux moyens à employer pour donner la bonne éducation rêvée, les auteurs de l'enquête semblent les ignorer totalement. Beaucoup s'imaginent qu'elle se donne uniquement par les exercices physiques et déplorent leur rareté. Cette rareté paraît en effet très grande, malgré d'éloquentes circulaires ministérielles et la fondation de sociétés spéciales. Il n'y a rien derrière toutes ces brillantes façades.

Si le temps ne nous pressait, j'aurais parlé de l'éducation physique. En fait, elle n'existe pas, et c'est une lacune déplorable. Je voudrais que l'éducation physique fût mise sur la même ligne et même, dans les premières années, au-dessus de l'éducation intellectuelle.

En Allemagne, cette éducation est très développée. Elle est mise

---

1. *Enquête*, t. I, p. 444. Maneuvrier, ancien élève de l'École Normale supérieure.

2. *Enquête*, t. II, p. 438. Blondel, ancien professeur à la Faculté de droit de Dijon.

au même rang que l'enseignement du grec, des mathématiques ou de telle autre branche. Elle est obligatoire pour tous.

J'ai vu en Allemagne le professeur de grec être en même temps professeur de gymnastique, et il me semble que c'est d'un bon exemple.

L'insuffisance de notre éducation physique me paraît constituer un danger inquiétant pour l'avenir de notre race[1].

Tout cela est fort juste, mais les exercices physiques ne constituent qu'une très faible partie de l'éducation. On peut faire des hercules avec de bons exercices gymnastiques, mais on ne voit pas très bien en quoi ces exercices développeront beaucoup les qualités que doit cultiver l'éducation : Initiative, persévérance, jugement, maîtrise de soi-même, volonté, etc.

On peut juger à quel point les idées des universitaires en matière d'éducation sont confuses en examinant le programme de réformes proposé par M. Payot devant la Commission. C'est le seul d'ailleurs qui ait été formulé avec quelques détails.

Si vous voulez me permettre d'énumérer les conditions nécessaires pour former les volontés énergiques et persévérantes dont le pays a besoin, les voici, à mon avis :

1° Il faut considérablement réduire le temps de la sédentarité. Il faut que les élèves passent beaucoup de temps au grand air, qu'ils s'amusent au soleil ;

2° Il faut lutter contre le préjugé anglais et contre la faveur accordée aux exercices violents ;

3° Il faut substituer partout aux méthodes passives héritées des jésuites et qui dominent encore notre enseignement, les méthodes qui provoquent l'activité d'esprit des élèves, qui développent leur esprit d'observation, leur jugement, leurs facultés de raisonnement ;

4° Il faut donner aux idées directrices de la vie morale et aux sentiments moraux une force, une cohésion qui ne peut être que l'œuvre lente et patiente de tout le personnel d'un collège ou

1. *Enquête*, t. I, p. 340. Boutroux, de l'Institut, professeur de philosophie à la Sorbonne.

lycée, des répétiteurs, des professeurs, des principaux, des proviseurs [1].

On voit le vague et l'imprécision d'un tel programme. « Substituer aux méthodes des Jésuites des méthodes qui provoquent l'activité d'esprit des élèves, leur esprit d'observation, leur jugement. » Parfait, mais quelles sont ces méthodes? C'est justement ce que M. Payot, et tous les auteurs de l'enquête, omettent de nous dire. Et s'ils ne le disent pas, c'est assurément qu'ils ne le savent pas. Quant à donner « aux idées directrices de la vie morale et aux sentiments moraux, une force, une cohésion qui ne peuvent être que l'œuvre lente et patiente de tout le personnel », n'est-il pas évident que c'est parler pour ne rien dire? Puisque le personnel en question n'a pas obtenu jusqu'ici les résultats demandés, c'est qu'il est incapable de les obtenir. Croit-on vraiment que c'est avec d'aussi vaines objurgations qu'on modifiera sa mentalité actuelle? Des conseils un peu plus pratiques eussent été avantageusement substitués à ces considérations enfantines.

M. Payot n'est pas le seul qui ait formulé devant l'enquête ces vagues conseils. Nombreux sont les déposants qui ont vu les qualités qu'il faudrait donner aux élèves. Il n'était besoin de posséder aucune perspicacité pour cela.

Il faudrait donner aux élèves, non pas le goût de l'abstrait, mais du concret, développer chez eux l'esprit d'observation et d'initiative, toutes qualités qu'on rencontrera assez difficilement chez nos élèves, parce que rien dans notre éducation ne les y dispose [2].

Rien n'est plus vrai, mais encore une fois, quelles sont les méthodes à employer pour donner les qua-

1. *Enquête*, t. II, p. 642. Payot, inspecteur d'Académie.
2. *Enquête*, t. II, p. 564. Potel, professeur au lycée Voltaire.

lités requises? L'auteur a sans doute préféré se taire
que de donner des conseils de la force de ceux de
M. l'inspecteur Payot.

En fait, les professeurs formés par l'Université n'ont
absolument aucune idée arrêtée, bonne ou mauvaise,
en matière d'éducation. Un d'entre eux, et des plus
distingués, M. Belot, professeur à Louis-le-Grand, a très
bien exprimé leur embarras et leur incertitude dans
un discours de distribution de prix dont voici un
extrait :

> On nous demande, et plus que jamais aujourd'hui, de faire œu-
> vre d'éducateurs, de fournir des principes à la jeun··e, de disci-
> pliner les volontés. Comment le ferons-nous sans cr··.···· sur les
> droits de la personnalité qui se forme, sans comprom·it ·la ·berté
> de ses choix futurs, sans exercer une pression sur son originalité
> native ? Notre devoir se présente ainsi sous deux face· contradic-
> toires. Il nous faut d'un côté exercer une action, être des initia-
> teurs, des directeurs, des maîtres enfin ; et d'autre part nous devons
> respecter la liberté de la réflexion et la spontanéité de la nature
> individuelle. Si nous négligeons cette seconde partie de notre tâche,
> on nous reprochera d'être des dogmatiques et de paralyser l'énergie
> naissante ; et si nous oublions l'autre, on nous accusera de faire
> des sceptiques, de jeter l'âme de nos élèves désemparée et sans
> boussole au milieu des tourbillons de la vie [1].

§ 2. — LA DISCIPLINE SCOLAIRE COMME BASE UNIQUE DE L'ÉDUCATION UNIVERSITAIRE.

Avec de pareilles incertitudes, on conçoit que l'Université laisse à peu près exclusivement de côté dans
la pratique toute éducation et n'en parle que dans
des discours destinés au public. En fait toute l'éducation qu'elle donne se borne à la lourde et brutale
discipline du lycée destinée uniquement à main-

1. *Le Temps*, 30 juillet 1899.

tenir le silence dans les salles où se trouvent les élèves.

Il ne faut certes pas médire de la discipline. C'est une des qualités du caractère la plus indispensable peut-être à acquérir. Pour apprendre à commander aux autres, il faut d'abord avoir appris à commander à soi-même, et on n'y arrive qu'après avoir appris à obéir. Malheureusement la discipline étroite, tatillonne, formaliste, des lycées est la pire de toutes. C'est très vainement cependant que les déposants de l'enquête ont cherché les moyens de la remplacer.

Partageant une illusion trop répandue et qui montre à quel point la psychologie de l'enfance est ignorée, le Président de la Commission d'enquête, M. Ribot, a demandé si on ne pourrait pas « obtenir de bons résultats en s'adressant à la raison des élèves. » Il lui a été répondu de la façon suivante :

Je suis persuadé du contraire. Il faut vivre avec nos élèves pour se douter de cette difficulté; nous ne pouvons pas attendre un résultat en nous adressant à la raison de nos élèves [1].

Ce n'est pas assurément en s'adressant à la raison de l'enfant qu'on peut le discipliner. Ceux qui ont étudié sa psychologie sont fixés. C'est très à tort qu'on s'imagine que les éducateurs anglais s'adressent à la raison de leurs élèves. Ils ne s'adressent pas à leur raison, base très fragile, mais uniquement à leur intérêt, substratum très solide sur lequel on peut bâtir avec sécurité. L'élève fait ses devoirs comme il veut et quand il veut. Il a toute liberté de circuler librement dans l'établissement. Mais si son devoir est mal fait, il le refait; s'il abuse de sa liberté et commet une

---

1. *Enquête* t. I, p. 419. Pequignat, répétiteur divisionnaire au lycée Henri IV.

faute grave, il reçoit publiquement le fouet, quel que soit son âge; s'il ne travaille pas ou ne laisse pas les autres travailler, on le renvoie. Il a donc tout intérêt à se bien conduire et il le comprend vite.

Je me hâte d'ajouter que le système anglais, qu'on ne cesse de nous recommander, ne vaudrait rien pour des jeunes Latins qui possèdent à un degré très faible le sentiment de la responsabilité. Le directeur d'une grande école anglaise établie en France, à Azay, l'a indiqué dans les termes suivants, en s'adressant à un journaliste qui visitait son établissement.

— L'adolescent anglais ne ressemble pas plus à l'adolescent français que le lait au vitriol. La méthode qui profite au premier serait funeste au second. L'Anglais est raisonnable, réfléchi, assidu à son devoir; je n'ai pas besoin de le plier à la discipline, il se l'impose à lui-même; il sait ce qui est permis et ce qui est défendu, et jamais il n'outrepasse le règlement qui lui est très paternellement infligé. Avec le Français, il m'en faudrait un féroce; j'aurais à réprimer des rébellions, des excès d'indépendance. Que voulez-vous, cher monsieur? Chaque peuple a ses qualités et ses défauts. La jeunesse française est généreuse, mais impétueuse, ardente, impatiente du joug. Ajouterai-je qu'elle est un peu libertine? Ses sens s'éveillent de bonne heure; ceux de nos jeunes Anglais, assoupis par de violents exercices, s'usent aux fatigues du tennis, du football, du polo.

Ces réflexions sont fort justes. Les Anglais ayant en eux-mêmes par hérédité une discipline interne, aucune discipline externe ne leur est nécessaire. M. Bellessort, professeur au lycée Janson de Sailly, qui a beaucoup voyagé, a noté ce fait fondamental dans un discours de distribution de prix :

... J'entends de tous côtés des voix qui vous exhortent à prendre modèle sur les Anglo-Saxons, et je me reprocherais de rompre, ne fût-ce qu'une minute, un si beau concert. Imitez-les donc, si vous croyez en avoir besoin. J'en ai rencontré dans des pays où leur liberté s'étale: ils avaient tous un admirable respect de l'autorité, tous dépendaient religieusement de leurs traditions séculaires et semblaient obéir à une consigne reçue de toute éternité [1].

Sans vouloir entreprendre la tâche aussi inutile que dangereuse d'imiter l'éducation anglaise, il est facile de voir ce qu'on pourrait aisément modifier à la discipline des lycées. La surveillance constante et harcelante exaspère l'enfant. Il faudrait lui laisser un peu de liberté jusqu'à ce qu'il ait violé les règlements. C'est alors seulement que la discipline devrait peser sur lui de tout son poids. A un certain âge on pourrait parfois le laisser sortir seul. Sachant que cette faculté lui serait retirée s'il se conduisait mal, son intérêt suffirait à lui faire comprendre qu'il y a des inconvénients à abuser de la liberté. C'est là ce que quelques professeurs, en nombre infiniment restreint d'ailleurs, commencent à comprendre.

J'ai fait quelques expériences dans le sens de la liberté et de la confiance accordées aux grands. Sans entrer dans les détails, je citerai un exemple. Quand je suis arrivé à Sainte-Barbe, on ne laissait sortir un élève seul sous aucun prétexte; pour aller chez le dentiste, par exemple, on le faisait conduire par un garçon; j'ai eu beaucoup de peine à obtenir qu'ils sortissent seuls; il a fallu que je trouvasse un de mes élèves au Salon avec le garçon auquel il avait payé l'entrée et que je pusse le dire au directeur. J'ai, depuis, obtenu de laisser quelquefois sortir les élèves seuls sur parole. Je n'ai jamais eu à le regretter [2].

La cause de ce résultat se saisit aisément. Il faudrait supposer l'élève infiniment borné pour croire qu'il abusera immédiatement d'une liberté qu'on lui retirerait au premier abus. Si l'on veut que les jeunes gens apprennent à se conduire quand ils seront seuls dans la vie, il faut au moins leur accorder quelques lueurs

1. *Le Temps*, 30 juillet 1899.
2. *Enquête*, t. II, p. 572. Lucien Lévy, directeur des études à Sainte-Barbe, examinateur d'admission à l'Ecole Polytechnique.

de liberté. En France, au début des chemins de fer, on enfermait les voyageurs à clef dans leur compartiment afin qu'ils ne pussent s'échapper en route. Tout récemment encore, on les enfermait dans les salles d'attente jusqu'à l'arrivée des trains, pour qu'ils n'allassent pas se précipiter sous les roues des locomotives. Aujourd'hui on ne ferme plus à clef les compartiments, on laisse les voyageurs circuler sur les quais, et les Compagnies ont constaté avec surprise que les voyageurs ne s'échappent pas pendant le voyage et ne se font pas écraser dans les gares par les locomotives. Ce n'est qu'en donnant un peu de liberté aux hommes ou aux enfants qu'on leur apprend à ne pas abuser de la liberté.

Nos universitaires sont fort loin encore de telles idées. La scène suivante rapportée par M. de Coubertin montre à quel point est faible leur psychologie en matière d'éducation.

Un jeudi, dans un lycée de Paris, se passa cette scène poignante dont j'ai gardé un souvenir amer. Quinze élèves, moyens et grands, autorisés par leurs parents, devaient aller au Bois de Boulogne pour disputer une des épreuves du championnat interscolaire de foot-ball contre une équipe d'un autre lycée. Au dernier moment, le maître d'études désigné pour les accompagner se trouva empêché. Qu'allait-on faire? Leur chef d'équipe, leur « capitaine », un bon élève, aimé et respecté de ses camarades, se porta garant que tout se passerait comme si le maître d'études était là. « Ils m'ont promis, dit-il, j'engage ma parole d'honneur. » Et celui à qui il parlait répondit : « Mon ami, est-ce que je puis accepter la parole d'honneur d'un élève? » — Toute notre pédagogie est dans ce mot : la parole d'honneur ne vaut point. L'élève le sentit et baissa la tête... De telles scènes ne sont-elles point faites pour fausser toute une vie [1]?

Quelques professeurs ont cité les désastreux effets de cette surveillance tatillonne de toutes les minutes

1. De Coubertin, *Revue bleue*, 1898, p. 808.

à laquelle sont soumis les élèves. Voici comment s'exprime à cet égard le Père Didon.

L'enfant qui se sent soumis à une surveillance de tous les instants est tenté de se tenir toujours sur ses gardes, et ce principe de la défiance est un des plus dangereux de l'éducation. Il amène la compression, l'oppression; et c'est lui qui produit les passifs et les esclaves, les révoltés et les finauds, qui, eux, échappent toujours à la surveillance en la bravant ou en la trompant [1].

Dès qu'il n'a plus cette surveillance autour de lui, l'enfant se croit tout permis. Les parents s'en aperçoivent vite. L'enfant ne les respecte guère, alors que chez l'Anglais l'autorité paternelle est quelque chose d'énorme qui n'est même pas discuté. Le respect des enfants pour les parents diminue de plus en plus chez les Latins.

Lorsque j'étais au lycée, les enfants osaient à peine parler, sans autorisation, à la table de leur père ; quel changement ! aujourd'hui, les pères laissent les enfants exprimer leur opinion sur toutes choses et se taisent même volontiers pour les laisser parler, sinon pour les admirer. La fermeté paternelle a donc beaucoup faibli depuis quelques années, mais les parents veulent l'autorité chez ceux à qui ils confient l'éducation de leurs enfants. On a diminué l'autorité des chefs d'établissement au moment où elle était le plus nécessaire ; on a relâché la discipline chez nous au moment où on aurait dû la relever [2].

Si les parents français ne savent pas se faire respecter de leurs enfants, il y a certes beaucoup de leur faute. Ils se familiarisent trop avec eux pour avoir aucun prestige.

Pour ma part, je ne crois pas que l'enfant soit naturellement bon. Il est méchant et, avant de s'en faire aimer, il faut s'en faire craindre. La peur sera pour lui le commencement de la sagesse et quand il est sage, on s'en fait facilement aimer [3].

<hr>

1. *Enquête*, t. II, p. 459. Père Didon, professeur à l'école d'Arcueil.
2. *Enquête*, t. I, p. 557. Dalimier, professeur du lycée Buffon.
3. *Enquête*, t. II, p. 393. Potot, surveillant général à Sainte-Barbe.

Le modeste surveillant qui a émis cette assertion me semble beaucoup mieux connaître la psychologie de l'enfant que l'immense majorité des parents et des professeurs. L'enfant, qui répète dans les premières phases de sa vie la série ancestrale, a tous les défauts des primitifs, avec leur force en moins. Il est méchant quand il peut l'être sans inconvénient pour lui. C'est la crainte, et jamais la raison, qui seule peut limiter ses mauvais instincts. Si on sait se faire craindre, on sait se faire obéir. Le Père Didon a dit avec raison devant la Commission :

Quand on commande bien, on est toujours obéi, et quand on commande mal, on ne l'est jamais, même par les êtres disciplinés qu'on a cru former [1].

L'art de commander manque tout à fait, malheureusement, à la plupart de nos professeurs. C'est un art qui ne s'enseigne pas dans les livres.

L'insupportable discipline du collège, qui ne laisse aucune initiative à l'élève, jointe aux tolérances de la vie familiale et au défaut de prestige des parents, transforme vite le lycéen en un petit être intolérable, possédant un égoïsme féroce, et incapable de faire un pas sans être dirigé. Le jeune Anglais, qui n'est pas protégé par ses parents ni surveillé par ses professeurs au collège, est conduit à une conception de la vie toute différente de celle que nos lycéens possèdent. Habitué dès le jeune âge à ne compter sur personne, à donner et recevoir des coups, il apprend vite à respecter les autres, à savoir limiter ses désirs, et à distinguer clairement ce qui est défendu et ce qui est permis. L'expérience lui enseigne que l'on ne peut

1. *Enquête*, t. 2, p. 158.

avoir de camarades et d'amis qu'à la condition de leur sacrifier en partie son égoïsme, de céder à la collectivité une partie de son individualité.

C'est à son éducation surtout que le Latin doit son égoïsme individuel, égoïsme si funeste pour la stabilité d'un peuple. C'est à son éducation également que l'Anglo-Saxon doit cet égoïsme collectif qui le rend si dangereux pour les autres nations, mais qui a été un des premiers facteurs de la puissance politique de l'Angleterre.

LIVRE V

PSYCHOLOGIE DE L'INSTRUCTION ET DE L'ÉDUCATION

CHAPITRE PREMIER

Les bases psychologiques de l'instruction

---

§ I. — FONDEMENTS PSYCHOLOGIQUES DE L'INSTRUCTION D'APRÈS LES IDÉES UNIVERSITAIRES.

La partie critique de notre livre est à peu près terminée. Nous avons montré ce que valent, d'après les dépositions mêmes des universitaires, l'instruction et l'éducation données par eux. Ayant montré également l'impossibilité actuelle de toute réforme, nous pourrions nous dispenser d'en proposer aucune.

Aussi n'en proposerons-nous guère, et si nous continuons notre étude, c'est parce qu'il nous a semblé intéressant de déterminer les principes psychologiques de l'instruction et de l'éducation, si ignorés encore de nos universitaires. Après avoir exposé ces principes, il sera nécessaire, pour justifier leur importance, de montrer comment ils s'appliquent à toutes les branches de l'enseignement.

Au point de vue exclusivement utilitaire, une telle étude est dépourvue d'intérêt aujourd'hui. Elle ne pourra trouver d'application que le jour où des nécessités économiques et sociales impérieuses auront réussi à modifier l'état mental actuel des professeurs, des parents et des élèves.

Avant d'exposer les principes psychologiques qui devraient servir de base à l'enseignement, rappelons en quelques mots ceux que l'Université admet.

Nous avons déjà fait observer, dans notre introduction, à propos de l'enquête, qu'il était frappant de voir tant d'hommes éminents disserter longuement sur l'instruction et l'éducation sans s'être demandés une seule fois comment les choses pénètrent dans l'entendement et comment elles s'y fixent.

A vrai dire, ils n'avaient aucune raison de se le demander. Dans une réunion, on ne discute jamais les principes sur lesquels tout le monde est d'accord. Or, tous les universitaires de race latine tiennent pour un principe à l'abri de toute discussion, que c'est par la mémoire seule que les choses se fixent dans l'esprit. Si donc l'instruction classique donne de si pauvres résultats, cela n'était explicable que parce que nous avons de mauvais programmes et de mauvais manuels. Pourquoi dès lors chercher d'autres raisons?

De ce principe fondamental, indéracinable aujourd'hui chez les Latins, nous avons vu les conséquences. Il a conduit notre enseignement à un degré au-dessous duquel il ne peut plus descendre. Les élèves perdent inutilement huit ans au collège, et six mois après l'examen il ne leur reste absolument rien de ce qu'ils ont appris dans les livres. De leurs huit années de bagne, ils n'ont gardé qu'une horreur intense de l'étude, et un caractère déformé pour longtemps. Les plus intelligents en seront réduits à refaire dans la seconde partie de leur vie l'éducation manquée dans la première.

§ 2. — THÉORIE PSYCHOLOGIQUE DE L'INSTRUCTION ET DE L'ÉDUCATION. TRANSFORMATION DU CONSCIENT EN INCONSCIENT.

Mais si ce n'est pas sur la mémoire qu'il faut baser l'instruction et l'éducation, sur quels éléments psychologiques doivent reposer les méthodes qui permettent de fixer d'une façon durable les choses dans l'entendement?

Les véritables bases psychologiques de l'instruction et de l'éducation sont indépendantes des programmes et applicables avec tous les programmes. On ne les trouve pas formulées dans les livres, mais beaucoup d'éducateurs étrangers ont su les deviner et les appliquer. C'est justement pour cette raison que nous voyons les mêmes programmes produire, suivant les peuples et les lieux, des résultats extrêmement différents. Rien ne diffère en apparence, puisque les programmes sont les mêmes, mais tout diffère en réalité.

Le principe psychologique fondamental de tout enseignement peut être résumé dans une formule que j'ai répétée plusieurs fois dans mes livres. *Toute éducation consiste dans l'art de faire passer le conscient dans l'inconscient.* Lorsque ce passage est effectué, l'éducateur a, par ce seul fait, créé chez l'éduqué des réflexes nouveaux, dont la trame est toujours durable.

La méthode générale qui conduit à ce résultat — faire passer le conscient dans l'inconscient — consiste à créer des associations, d'abord conscientes et qui deviennent inconscientes ensuite.

Quelle que soit la connaissance à acquérir : parler une langue, monter à bicyclette ou à cheval, jouer du piano, peindre, apprendre une science ou un art, le mécanisme est toujours le même. Il faut, au moyen d'artifices divers, faire passer le conscient dans l'inconscient par l'établissement d'associations[1] qui engendrent progressivement des réflexes.

La formation de la morale elle-même — on pourrait dire surtout — n'échappe pas à cette loi. La morale n'est sérieusement constituée que quand elle est devenue inconsciente. Alors seulement elle peut servir de guide dans la vie. Ce n'est pas la raison,

---

1. La loi des associations, base de la psychologie moderne, est trop connue évidemment des lecteurs de cet ouvrage pour qu'il soit nécessaire d'en exposer le principe ici. Je me bornerai à rappeler que les deux formes de l'association auxquelles se ramènent toutes les autres, sont les associations par contiguïté et les associations par ressemblance.

Le principe des associations par contiguïté est le suivant :

Lorsque des impressions ont été produites simultanément ou se sont succédé immédiatement, il suffit que l'une soit présentée à l'esprit pour que les autres s'y représentent aussitôt.

Le principe des associations par ressemblance peut se formuler de la façon suivante :

Les impressions présentes ravivent les impressions passées qui leur ressemblent.

C'est surtout sur le principe des associations par contiguïté qu'est basée toute l'éducation des êtres vivants.

C'est en se basant sur le principe des associations par contiguïté que se fait le dressage du cheval et qu'on obtient de lui les choses les plus contradictoires en apparence, par exemple s'arrêter quand il reçoit un coup de cravache étant au galop. Si on a associé pendant plusieurs jours ces deux opérations successives : 1° un coup de cravache ; 2° arrêt brusque avec la bride, la première opération, le coup de cravache, suffira bientôt (association par contiguïté) à déterminer l'arrêt sans qu'il soit besoin de passer à la seconde opération, arrêt avec la bride.

quoi qu'on puisse penser, qui remplirait un tel rôle. Les enseignements des livres encore moins.

La psychologie moderne a montré que le rôle de l'inconscient dans la vie de chaque jour est immensément supérieur au rôle du raisonnement conscient. Le développement de l'inconscient se fait par formation artificielle de réflexes résultant de la répétition de certaines associations. Répétées suffisamment, ces associations créent des actes réflexes inconscients, c'est-à-dire des habitudes. Répétées pendant plusieurs générations, ces habitudes deviennent héréditaires et constituent alors des caractères de races.

Le rôle de l'éducateur est de créer ou de modifier ces réflexes. Il doit cultiver les réflexes innés utiles, tâcher d'annuler ou tout au moins affaiblir les réflexes nuisibles. Dans certaines limites, nous pouvons former notre inconscient, mais une fois formé, il est maître à son tour et nous dirige.

Ces réflexes artificiels, modificateurs de l'inconscient, se créent toujours par des associations d'abord conscientes. L'apprentissage de la marche chez l'enfant, celui du piano ou d'un art manuel quelconque chez l'adulte, montrent les résultats de ces associations.

Les réflexes créés par l'éducation n'ont pas naturellement la fixité de ceux qu'a consolidés l'hérédité, et c'est pourquoi elle ne peut qu'atténuer les caractères de races.

Non exercés sans cesse, les réflexes acquis par l'éducation tendent à se dissocier. Sortis de l'habitude, ils ne sont maintenus que par l'habitude. L'équilibriste, l'écuyer, le musicien ont besoin de s'exercer constamment pour éviter la dissociation des réflexes qu'ils ont péniblement acquis

Les réflexes peuvent être opposés aux réflexes. Une volonté forte suffit à elle seule à les dominer. Lorsqu'une main étrangère s'approche de l'œil, il se ferme par un mouvement réflexe, mais il ne faut qu'un peu d'exercice et de volonté pour apprendre à dominer ce réflexe et maintenir l'œil ouvert lorsque la main s'approche.

Un des buts principaux de l'éducation est, comme il a été dit plus haut, de créer des réflexes artificiels qui puissent, suivant les cas, développer, ou au contraire affaiblir, les réflexes héréditaires. Tous les primitifs, femmes, sauvages, enfants, et même les hommes les plus civilisés à certaines heures, sont guidés par leurs réflexes héréditaires. Cédant aux impulsions du moment sans songer aux conséquences, ils se conduisent comme le nègre qui vend le matin pour un verre d'alcool la couverture qu'il sera obligé de racheter le soir quand le froid sera venu ou, comme Esaü, auquel la légende fait céder son droit d'aînesse, droit important mais d'une utilité lointaine, pour un plat de lentilles, chose peu importante mais d'une utilité immédiate.

L'homme n'a commencé à sortir de la barbarie, où par tant de racines il plonge encore, qu'après avoir appris à se discipliner, c'est-à-dire à dominer ses réflexes héréditaires. L'individu arrivé à un haut degré de culture sait se servir de ses réflexes comme le pianiste de son instrument. La prévision des effets lointains de ses actes lui sert à dominer les impulsions auxquelles il serait tenté de céder.

A cette tâche immense d'acquérir une discipline interne, une faible partie de l'humanité a réussi, malgré des siècles d'efforts, malgré la rigidité des Codes et leurs menaces redoutables. Pour la majorité des hommes, la discipline externe créée par les Codes remplace la discipline interne qu'ils n'ont pas su acquérir. Mais la discipline qui n'a pas d'autre soutien que la peur des lois n'est jamais bien sûre, et une société qui ne repose que sur le gendarme n'est jamais bien solide.

La puissance d'un peuple a toujours pu se mesurer assez exactement à sa richesse en hommes possédant cette discipline interne, qui permet de dominer ·ses réflexes et par conséquent de substituer les prévisions lointaines aux impulsions du moment. Une éducation intelligente ou les nécessités du milieu peuvent créer cette discipline. Fixée par l'hérédité, elle devient un caractère de race. C'est avec raison que les Anglais placent au premier degré des qualités de caractère, le *self control*, c'est-à-dire la domination de soi-même. Elle constitue un des grands éléments de leur puissance. Ce n'est pas « connais-toi toi-même », mais« domine-toi toi-même », que le sage antique aurait dû écrire sur le fronton de sa demeure. Se connaître, on n'y arrive guère, et cela ne sert qu'à rendre infiniment modeste. Se dominer, on y arrive quelquefois, et de cette qualité on tire toujours parti dans la vie.

Le rôle de l'éducateur doit tendre à agir sur l'inconscient de l'enfant et non sur sa faible raison. On peut quelquefois raisonner devant lui, mais jamais avec lui. Il est donc tout à fait inutile de lui expliquer le but de la volonté qu'on lui impose. La plus petite discipline, pourvu qu'elle soit suffisamment inflexible, est toujours supérieure au plus parfait et au plus raisonné des systèmes d'éthique. Elle lui est supérieure, parce qu'elle finit, grâce aux répétitions d'associations, par créer des réflexes, qui, s ajoutant ou se superposant aux réflexes héréditaires, peuvent les fortifler, ou au contraire les modifler, quand cela est nécessaire. La discipline externe crée la discipline interne quand on ne possède pas héréditairement cette dernière. L'habileté manuelle de l'ouvrier, les vertus professionnelles des militaires et des marins, sont formées par la création progressive de tels réflexes.

Les méthodes à employer pour créer ces réflexes varient naturellement suivant les choses à enseigner, mais le principe fondamental est toujours le même : Répétition de la chose à exécuter jusqu'à ce qu'elle soit parfaitement exécutée. Alors seulement les réflexes nécessaires sont créés et, peut-on ajouter, fixés pour longtemps.

Pour arriver au but qu'il doit poursuivre, le professeur peut agir sur l'élève par des moyens divers, que la psychologie lui enseigne, ou du moins devrait lui enseigner. L'imitation, la suggestion, le prestige, l'exemple, l'entraînement, sont des procédés qu'il doit savoir manier. Le raisonnement et la discussion sont les seules méthodes qu'il faille rejeter absolument, bien que la plupart des universitaires pensent exactement le contraire. Ils ne le pensent d'ailleurs que parce qu'ils n'ont jamais pris la peine d'étudier l'âme de l'enfant, de se demander comment se forment ses conceptions et les mobiles capables de le faire agir.

Les brèves généralités qui précèdent sembleront, je pense, suffisamment évidentes pour quelques-unes des connaissances que j'ai mentionnées. Le bicycliste, le pianiste, l'écuyer, qui se souviennent de leurs débuts, se rappellent par quelles difficultés ils ont passé, les efforts inutiles de leur raison, tant que les réflexes nécessaires n'étaient pas créés. Leur application consciente ne leur donnait ni l'équilibre sur la bicyclette ou le cheval, ni l'habileté des doigts sur le piano. Ce n'est que quand, par des répétitions d'associations convenables, des réflexes ont été créés, et que leur travail est devenu inconscient, qu'ils ont pu monter sans difficulté à bicyclette et à cheval, ou jouer du piano.

Or, ce que les éducateurs de race latine semblent ignorer complètement, c'est : 1° que le mécanisme régissant l'enseignement de certains arts s'applique invariablement à tout ce qui peut s'enseigner ; 2° que parmi les procédés divers permettant d'établir des associations créatrices de réflexes, l'enseignement par les livres et la mémoire est peut-être le seul qui ne puisse conduire au résultat cherché.

Chacun sait bien que l'on pourrait étudier pendant l'éternité les règles de la musique, de l'équitation, de la peinture, être capable de réciter tous les livres composés sur ces arts, sans pouvoir jouer du piano, monter à cheval ou manier des couleurs. Il n'y a donc pas de contestation possible pour de tels arts. L'erreur est de croire que pour l'immense domaine de l'instruction classique, il y ait des lois d'acquisition différentes. Ce n'est que le jour où le public et les professeurs commenceront à soupçonner que pour toutes les branches de l'enseignement les lois d'acquisition sont les mêmes, que les méthodes actuelles de l'éducation latine pourront se transformer. Nous n'en sommes pas encore là, mais dès que l'opinion sera orientée vers ces idées, il suffira, je pense, d'une vingtaine d'années de discussions et de polémiques pour que l'absurdité de notre enseignement purement mnémonique éclate à tous les yeux. Alors il s'écroulera de lui-même, comme les vieilles institutions que personne ne défend plus.

§ 8. — COMMENT LA THÉORIE DES ASSOCIATIONS CONSCIENTES DEVENUES INCONSCIENTES EXPLIQUE LA FORMATION DES INSTINCTS ET CELLE DES CARACTÈRES DES PEUPLES.

Les principes que je viens d'exposer sont absolument généraux. Ils s'appliquent à l'éducation de l'homme aussi bien qu'à l'acquisition des instincts des animaux et à la formation des caractères des peuples, qui ne sont en réalité que des instincts.

La base de toutes les acquisitions mentales durables est toujours la formation de réflexes inconscients produits par des associations d'abord conscientes. Il n'y a pas d'autres moyens de faire passer le conscient dans la sphère de l'inconscient.

Et pour montrer la généralité et la fécondité de ces principes fondamentaux de l'éducation, nous allons les appliquer à des cas difficiles, tels que la formation des instincts et des caractères psychologiques des races.

Les instincts des animaux étaient considérés autrefois comme quelque chose d'inexplicable et de mystérieux. M. Perrier, professeur au Muséum, est un des premiers qui aient osé déclarer nettement qu'ils sont des créations de l'intelligence et représentent simplement les résultats de l'éducation personnelle, au moyen de l'expérience, des ancêtres des animaux actuels. Suffisamment répétée, cette éducation est devenue héréditaire, et a formé ces actes inconscients ne nécessitant aucune éducation préalable, que nous nommons instincts.

Cette explication se rattache tout à fait à la nôtre. Le lecteur qui a bien présent à l'esprit ce qui a été dit plus haut, voit aisément comment les associations conscientes, engendrées par les expériences que provoquent les nécessités de l'existence, ont pu créer des réflexes devenus héréditaires par leur répétition pendant une longue suite de générations.

Quelques-uns de ces instincts semblent tout à fait étranges, et il y a bien peu d'années encore que les naturalistes et les psychologues se bornaient à les admirer sans songer à les expliquer. Tel est, par exemple, celui qui détermine certaines variétés de guêpes à déposer près de leurs larves, qu'elles ne verront jamais se développer, des vers qu'elles piquent à un endroit déterminé d'une certaine façon. Elles produisent ainsi une paralysie qui empêche le ver de fuir et le laisse survivre jusqu'au jour où la larve, ayant besoin de nourriture, pourra le dévorer.

Cet instinct est bien plus merveilleux encore qu'il ne le semble au premier abord.

Il n'y a, dit M. Perrier, qu'un certain nombre d'insectes qui soient ainsi susceptibles d'être paralysés d'un coup d'aiguillon, ceux dont le système nerveux est rassemblé en une seule masse qu'une goutte de venin peut rapidement pénétrer : nos guêpes les connaissent, les choisissent parmi tant d'insectes qu'elles rencontrent et ne s'adressent qu'à eux. Si elles agissaient avec discernement, il faudrait supposer qu'elles savent les dangers de la décomposition cadavérique, qu'elles ont appris à distinguer la paralysie de la mort ; que la physiologie du système nerveux leur est familière ainsi que le maniement des poisons, qu'enfin elles ont sur l'anatomie des insectes et sur l'entomologie systématique des notions précises.

Les guêpes, ne pouvant posséder de telles notions,

comment ont-elles acquis leur instinct? Toujours par le mécanisme des associations qui permet au bicycliste de monter à bicyclette, au violoniste de jouer du violon, à l'équilibriste de marcher sur une corde, à l'enfant d'acquérir une morale. Parmi les associations infinies que le bicycliste, le violoniste, l'équilibriste, etc., peuvent réaliser, la répétition finit par fixer les plus utiles. Elles deviennent alors inconscientes et forment des réflexes. Les relations entre les éléments constitutifs du système nerveux, c'est-à-dire les neurônes, relations d'abord accidentelles, difficiles et variables, finissent par devenir régulières et faciles. L'acte est alors inconscient, mais il n'est pas encore héréditaire et ne constitue pas, par conséquent, un instinct. Il ne pourra le devenir qu'après avoir été répété pendant un grand nombre de générations. Ce n'est que lorsqu'il est devenu héréditaire, et n'a besoin, par conséquent, d'aucune éducation pour se manifester, que l'acte inconscient mérite le nom d'instinct.

Les explications suivantes, données par M. Perrier, montrent bien comment la théorie de l'éducation que nous avons exposée, s'applique à la formation des instincts des animaux, notamment celui de la guêpe précédemment décrit.

Toutes les fois qu'on observe chez un animal un instinct qui semble miraculeux, on trouve chez les animaux du même groupe une série graduée d'instincts d'abord très simples, desquels on peut s'élever par une série de modifications continues et parfaitement explicables jusqu'à l'instinct qui paraissait merveilleux quand il était isolé. Ainsi notre guêpe a été préparée, pour ainsi dire, par une longue série de guêpes: la guêpe commune porte tous les jours à ses petits des proies mortes, ce qui paraît tout naturel; d'autres reviennent moins souvent, mais se montrent encore maladroites; elles multiplient les proies, mâchonnent la tête de leurs victimes.

abusent des coups d'aiguillon, et l'on n'arrive que par degrés à l'élégante précision chirurgicale de la scolie.

En fixant ces étapes sur une bande de cinématographe, on pourrait faire revivre dans tous ses détails l'évolution logique du plus surprenant de tous les instincts. On pourrait de même établir comment l'industrie des nids a graduellement progressé, comment ont été préparés les instincts de sociabilité des termites, des abeilles et des fourmis, ou bien ceux des castors, ainsi que les merveilleuses industries de ces animaux.

De la généralité de la loi résulte avec évidence que les instincts se sont développés graduellement. Si leurs diverses étapes sont présentées, non par des individus de même espèce, mais par des animaux d'espèces différentes, cela signifie que les instincts et les formes se sont modifiés avec la même lenteur ; le fait capital et démonstratif, c'est que les étapes successives qui conduisent à un instinct complexe se rencontrent dans une même famille naturelle, c'est-à-dire dans une même série généalogique.

Il suffirait dès lors de l'intelligence de quelques individus, de l'imitation de leurs actes par leurs contemporains, de l'éducation routinière des générations successives, modifiée à de longs intervalles par quelque éclair nouveau d'intelligence, pour expliquer la naissance, la persistance et la lente modification des instincts.

Mais les insectes ne vivent d'ordinaire que quelques semaines et ignorent leur progéniture ; ils ne peuvent acquérir une expérience personnelle, ni faire l'éducation de leurs jeunes ; dans la nature actuelle, tout élément d'explication de leurs instincts fait défaut. Il s'est donc produit, dans leur histoire, quelque événement qui a rompu la chaîne des faits.

Par bonheur, les géologues nous ont appris sur le passé du globe, des choses merveilleuses qui permettent de la renouer.

Le fait particulier pour les insectes est qu'aux premiers âges géologiques la température étant élevée et les hivers n'existant pas, ils vivaient pendant de nombreuses années au lieu de ne vivre, comme aujourd'hui, que pendant une saison.

C'est grâce à cette longévité que les insectes purent accomplir les opérations mentales qui nous étonnent aujourd'hui ; par eux, l'intelligence atteignit une première fois son apogée sur le globe. Rien n'empêchait leurs générations de se mêler ; chacune transmettait à la suivante ce qu'elle avait appris. Dans leurs cerveaux vierges encore, des habitudes traditionnelles organisèrent des mécanismes d'abord personnels, puis héréditaires, comme ce mécanisme de la marche que tant d'oiseaux et de mammifères transmettent tout construit à leurs petits, et dont la formation coûte à nos propres enfants tant d'expériences malheureuses et tant de larmes.

Avec le refroidissement du globe et l'apparition des hivers, la vie de la plupart des insectes se restreignit à une courte saison.

Désormais, plus d'opérations intellectuelles; seuls les mécanismes héréditairement acquis et organisés jadis par l'intelligence persistent : nous leur devons les merveilles actuelles de l'instinct. Cependant, les effets sont séparés de leur cause; nous ne saurions les rattacher à elles, si la géologie ne nous avait révélé l'apparition tardive des hivers, et si l'embryogénie ne nous avait appris comment l'abréviation de la vie des insectes en avait été la conséquence.

Chez les insectes comme les abeilles et les fourmis, dont la durée de la vie est restée assez longue, l'expérience, l'imitation, l'éducation, peuvent, quand cela est nécessaire, modifier au besoin les instincts et les perfectionner.

Les mœurs, les coutumes, les habitudes, écrit M. Périer, ne sont même plus communes à tous les individus d'une espèce donnée, comme cela devrait être si l'instinct intervenait seul.

Chaque fourmilière a ses pratiques qui s'écartent en quelques points de celles de la fourmilière voisine, et qu'on a même réussi, dans certains cas, à créer expérimentalement.

Les actes accomplis par les fourmis sont donc bien le résultat de véritables opérations intellectuelles. Sans doute, ces opérations ne sont pas répétées tous les jours par tous les membres d'une même association... L'histoire des insectes sociaux sur qui les hivers n'ont pas eu de prise confirme donc que l'intelligence était la forme initiale de la mentalité des insectes; leurs instincts d'aujourd'hui ne sont que les épaves, ou, si l'on veut, les témoins de leur intelligence passée.

Dans l'exemple qui précède, il n'a guère été question que d'instincts anciens définitivement fixés, mais il suffit d'observer les animaux qui nous entourent pour voir comment les réflexes créés par des associations, d'abord conscientes, naissent, se fixent par l'hérédité, et se transforment suivant l'éducation et les nécessités d'existence auxquelles ils sont soumis. C'est un sujet bien peu étudié encore, mais sur lequel l'attention se fixera dès qu'on comprendra qu'il peut avoir pour la détermination des méthodes à employer dans l'éducation de l'enfant une importance prépondérante.

Les exemples connus d'instincts nouvellement créés chez les animaux domestiques ne sont pas encore nombreux. On sait cependant que l'arrêt chez le chien, devenu héréditaire aujourd'hui, et par conséquent instinctif, a été créé autrefois par le dressage. Nous voyons d'autres actes analogues en train de devenir héréditaires, mais qui ne le sont pas encore tout à fait. Tel est par exemple celui consistant à déjouer la ruse spéciale du cerf qui substitue un autre cerf à lui-même lorsqu'il est fatigué par la poursuite des chiens. Il y a soixante ans seulement, d'après M. Couteaux, que dans le Poitou, on a commencé à dresser les chiens à combattre cette ruse. Ils n'exécutent pas encore d'une façon instinctive les manœuvres nécessaires, et l'éducation doit intervenir à chaque génération, mais elle intervient de moins en moins, et, dès leurs premières années, ils commencent à exécuter ce que leurs ancêtres ne pouvaient accomplir que vers la troisième ou quatrième année.

Tout ce qui précède nous permet de comprendre le rôle que peut jouer l'éducation dans la formation des qualités ou des défauts d'un peuple. Créés par certaines nécessités d'existence et de milieu persistant pendant plusieurs générations, ils ont fini par devenir héréditaires et survivent aux conditions qui les ont fait naître. Les caractères psychologiques des peuples constituent en réalité des instincts.

Il est évident, par exemple, qu'une nation pauvre, habitant une île dont le climat est dur, et obligée de vivre d'expéditions maritimes pendant des siècles, deviendra nécessairement, sans éducation spéciale, entreprenante et hardie.

Ces nécessités de milieu que nous ne saurions créer pourraient être remplacées par une éducation convenable. Dirigée avec des règles sûres, elle finirait par créer des réflexes héréditaires et par modifier à la longue le caractère d'un peuple. Ainsi se justifierait le mot de Leibnitz qu'avec l'éducation on pourrait changer en un siècle la face d'un pays.

Un siècle ne suffirait probablement pas, comme le croyait l'illustre philosophe, pour créer des caractères héréditaires, mais il suffirait sûrement pour créer certaines aptitudes.

§ 4. — LA PÉDAGOGIE ACTUELLE.

Tout ce que nous venons de dire montre combien il serait important de posséder des règles sûres d'éducation dérivées des principes que nous avons exposés. Ces règles ne pourront être établies que lorsque, ayant étudié avec beaucoup de soin la psychologie des animaux et des enfants, nous saurons dans leurs moindres détails comment fixer chez eux les habitudes et créer les instincts. C'est un sujet dont on peut dire qu'il est à peine effleuré. C'est seulement lorsqu'il sera bien connu qu'un véritable traité de pédagogie pourra être écrit. Ce serait un des livres les plus utiles composés depuis les origines de l'histoire.

En attendant, il faut nous résigner à n'avoir que l'empirisme pour guide, et nous borner à tirer des principes fondamentaux que nous avons exposés quelques règles générales pour les cas particuliers qui se présentent. C'est évidemment demander beaucoup à l'intelligence des éducateurs, et c'est pourquoi nous voyons si peu d'entre eux réussir dans leur tâche. Les bons éducateurs sont aussi rares que les bons dresseurs.

Les universitaires les plus éclairés reconnaissent eux-mêmes combien leur pédagogie est rudimentaire et incertaine.

Il ne peut être question, écrit justement M. Compayré, d'établir une pédagogie définitive, qui ne sera possible que lorsqu'une psychologie rationnelle aura été constituée.

Dans le volume, *Instructions, programmes et règlements*, publié en 1890, et qui régit toujours notre enseignement, M. Léon Bourgeois, alors Ministre de l'Instruction publique, recommande aux professeurs de tâcher de « contribuer pour leur part à cette science, qui n'existe encore qu'à l'état de fragments, la psychologie de l'enfant, et à cette autre qui n'existe pas du tout, la psychologie du jeune homme ».

Très judicieux sont ces conseils. Il est tout à fait surprenant que l'étude d'une science aussi utile n'ait jamais tenté personne. Les générations de professeurs se succèdent sans qu'un seul ait l'idée d'étudier la psychologie des jeunes gens qui les entourent. Ce ne sont pourtant que les personnes vivant avec la jeunesse qui pourraient l'observer. Les savants de laboratoire ont réussi, en disséquant un nombre infini de grenouilles et de lapins, à constater quelques faits intéressants, tels que la vitesse de l'agent nerveux, les rapports mathématiques qui relient l'excitation à la sensation, mais, en matière de psychologie usuelle, ils ne nous ont encore rien appris[1].

A défaut d'un traité de pédagogie qui ne saurait être écrit aujourd'hui, une enquête — non sur des généralités et des programmes comme toutes celles publiées jusqu'ici — mais sur le détail des méthodes employées dans les divers établissements d'enseignement à l'étranger, serait d'une utilité immense. Elle seule pourrait montrer les résultats des diverses méthodes pédagogiques. Dans chaque établissement, il y aurait à apprendre quelque chose. Comme indication à ce sujet, voici un extrait concernant quelques-unes des méthodes d'éducation employées à la célèbre école allemande de Kœnigsfeld, que je trouve dans le *Temps* du 25 septembre 1901, sous la signature de M. Masson-Forestier.

Leur système pédagogique consiste à réduire au minimum — deux heures par jour — l'effort de contention personnelle que réclame le travail des devoirs. Six autres heures sont consacrées à des cours où l'élève apprend par les oreilles comme par les yeux. Jamais aucun d'eux ne se prolonge au delà de trois quarts d'heure. Beaucoup de récréations et aussi beaucoup de repas.

Le jeune homme suit dans *chaque classe*, les cours de *sa force*, c'est-à-dire que si un élève de seconde est en retard pour les mathématiques, il suivra, pour cette partie, les cours de troisième,

<hr>

1. Je suis persuadé, comme je l'ai dit plus haut, que pour donner une base sérieuse à la psychologie si complexe de l'enfant, il faut commencer par étudier celle, beaucoup plus simple, des animaux. On découvre alors très vite des choses qu'on ne soupçonnait guère et dont l'application à l'éducation est immédiate. Le lecteur en trouvera la preuve en parcourant le mémoire que j'ai autrefois publié dans la *Revue philosophique*, sur les bases psychologiques de l'éducation du cheval et que j'ai développé ensuite dans un ouvrage spécial (*l'Équitation actuelle et ses principes*). L'équitation ayant toujours constitué ma principale distraction, j'ai eu occasion de dresser des chevaux difficiles et d'apprendre ainsi certains principes fondamentaux qui sont applicables à toute la série des êtres et qu'on ne trouve pas formulés dans les livres.

voire de quatrième. Aucun professeur n'a jamais plus de 12 à 13 élèves. L'enfant qui n'a pas bien saisi une explication peut, aussitôt après la classe, venir demander à s'entretenir à part avec son professeur.

La punition la plus usitée est la *stillstrafe* ou silence. Ce silence subsiste pendant toutes les récréations d'une journée. Il paraît que c'est fort pénible. La *stillstrafe* est pourtant infligée fréquemment, les Moraves la considérant, en outre, comme un excellent régime. Un jeune homme qui l'a subie assez souvent prend peu à peu l'habitude de ne parler que rarement. De la sorte, les élèves les plus punis ne seront ni dissipés, ni brouillons, ni vantards. Sachant se dominer ils écouteront beaucoup, pèseront leurs mots, méditeront leurs actions. Ils ne blesseront pas leurs semblables par des railleries, seront de caractère plus accommodant et dès lors auront moins d'ennemis dans la vie.

Je prie un des jeunes Français de l'école de m'accompagner dans une promenade. Alors je le presse de questions. Comment peut-il supporter une discipline si dure ? N'a-t-il pas hâte de rentrer dans sa famille ? — Monsieur, me répond ce garçon, un petit Bordelais intelligent, je me sens si peu malheureux qu'au mois d'août, au lieu de me rendre dans ma famille, j'ai demandé à rester, afin de pouvoir participer à l'excursion que l'école fait à l'étranger chaque année. Vingt de mes camarades ont sollicité la même faveur de leurs parents. A l'instant nous arrivons du Tyrol.

En attendant que nous possédions des méthodes d'éducation et d'instruction applicables à toutes les choses susceptibles d'être enseignées, nous connaissons au moins les principes généraux d'où ces méthodes dérivent. Sachant que le but de toute éducation est de faire passer le conscient dans l'inconscient, le problème se ramènera toujours à déterminer pour chaque cas particulier, les associations qui permettent de créer le plus vite possible les réflexes nécessaires. La pratique a déjà fait connaître plusieurs de ces méthodes. Nous aurons à y revenir dans divers chapitres et notamment dans celui qui traitera l'éducation.

Ce qui empêchera longtemps sans doute les peuples latins d'attacher aucune importance aux méthodes d'instruction et d'éducation, c'est que les résultats ne sauraient en être évalués par des diplômes et des concours.

Dès qu'il s'agit de notions qui ne doivent être fixées dans l'entendement que pour peu de temps, la mémoire suffit parfaitement. En outre, les qualités de caractère acquises par l'éducation n'étant appréciables par aucun examen, ne provoqueront jamais chez les Latins d'efforts pour être acquises. Les Anglais ont eu récemment l'occasion de voir l'erreur fondamentale des concours, qui ne révèlent que les qualités de mémoire, lorsque, pour répondre aux campagnes de presse faites par les indigènes de l'Inde, ils ont consenti à mettre au concours les emplois du *civil service*, c'est-à-dire de l'administration générale de l'empire. Les Babous du Bengale, qui ont une mémoire merveilleuse, l'emportaient toujours sur leurs concurrents européens, mais comme, en les employant, on a constaté qu'ils ne possèdent aucune trace de moralité, de jugement et d'énergie, et que leur administration eut vite conduit l'Inde à l'anarchie, il fallut trouver des moyens détournés pour les priver du droit théorique qu'ils possédaient d'occuper des fonctions importantes. La prospérité des colonies anglaises est due à la supériorité de leur administration, que ne contestent aucun de ceux qui ont pu l'étudier de près. Ce n'est pas par l'étude des livres qu'on acquiert les qualités de caractère nécessaires pour faire des administrateurs intègres et capables, au jugement sûr, sachant diriger les hommes et conduire avec succès une entreprise.

Ce ne sont pas seulement d'ailleurs les qualités de caractère que les concours sont incapables de révéler à aucun degré. Ils ne révèlent pas davantage les qualités de l'intelligence. Les Allemands l'ont compris depuis longtemps, et pour toutes les fonctions importantes, celle de professeur de Faculté par exemple, ce n'est pas par des examens qu'ils jugent les candidats, mais d'après leurs travaux personnels. C'est ainsi qu'ils ont pu créer un corps de professeurs qui est assurément le premier du monde, alors que le nôtre se maintient à un niveau fort bas.

Les malheureux forçats de la mémoire que nous voyons en France passer, jusqu'au delà de quarante ans, des examens, pour être professeurs, agrégés, etc., sont incapables, lorsqu'ils arrivent à la place souhaitée, d'aucun travail personnel. Leur usure mentale est complète, la science n'a plus à compter sur eux.

§ 5. — L'INSTRUCTION EXPÉRIMENTALE.

La théorie psychologique que nous avons donnée de l'instruction et de l'éducation aboutit à cette conclusion que l'enseignement ne doit pas être mnémonique. Ne devant pas être mnémonique, il ne peut être qu'expérimental.

La faible valeur de l'instruction mnémonique a été signalée depuis longtemps. « Sçavoir par cœur n'est pas sçavoir », disait déjà Montaigne.

« Quand un enfant, dit Kant, ne met pas en pratique une règle de grammaire, peu importe qu'il la récite; il ne la sait pas. Celui-là la sait infailliblement qui l'applique, peu importe qu'il ne la récite pas. » « Le meilleur moyen de comprendre, dit encore le grand philosophe, c'est de faire. Ce que l'on apprend le plus solidement et ce que l'on retient le mieux, c'est ce que l'on apprend en quelque sorte par soi-même. »

La méthode mnémonique consiste à enseigner oralement ou par les livres; la méthode expérimentale met d'abord l'élève en contact avec les réalités et n'expose les théories qu'ensuite. La première est exclusivement adoptée par les Latins, la seconde par les Anglo-Saxons. Le jeune Latin apprend une langue avec une grammaire et des dictionnaires et ne la parle jamais. Il apprend la physique ou telle autre science avec des livres et ne sait jamais manier un instrument de physique. S'il devient apte à appliquer ses connaissances, ce ne sera qu'après avoir refait toute son éducation. Un jeune Anglo-Saxon n'ouvrira guère de grammaires ni de dictionnaires. Il apprend une langue en la parlant. Il apprend la physique en manipulant des instruments de physique, une profession quelconque, celle d'ingénieur par exemple, en la pratiquant, c'est-à-dire en commençant par entrer comme ouvrier dans un atelier ou chez un constructeur. La théorie viendra ensuite. C'est par des méthodes si simples que les Anglais ont créé cette pépinière de savants et d'ingénieurs qui comptent parmi les premiers du monde.

Je ne suis en aucune façon un utilitaire, ou du moins ne le suis pas à la façon de ceux qui voudraient qu'on n'enseignât aux élèves que des choses immédiatement utilisables. Ce que je demande à l'instruction et à l'éducation, c'est de développer l'esprit d'observation et de réflexion, la volonté, le jugement et l'initiative. Avec ces qualités-là l'homme réussit toujours dans ce qu'il entreprend et apprend ce qu'il veut quand cela lui est nécessaire. Peu importe comment on acquiert de telles qualités. S'il m'était démontré que la confection de vers latins et de thèmes grecs ou sanscrits conduisit à cette acquisition, je serais le premier à défendre thèmes et versions. L'expérience démontre malheureusement que les vers, les thèmes et les récitations ne servent aux élèves qu'à perdre inutilement leur temps.

Si donc je défends l'enseignement expérimental, c'est parce qu'il est le seul qui puisse apprendre à observer, à réfléchir et à raisonner. Il n'est pas besoin de raisonner du tout pour apprendre une leçon et il faut raisonner très peu pour fabriquer un discours composé de réminiscences. Il faut au contraire raisonner avec justesse et avoir acquis l'habitude de la précision pour exécuter correctement une expérience.

Si l'on voulait résumer d'un mot les différences psychologiques fondamentales qui séparent l'enseignement latin et l'enseignement anglais, on pourrait dire que le premier repose uniquement sur l'étude des livres, alors que le second repose exclusivement sur l'expérience. Les Latins croient à la toute-puissance éducatrice des leçons, alors que les Anglais n'y croient pas du tout. Ces derniers veulent que l'enfant, dès le début de ses études, s'instruise surtout par l'expérience.

J'engage fortement les jeunes gens, écrit S. Blakie, professeur à l'Université d'Edimbourg, à commencer leurs études par l'observation directe des faits, au lieu de se borner aux exposés qu'ils trouvent dans les livres... Les sources originales et réelles de la connaissance ne sont pas les livres; c'est la vie même, l'expérience, la pensée, le sentiment, l'action personnelle. Quand un homme entre ainsi muni dans la carrière, les livres peuvent combler mainte lacune, corriger bien des négligences, fortifier bien des points faibles; mais sans l'expérience de la vie, les livres sont comme la pluie et le rayon de soleil tombés sur un sol que nul charrue n'a ouvert.

Les conséquences de ces deux méthodes d'éducation peuvent être jugées par les résultats qu'elles produisent. Le jeune Anglais, à sa sortie du collège, n'a aucune difficulté pour trouver sa voie dans l'industrie, les sciences, l'agriculture ou le commerce. Tandis que nos bacheliers, nos licenciés, nos ingénieurs, ne sont bons qu'à exécuter des démonstrations au tableau. Quelques années après avoir terminé leur éducation, ils ont totalement oublié leur inutile science. Si l'État ne les case pas, ce sont des déclassés. S'ils se rabattent sur l'industrie, ils n'y seront acceptés que dans les emplois les plus infimes jusqu'à ce qu'ils aient trouvé le temps de refaire entièrement leur éducation, ce à quoi ils ne réussiront guère. S'ils écrivent des livres, ce ne seront que de pâles rééditions de leurs manuels, aussi pauvres dans la forme que dans la pensée.

Actuellement il n'est peut-être pas un professeur de l'Université sur cent à qui de telles idées ne sembleront absurbes. L'enseignement par les livres, même pour les notions les plus pratiques, comme l'agriculture par exemple, leur apparaît comme le seul possible. Le meilleur élève, qu'il s'agisse d'un lycéen, d'un polytechnicien, d'un licencié, d'un élève de l'École Centrale, de l'École Normale, ou de toute autre école, est celui qui récite le mieux ses manuels. Quelques expériences montrées à distance, quelques manipulations sommaires, semblent à l'Université le maximum des concessions que l'on puisse faire à l'éducation expérimentale. Tout ce qui ressemble, même de loin, au travail manuel, est tenu en mépris chez elle. On provoquerait un rire de pitié chez la plupart des professeurs en leur assurant qu'un travail manuel quelconque, si peu important qu'il soit, exerce beaucoup plus le raisonnement que la récitation de tous les traités de logique, et que c'est seulement par l'expérience que se créent les associations au moyen desquelles les notions se fixent dans l'esprit. On les étonnerait fort en essayant de leur persuader qu'un homme qui connaît bien un métier a, par ce seul fait, plus de jugement, de logique, d'aptitude à réfléchir, que le plus parfait des rhétoriciens fabriqués par l'Université. Ce sont des tours d'esprit beaucoup plus que des tours de main, que donne le travail manuel.

Il ne faudrait pas supposer que les sciences dites expérimentales puissent seules être enseignées par l'expérience. Nous verrons bientôt que les langues, l'histoire, la géographie, la morale, etc., en un mot tout ce qui fait partie de l'instruction et de l'éducation, peut et doit être enseigné de la même façon. *L'expérience doit toujours précéder la théorie.* Ce point est absolument fondamental. La géographie, par exemple, ne devrait être abordée que lorsque l'élève, muni d'un morceau de papier quadrillé, d'un crayon et d'une boussole de poche, aurait fait la carte des régions qu'il parcourt dans ses promenades, appris ainsi à comprendre la figuration du terrain, et à passer de la vue perspective du sol — la seule que l'œil puisse saisir — à sa représentation géométrique.

Quand les notions ne peuvent entrer dans l'esprit par la méthode expérimentale directe, il faut remplacer les livres par la représentation de ce qu'ils décrivent. Un élève qui aura vu, sous forme de projections, de photographies ou de collections dans les musées, les débris des anciennes civilisations, aura une idée autrement nette et autrement durable de l'histoire que celle qu'il puiserait dans les descriptions des meilleurs livres.

Les Anglais et les Allemands sont allés très loin dans cette voie, et c'est pourquoi leur enseignement, dont les programmes sont souvent identiques aux nôtres, est généralement e cllent.

Dans notre exposé des moyens à employer pour inculquer les connaissances et les principes qui font l'objet de l'instruction et de l'éducation, c'est uniquement la méthode expérimentale que nous préconiserons. C'est par elle, et par elle seule, que l'on peut arriver à faire passer le conscient dans l'inconscient et à former des hommes.

CHAPITRE II

Les basses psychologiques de l'éducation.

§ I. — BUT DE L'ÉDUCATION.

On parle plus que jamais aujourd'hui d'éducation morale, de la nécessité de former des hommes, de développer leur caractère, etc. C'est là matière à de beaux discours. Mais où sont les professeurs qui aient tenté de réaliser l'œuvre dont ils vantent l'utilité? Où sont ceux qui aient même cherché à déterminer les méthodes à employer? Les six volumes de l'enquête ne contiennent sur l'éducation proprement dite que les généralités les plus vagues. Elles montrent à quel point les notions relatives à l'éducation sont incertaines dans l'esprit de ceux qui les formulent.

Et cependant il n'est guère de sujet présentant une importance plus grande. L'instruction a certainement une utilité beaucoup moindre que celle de l'éducation.

Par quoi est constituée, en effet, la valeur d'un individu? « Par ce qu'il a appris, c'est-à-dire par le nombre de diplômes qu'il possède, » répondra un Latin. Un Anglais ou un Américain répondront, au contraire, que la valeur d'un homme se mesure très peu à son instruction, et beaucoup à son caractère, c'est-à-dire à son initiative, à son esprit d'observation, à son jugement et à sa volonté. Avec de telles qualités, peu importe que l'individu ait un bagage scientifique faible. Il apprendra, quand cela lui sera nécessaire, tout ce qu'il aura besoin d'apprendre, et il réussira le plus souvent à devenir quelqu'un, s'il n'est pas toujours certain de devenir quelque chose. L'homme pourvu seulement de diplômes mnémoniques, n'est bon à rien si l'État ne l'utilise pas dans des carrières où, la besogne lui étant toute tracée, il n'a pas à faire preuve de la plus légère trace d'initiative, de réflexion, de décision, de volonté. Toute sa vie il restera un mineur qu'il faudra diriger.

L'éducation doit avoir pour but de développer certaines qualités du caractère, telles que l'attention, la réflexion, le jugement, l'initiative, la discipline, l'esprit de solidarité, la persévérance, la volonté, etc. On ne les développe naturellement qu'en les exerçant. Il faut exercer surtout celles dont l'élève est le plus dépourvu. Ces qualités varient suivant les races, et c'est pourquoi l'éducation adaptée aux besoins d'un peuple ne saurait convenir à un autre. Un Italien, un Russe, un Anglais et un nègre ne doivent pas être éduqués de la même façon.

Loin de tendre à améliorer nos défauts nationaux, notre régime universitaire ne fait que les développer.

Les Latins possèdent très peu d'esprit de solidarité [1], fort peu de sympathie les uns pour les autres,

---

[1]. Que l'on compare, par exemple, la tenue des journaux anglais après les humiliantes défaites infligées par une poignée de paysans aux armées anglaises dans le Transvaal, à celle des journaux français après l'échauffourée de Langson. Aucun journal anglais n'essaya d'ébranler le Gouvernement. Nous renversâmes le nôtre en quelques heures.

et nous nous empressons d'étouffer les faibles traces de solidarité qu'ils possèdent et de développer leurs rivalités et leur égoïsme par cet odieux régime de prix et de concours, si justement condamné depuis longtemps par les Anglais et les Allemands.

Les Latins ne possèdent que très peu d'initiative, et nous leur imposons un régime de surveillance permanente, de vie réglée, de devoirs à heures fixes, qui ne leur laisse pas, dans leurs sept à huit ans de vie scolaire, une seule minute où ils aient à prendre la plus légère décision, la plus modeste initiative. Comment auraient-ils appris à se gouverner, puisqu'ils ne sont pas sortis sans maîtres un seul jour? Leurs professeurs et leurs parents considéreraient comme très redoutable de leur laisser prendre l'initiative de monter seuls en omnibus pour aller visiter un musée.

Les Latins ont fort peu de volonté, mais comment en posséderaient-ils, puisqu'ils n'ont jamais eu à vouloir quelque chose? Enfants, ils sont dirigés dans leurs moindres actes par leurs parents; adolescents, par leurs professeurs. Devenus hommes, ils réclament bien vite la protection de l'État, et, sans cette protection, ne savent rien entreprendre.

Les Latins sont intolérants et sectaires, ils oscillent de l'intransigeance cléricale à l'intransigeance jacobine. Mais comment en serait-il autrement, puisqu'ils ne voient autour d'eux qu'intolérance? Intolérance libre-penseuse et intolérance religieuse. C'est toujours avec mépris qu'ils entendent traiter les opinions d'autrui. Professeurs universitaires et professeurs congréganistes sont saturés de l'esprit sectaire et n'ont de commun que la haine réciproque qui les anime. Ce n'est pas avec de tels sentiments qu'ils pourraient guider leurs élèves dans ces régions sereines des causes, où la compréhension de la genèse des croyances remplace la haine et l'invective. L'intolérance est peut-être le plus terrible défaut des Latins, celui contre lequel une Université éclairée, possédant un peu d'esprit philosophique, devrait réagir chaque jour. La perte en bloc de leurs colonies n'a pas amené les Espagnols à faire trêve aux perpétuelles dissensions qui les déchirent. L'Italie donne le même spectacle, la France également. Il semblerait que la notion de solidarité, si puissante chez les Anglo-Saxons, s'efface de plus en plus chez les peuples latins. C'est là peut-être une des principales raisons pour lesquelles ces peuples, si longtemps au premier rang de la civilisation, descendent lentement au dernier. A cette décadence, l'esprit universitaire, comme l'esprit congréganiste, aura contribué pour une large part.

§ 2. — MÉTHODES PSYCHOLOGIQUES D'ÉDUCATION.

Les bases psychologiques de l'éducation sont les mêmes que celles de l'instruction.

Plus encore de l'éducation que de l'instruction, on peut dire qu'elle n'est complète que lorsque le conscient est passé dans l'inconscient. Les qualités du caractère : volonté, persévérance, initiative, etc., ne sont pas filles de raisonnements abstraits et ne s'apprennent jamais dans les livres. Elles ne sont fixées que lorsque — héréditaires ou acquises — elles sont devenues des habitudes échappant entièrement à la sphère du raisonnement. La morale qui discute est une pauvre morale, une morale qui s'évanouira au premier souffle de l'intérêt. Ce n'est pas par le raisonnement, mais le plus souvent contre ses suggestions, qu'on expose sa vie avec héroïsme ou qu'on se dévoue à de nobles causes.

Toutes les qualités du caractère ne s'acquièrent pas par l'éducation. Il y en a d'héréditaires, conséquence d'un long passé. Ce sont les qualités de race. Il faut des siècles pour les créer.

Mais si l'éducation ne suffit pas à créer certaines qualités, elle peut au moins développer en quelque mesure, les aptitudes n'existant qu'à un faible degré. Il devrait être de toute évidence que cette éducation du caractère ne peut se faire avec des préceptes, mais uniquement par l'expérience.

Nous avons indiqué déjà le principe général des méthodes, toujours expérimentales, sur lesquelles doit reposer l'éducation. Il faudrait écrire tout un volume pour entrer dans le détail des procédés à employer suivant les cas. Je me bornerai ici à quelques exemples, choisis parmi les plus faciles.

Développement de l'esprit d'observation et de précision. — Ces qualités de caractère sont parmi les plus utiles à acquérir et pourtant des moins répandues.

Il y a des gens, écrit S. Blakie, qui passent dans la vie les yeux ouverts et ne voient rien.

Rien d'étrange comme notre façon d'aller les yeux ouverts sans rien voir. La cause en est que l'œil, comme tout autre organe, a besoin d'exercice; trop asservi aux livres, il perd sa force, son activité et finalement n'est plus capable de remplir son office naturel. Regardez donc comme les vraies études primaires celles qui apprennent à l'enfant à connaître ce qu'il voit et à voir ce qui autrement lui échapperait.

22.

Faut-il des procédés bien savants pour créer les réflexes inconscients qui donneront à l'élève l'habitude d'observer exactement et de décrire avec précision ce qu'il a observé ? En aucune façon. La méthode d'enseignement est très simple, bien qu'on ne la trouve indiquée nulle part.

On arrive au résultat cherché en utilisant les promenades où chaque objet peut fournir matière à des observations précises. Nous habituerons d'abord l'élève à ne regarder qu'un détail déterminé d'un ensemble, fût-ce simplement les fenêtres des maisons ou la forme des voitures rencontrées, et à le décrire ensuite avec précision, ce qui exige de sa part beaucoup d'attention. Au bout de quelque temps, il percevra les moindres différences existant entre des parties de choses presque semblables. On passera alors à un autre détail des mêmes objets. Après quelques semaines, l'élève aura appris à voir d'un coup d'œil, c'est-à-dire inconsciemment, les différences existant entre des groupes de formes auprès desquels il eût passé jadis sans les discerner. Si alors, au lieu de ces compositions ridicules de style où il doit décrire des tempêtes qu'il n'a pas vues, des combats de héros qu'il ne connaît que par les livres, on lui fait résumer ce qui l'aura frappé dans une simple promenade, on sera tout surpris des habitudes d'observation, de précision, et, plus tard, de réflexion, ainsi acquises. Je n'ai pas employé d'autre méthode pour apprendre, en Asie, dans des régions non explorées, couvertes de monuments en apparence semblables, à distinguer très vite les analogies et les différences de ces monuments, ce qui m'a permis de comprendre ensuite l'évolution de toute l'architecture.

Quand l'élève aura ainsi fait quelques progrès, nous étendrons le champ de ses observations. Nous lui ferons décrire, par exemple, le magasin devant lequel il a passé, le monument qu'il a rencontré, et nous l'habituerons à aider ses descriptions d'un dessin schématique sans nous préoccuper des imperfections de ce dessin, ne le considérant que comme un moyen d'abréger sa description. C'est alors qu'il reconnaîtra par lui-même combien il est difficile de voir les détails les plus importants d'un objet qu'on croit avoir bien regardé. Essayez de reproduire de mémoire, par une description ou un dessin, un monument devant lequel vous passez tous les jours depuis des années, et vous serez étonné des énormes inexactitudes et des oublis que vous commettrez alors même que votre esquisse serait parfaite au point de vue artistique. Il faut recommencer bien des fois de tels exercices pour *apprendre à voir* et acquérir quelque précision dans l'observation.

Ce sont là des méthodes d'enseignement que ne comprennent guère nos universitaires. J'ai eu occasion de me rencontrer en voyage dans un des plus curieux pays de l'Europe avec quelques normaliens que j'ai observés. Regardaient-ils le pays, ses habitants, ses monuments? Hélas! non. Ils cherchaient dans de savants livres des jugements tout faits sur les paysages, les mœurs et les arts qu'ils avaient sous les yeux, et n'avaient même pas l'idée de se créer de tout cela une compréhension personnelle.

Développement de la discipline, de la solidarité, du coup d'œil, de l'esprit de décision, etc. — Les qualités que je viens d'énumérer ont une utilité capitale dans la vie, et c'est pour cette raison que les Anglais tiennent tant à les développer chez les jeunes gens. Ils y arrivent par les jeux dits éducateurs, jeux qu'il serait inutile d'expliquer ici, parce que, étant violents et parfois dangereux, les familles ne les accepteraient jamais. Les parents français sont, comme on le sait, fort craintifs pour leurs enfants[1]. D'ailleurs les directeurs d'établissements d'enseignement étant rendus pécuniairement responsables par les tribunaux des accidents qui se produisent, il est de toute évidence qu'aucun d'eux ne consentirait à courir de pareils risques.

Ce n'est pourtant qu'en exposant le jeune homme à quelques accidents, d'autant moins graves qu'il possédera un peu les qualités de discipline, d'endurance, de hardiesse, de décision, de coup d'œil, de solidarité, que ces exercices développent vite, qu'on peut lui faire acquérir ces mêmes aptitudes. Elles font la force des Anglais, mais, pour les raisons que je viens de dire, les Latins doivent renoncer à les acquérir. Nos ridicules exercices de gymnastique ne sauraient les développer en aucune façon. Le service militaire, avec

1. « La terreur des mères françaises pénètre jusqu'au régiment, écrit M. Max Leclerc; elle paralyse même des officiers de cavalerie. J'ai vu, pendant mon volontariat, un capitaine instructeur qui n'osait pas faire galoper nos précieuses personnes à travers champ, de peur des chutes et des réclamations des familles. »

« Au collège anglais de Harrow, lisons-nous dans la *France de demain*, les élèves se rendent à la piscine, suivant leur bon plaisir, sous la seule garde des principes d'hygiène qui leur ont été inculqués. S'ils y contreviennent, tant pis pour eux. L'année dernière, l'un d'eux se noya. Dans son estomac on trouva une livre et demie de cerises. A cette occasion, tous furent réunis dans la grande salle des « speeches », et un médecin leur expliqua pourquoi leur camarade était mort. Nulle autre précaution préventive ne fut prise et les parents n'en réclamèrent pas.» Qu'on rapproche cette attitude si sage de celle de ces pères français — cités dans l'enquête — qui intentent des poursuites contre le proviseur parce que leurs fils ont été légèrement blessés dans des jeux.

quelques campagnes lointaines, pourrait seul les donner un peu.

Un des plus grands bienfaits de ces jeux éducateurs des Anglais, est l'esprit d'étroite solidarité qu'ils donnent à ceux qui s'y livrent. J'ai rappelé dans un de mes livres l'exemple suivant, qui a frappé plus d'un observateur.

Dans les jeux de balle avec des Anglais, les jeunes Français perdent toujours la partie, simplement parce que le joueur anglais, préoccupé du succès de son équipe et non de son succès personnel, passe à son voisin la balle qu'il ne peut garder, alors que le joueur français s'obstine à la conserver, préférant que la partie soit perdue plutôt que la voir gagnée par un camarade. Le succès de son groupe lui est indifférent, il ne s'intéresse qu'à son succès individuel. Cet égoïsme le suivra naturellement dans la vie, et, s'il devient chef militaire, il lui arrivera parfois de laisser écraser un collègue auquel il aurait pu porter secours, pour éviter de lui procurer un succès. Nous avons vu ce triste exemple dans notre dernière guerre.

Ce que les mêmes jeux éducateurs donnent aussi, c'est un grand empire sur soi, qualité que les Anglais mettent au-dessus de toutes les autres et qu'ils travaillent sans cesse à perfectionner quand ils ne la possèdent pas à un haut degré. Je me souviens d'une réflexion que me fit à ce propos un major anglais au Mont Abou, région de l'Inde située au milieu de jungles épaisses infestées de tigres et de serpents et qu'il est fort dangereux de parcourir la nuit. Comme il sortait un soir du bungalow que nous habitions, je lui demandai où il pouvait bien aller

seul dans une localité aussi mal fréquentée. Après
quelques instants d'hésitation, il me répondit en rou-
gissant que ne possédant pas encore assez de sang-
froid et d'empire sur ses nerfs, il allait s'exercer tous
les soirs à en acquérir. Ce ne fut qu'indirectement
que je sus la nature de cet exercice. Il consistait
à aller au fond d'un ravin absolument désert et où
l'on ne pouvait espérer aucun secours, guetter à l'af-
fût le tigre quand il vient se désaltérer. L'attente
peut durer des heures ou même une nuit entière sans
succès. Pendant tout ce temps on tâche de réfléchir sur
l'utilité de dominer ses nerfs, car, lorsque le tigre a
paru, on ajuste deux ou trois secondes pour le viser à la
tête et le tuer net. Si on le manque, ou si on se borne
à le blesser, on est infailliblement perdu. L'exercice
est évidemment fort chanceux, mais quand on s'y est
livré quelque temps, on est sûr de soi-même et on ne
redoute rien dans la vie. Quand une nation possède
beaucoup d'hommes ainsi trempés, elle est destinée à
dominer le monde.

Développement de la persévérance et de la volonté.
De telles qualités sont le plus souvent héréditaires
et ne s'acquièrent pas facilement. On peut cependant
les développer quelque peu par l'éducation. Il n'y a
d'autre méthode à employer que de placer le plus
souvent possible l'élève dans des circonstances où il ait
à réfléchir avant de se décider, et de l'obliger, quand
il a pris une résolution, à l'exécuter complètement.
S. Blakie rapporte que le poète Wordsworth, ayant
un jour résolu de faire une excursion dans une montagne, la continua malgré un violent orage, donnant pour raison « qu'abandonner un projet pour

éviter un léger inconvénient est dangereux pour le caractère. »

Les Anglais connaissent bien la valeur de ces qualités viriles, et c'est pourquoi elles provoquent toujours chez eux une vive admiration, même quand ils les rencontrent chez leurs ennemis. J'emprunte au journal la *France de demain* l'extrait suivant d'un discours prononcé au collège d'Epsom par lord Roseberry :

Lorsque nous apprenons qu'un homme, en quelque lieu que ce soit, s'est élevé au-dessus de ses compagnons, par ses qualités viriles, nous l'admirons et nous l'honorons, sans nous soucier du pays auquel il appartient. Je veux vous donner en exemple un homme dont le nom est familier à la plupart d'entre vous. Je veux parler du colonel Marchand. C'est un Français. Il y a peu de temps, il accomplit un voyage de trois années à travers l'Afrique, de l'Ouest à l'Est, au prix d'incroyables fatigues, entouré et suivi par des sauvages qu'il sut s'attacher, et il réussit dans son entreprise d'une manière qui couronne à jamais son nom de gloire. Et j'ajoute qu'après avoir accompli son devoir il se comporta avec une telle dignité et modestie qu'il est un des hommes que les Anglais ont plaisir à honorer. L'an dernier, comme quelques-uns d'entre vous le savent, son devoir le plaça dans une collision momentanée avec les intérêts de l'Angleterre. Mais, je suis convaincu que malgré cet incident passager, si le colonel Marchand venait en Angleterre, il aurait une réception le cédant seulement à celle qu'il eut dans son propre pays. Et toujours, il en a été ainsi en Angleterre. Les plus chaleureuses réceptions qui ont été faites à Londres, dans la dernière moitié du siècle, ont été faites à des étrangers.

J'ai assisté à l'enthousiasme en l'honneur de Kossuth, dont bien peu d'entre vous peut-être ont entendu parler. Les Anglais voyaient en lui un homme, et leur cœur bondissait pour le saluer. Ma mémoire d'enfant se rappelle les drapeaux et les décorations qui l'accueillirent. L'autre réception fut offerte à Garibaldi. Garibaldi fut reçu avec un tel honneur que personne jamais, excepté la princesse de Galles, à son arrivée, n'en reçut un semblable. Pour quelle raison ? Parce qu'il était un homme.

Les Latins possédant peu de persévérance et de volonté, il faudrait multiplier énormément les occasions qui peuvent se présenter pour eux d'exercer ces qualités maîtresses, qui suffisent à assurer le succès d'un homme dans la vie, si modestes et difficiles que puissent être ses débuts. Rien ne résiste à une volonté forte et persévérante, les physiologistes savent qu'elle triomphe de la douleur même [1]. L'histoire nous montre qu'elle peut triompher aussi des hommes et des dieux, et que c'est par elle que se sont fondés les plus puissants empires.

L'histoire nous montre aussi que c'est par l'affaiblissement de leur caractère — et jamais par celle de leur intelligence — que les peuples périssent. Quand on lit les récits de la désastreuse campagne de 1870, ce qui frappe d'abord, c'est l'absence totale, chez les chefs de tout grade, des qualités de caractère. On constate chez eux le même manque total de bon sens, de décision, de hardiesse et surtout d'initiative. Les combinaisons stratégiques des Allemands furent des plus simples, mais les officiers, quel que fût leur grade, possédaient de l'initiative, et savaient ce qu'il fallait faire dans un cas donné, alors même qu'ils ne recevaient pas d'ordres. Nous ne possédions que le courage, qualité pouvant suffire avec les petites armées de jadis qui manœuvraient sous les yeux d'un chef. Elles valaient ce que valait ce chef et un homme

---

1. « Jusqu'ici, écrit le D' Eifer, on a peu tenu compte de la volonté du sujet dans l'apparition de phénomènes regardés comme hystériques. Je rapprocherais des faits divers observés de divers côtés le cas d'un amateur européen que j'ai connu aux Indes. Ayant vu les exercices des fakirs, il voulut les imiter. En appliquant fortement sa volonté, il s'enfonçait de longues aiguilles dans les joues et dans les mains sans souffrir aucunement, et les plaies restaient exsangues. S'il négligeait de vouloir, au contraire, il souffrait et la plaie saignait. Pour gagner sa vie comme prodige, il suffit donc de vouloir, mais il faut vouloir fortement et longtemps, cela n'est pas donné à tout le monde. »

capable suffisait pour les diriger. Aujourd'hui, chaque officier doit jouer le rôle que jouait jadis un général en chef, et, dans l'avenir, le succès sera aux armées qui posséderont le plus d'officiers dont le caractère sera vigoureusement trempé. Ce n'est pas par la lecture des livres que se forment de tels hommes.

CHAPITRE III

L'enseignement de la morale.

Il est un point fondamental de l'éducation, l'enseignement de la morale, dont l'importance est trop grande pour que noüs ne lui consacrions pas un chapitre spécial. Le niveau moral d'un peuple, c'est-à-dire la façon dont il observe certaines règles de conduite, marque sa place dans l'échelle de la civilisation, et aussi sa puissance. Dès que la morale se dissocie, tous les liens de l'édifice social se dissocient également.

Les règles de conduite peuvent varier d'une race à une autre, d'un temps à un autre, mais pour un temps donné et un peuple donné, elles doivent être invariables.

L'éducation morale doit être, comme toute éducation, uniquement basée sur l'expérience, et jamais enseignée par les préceptes des livres.

Tout enseignement moral sera insuffisant tant que le maître ne saura pas apprendre expérimentalement à l'élève à distinguer nettement ce qui est bien de ce qui est mal, et à lui inculquer une claire notion du devoir.

Comment arrivera-t-il à un tel résultat ? Sera-ce au

moyen de règles de morale apprises par cœur et de sentencieux discours ? Il faut avoir une grande ignorance de la constitution mentale d'un enfant, pour supposer qu'on puisse exercer ainsi sur sa conduite l'influence la plus légère. Sera-ce au moyen de principes religieux, c'est-à-dire par des promesses de récompenses ou des menaces de punitions dans une vie future? Des perspectives aussi lointaines — même quand les hypothèses religieuses seraient des vérités démontrées — n'ont jamais eu sur la conduite d'un enfant une action quelconque. D'ailleurs, ces hypothèses apparaissent aujourd'hui sans fondement, et l'enfant, en grandissant, l'apprendra bien vite. Que deviendront alors les principes de morale qui n'avaient d'autre appui que ces fragiles bases ?

Les éléments de l'éducation morale de l'enfant doivent dériver de son expérience personnelle. L'expérience seule instruit les hommes, et seule aussi elle peut instruire la jeunesse. La réprobation générale suivant certains actes, l'approbation s'attachant à d'autres, montrent bientôt à l'enfant ce qui est bien et ce qui est mal. L'expérience lui indique les conséquences avantageuses ou fâcheuses de certaines actions, et les nécessités qu'entraînent les rapports avec ses semblables, surtout si l'on a toujours soin de lui faire supporter les conséquences de ses actes, et réparer les dommages qu'il a causés. Il doit apprendre par lui-même que le travail, l'économie, l'ordre, la loyauté, le goût de l'étude, ont pour résultat final d'accroître son bien-être, de satisfaire sa conscience, et portent ainsi en eux leur récompense. C'est seulement par l'expérience que le maître peut intervenir utilement, en condensant sous forme de préceptes les résultats de cette expérience.

L'éducation morale n'est complète que lorsque l'habitude de faire le bien et d'éviter le mal est devenue inconsciente. *La grandeur d'un caractère peut se mesurer à la force inconsciente de sa moralité.* Il est très beau de savoir lutter contre une tentation. Il est beaucoup plus sûr de n'avoir même pas à lutter contre elle. Malheureusement l'éducation conduit rarement à un tel résultat. Il n'y a guère que l'hérédité qui puisse créer une morale assez puissante pour être inconsciente et par conséquent parfaite.

L'éducation morale doit surtout apprendre à l'individu à se gouverner lui-même et à avoir un respect inviolable du devoir. C'est à ce but essentiel que tend l'éducation anglaise, et il faut avouer qu'elle y réussit parfaitement. Le souci constant de ceux qui la dirigent est d'habituer l'enfant à distinguer lui-même le bien et le mal et à savoir se décider tout seul, alors que nous ne lui apprenons qu'à se laisser conduire [1]. Il faut avoir observé de près deux enfants, l'un français et l'autre anglais, du même âge, en présence d'une difficulté, les irrésolutions du premier, la décision du second, pour comprendre la différence des résultats des deux éducations.

Un des plus puissants facteurs de l'éducation morale est le milieu. Les suggestions engendrées par le milieu jouent un rôle tout à fait prépondérant

1. « On donne à l'enfant anglais, écrit M. Max Leclerc, confiance en lui-même en le livrant de bonne heure à ses seules forces, on fait naître le sentiment de la responsabilité en lui laissant, une fois prévenu, le choix entre le bien et le mal. S'il fait le mal, il supportera la peine de sa faute ou les conséquences de son acte... On lui inspire l'horreur du mensonge, on le croit toujours sur parole jusqu'à preuve qu'il a menti. »

dans l'éducation de l'enfant. Sa tendance à l'imitation est d'autant plus forte qu'elle est inconsciente. C'est d'après la conduite des êtres qui l'entourent que se forment ses règles instinctives de conduite et que se crée son idéal. « Dis-moi qui tu hantes, je te dirai qui tu es », est un de nos plus sages proverbes. L'enfant estime ce qu'il voit estimé et méprise ce qu'il voit méprisé. Ces suggestions, subies d'abord, se transformeront chez lui en des réflexes qui finiront par se fixer pour la vie. De là le rôle immense — utile ou funeste — des parents et des professeurs. L'action inconsciente de l'entourage et du milieu est une des plus importantes formes de l'éducation morale.

Bien que s'occupant beaucoup de leurs enfants, les parents français sont cependant de très insuffisants moralisateurs. Ils ont trop de faiblesse pour posséder beaucoup d'autorité, et leur défaut d'autorité réduit singulièrement leur prestige. Conscients de cette faiblesse, ils mettent le plus tôt possible au lycée leurs enfants, persuadés que les professeurs sauront imposer l'éducation qu'ils se sentent impuissants à donner. Mais le lycée est généralement un triste milieu d'éducation morale. Chez les élèves, la seule loi reconnue est celle du plus fort. Le surveillant est pour eux un ennemi, qu'ils subissent et pour lequel ils professent une antipathie d'ailleurs réciproque. Quant aux professeurs, ils considèrent que leur unique tâche est de faire leur cours sans avoir à s'occuper en aucune façon de moraliser leurs élèves. « Quand le professeur, écrit M. Fouillée, aura dit qu'il faut aimer sa famille et mourir pour sa patrie, il sera au bout de sa morale. »

Il n'y aura même que les très zélés qui iront aussi

loin. Les autres se montrent en général fort sceptiques pour tout ce qui concerne de telles notions,
et gardent à leur égard un dédaigneux silence ou se
bornent à d'ironiques allusions sur l'incertitude
des idées morales. Très rompus aux méthodes de
critique négative, ils possèdent trop peu d'expérience des hommes et des choses pour comprendre
que ce n'est pas à l'enfant qu'il faut enseigner des
incertitudes. Ils oublient souvent que leur rôle
n'est pas de combattre, fût-ce simplement par un
méprisant silence, trop bien interprété par la jeunesse, les traditions et les sentiments qui sont la base
même de la vie d'un peuple et sans lesquels il n'est
pas de société possible. Avec une philosophie moins
livresque, et par conséquent plus haute, ils verraient
vite que si la morale, comme la science, comme toute
chose en un mot, ne possède au point de vue philosophique qu'une valeur relative, cette valeur relative
devient très absolue pour un peuple donné, à un
moment donné, et doit être rigoureusement respectée.
Une société ne peut durer que lorsqu'elle possède des
sentiments communs et surtout un idéal commun,
capable de créer des règles morales admises par tous
ses membres.

Et peu importe la valeur théorique de cet idéal et
de la morale qui en dérive, peu importe qu'il soit
constitué par le culte de la patrie, la gloire du Christ,
la grandeur d'Allah, ou par toute autre conception
du même ordre. L'acquisition d'un idéal quelconque
a toujours suffi pour donner à un peuple des sentiments communs, des intérêts communs et le conduire
de la barbarie à la civilisation.

C'est sur cet héritage de traditions, d'idéal, ou, si

l'on veut, de préjugés communs, que se fonde cette discipline intérieure, mère de toutes les habitudes morales, qui dispense de subir la loi d'un maître. Mieux vaut encore obéir aux morts qu'aux vivants. Les peuples qui ne veulent plus supporter la loi des premiers sont condamnés à subir la tyrannie des derniers. Reliés aux êtres qui nous précèdent, nous faisons tous partie de cette chaîne ininterrompue qui constitue une race. Un peuple ne sort de la barbarie que lorsqu'il a un idéal à défendre. Dès qu'il l'a perdu, il ne forme plus qu'une poussière d'individus sans cohésion, et il retourne bientôt à la barbarie.

Ce qui rend fort difficile chez les peuples catholiques, l'enseignement de l'éthique, c'est que pendant de longs siècles leur morale n'a eu d'autres fondements que des prescriptions religieuses aujourd'hui sans force. La morale, c'était simplement ce qui plaisait à Dieu, et Dieu se chargeait de punir par des supplices éternels ceux qui transgressaient ses lois.

Or, la religion et la morale, si intimement liées dans les cultes sémitiques, ont toujours été complètement indépendantes dans d'autres cultes, ceux de l'Inde par exemple. Cette indépendance, contraire à nos idées héréditaires, nous devons tâcher de l'acquérir. La démonstration de cette notion devrait faire partie de l'instruction.

Et, à la vérité, il suffit de réfléchir un instant pour reconnaître que la religion et la morale sont choses entièrement distinctes. Au gré de nos sentiments ou de nos intérêts, nous pouvons adopter ou rejeter la première, mais nous sommes tous obligés de subir la seconde.

Dès que des êtres vivants, animaux ou hommes,

sont constitués en société, ils doivent nécessairement obéir à certaines règles, sans lesquelles l'existence de cette société serait impossible. Le dévouement aux intérêts de la collectivité, le respect de l'ordre et des coutumes établies, l'obéissance aux chefs, la protection des enfants et des vieillards, etc., sont des nécessités sociales indépendantes de toutes les religions, puisque les religions peuvent changer sans que se modifient ces nécessités. Les banalités du Décalogue ne sont que la mise en formules de règles créées par des obligations sociales impérieuses.

En matière d'enseignement de la morale, il faut, comme je l'ai dit déjà, donner à l'enfant des habitudes d'esprit, et ne pas perdre son temps à lui enseigner des règles ou lui faire de sentencieux discours.

Que si cependant le professeur se croyait obligé de disserter sur la morale, il lui serait possible de le faire de façon à intéresser ses élèves. Commençant par l'étude de la morale chez les animaux, le professeur décrirait les sociétés animales, puis montrerait comment on peut donner, par création de réflexes, des sentiments de moralité suffisamment élevés à certains animaux, moralité supérieure parfois à celle de l'homme parce que la raison ne vient pas comme chez ce dernier se superposer aux réflexes acquis. Passant ensuite à l'histoire des civilisations, il montrerait comment les peuples sont sortis de la barbarie dès qu'ils ont pu acquérir des règles morales assez stables, et comment ils y sont retournés quand ils les ont perdues.

Descendant ensuite de ces généralités pour arriver à l'individu, le professeur ferait voir à l'élève que

celui-ci n'est qu'un fragment de sa famille et ne serait
rien sans elle, d'où ses devoirs envers sa famille, que
cette famille n'est qu'un fragment de la société et
ne vivrait pas sans elle, d'où ses devoirs envers
la société. Ayant chaque jour à nous appuyer sur
l'ordre social, nous sommes aussi intéressés à sa
prospérité qu'à la nôtre. La société a, dans une
très petite mesure, besoin de chacun de nous individuellement, mais nous avons beaucoup plus besoin
d'elle. De ces considérations évidentes, découle la
nécessité d'observer certaines règles de conduite.

Leur ensemble constitue la morale. Ces règles
varient nécessairement d'un peuple à un autre
puisque les sociétés ne sont pas partout identiques
et évoluent lentement, mais pour un temps et un
peuple donnés elles sont, je le répète, invariables.
C'est seulement quand elles sont solidement fixées
dans les âmes qu'un peuple peut s'élever au sommet
de la civilisation.

Ce qui fait la véritable force de l'Angleterre, ce
n'est pas seulement la valeur de l'éducation donnée
à ses fils, ce n'est pas sa richesse, ce ne sont pas ses
flottes innombrables, c'est, avant tout et au-dessus de
tout, la puissance considérable de son idéal moral.
Elle a des traditions stables et respectées, des chefs
obéis et dont l'autorité n'est jamais contestée. Elle
possède un Dieu national, synthèse des aspirations, de
l'énergie et des besoins de la race qui l'a créé. L'antique Jéhovah de la Bible est devenu depuis longtemps
un Dieu exclusivement anglais, gouvernant le monde
au profit de l'Angleterre, donnant pour base au
droit et à la justice les intérêts anglais. Les autres
peuples ne représentent qu'une masse confuse d'êtres

inférieurs, destinés à devenir de plus en plus les tributaires de la puissance britannique. En essayant de soumettre les peuples à leurs lois, les Anglais sont persuadés qu'ils ne font qu'accomplir leur divine mission de civiliser le monde et le sortir de l'erreur. Les Arabes, eux aussi, croyaient obéir à la volonté du Dieu de Mahomet, quand ils réussirent — grâce à cette croyance — à conquérir une partie du monde gréco-romain et à fonder un des plus vastes empires qu'ait connus l'histoire.

Le philosophe doit s'incliner devant de telles croyances, quand il voit la grandeur de leurs effets. Elles font partie des forces de la nature, et en vain on essaierait de les combattre. C'est en dehors des sphères de la raison que naissent et meurent les traditions et les croyances. Quand la discussion semble provoquer leur chute, c'est qu'elles étaient déjà bien ébranlées. Aujourd'hui, rien de ce qui touche à l'idéal anglais n'est discuté ni discutable sur le sol britannique. Aucun argument rationaliste ne saurait le toucher. Petits et grands vénèrent profondément leur Dieu national, respectent des traditions fixées par une hérédité plusieurs fois séculaire et les principes de morale invariables qui en découlent. Possédant en outre à un haut degré le sens du réel, et comprenant la puissance des faits, ils savent s'y accommoder et y accommodent aussi leurs principes, aussi les revers les plus humiliants ne sauraient les accabler. Que peuvent signifier d'ailleurs des événements transitoires contre le peuple de Dieu, qui est éternel ?

Les Français, eux aussi, ont possédé jadis un idéal assez fort, mais dès qu'il n'a plus semblé s'adapter à leurs besoins, ils l'ont détruit violemment et n'ont pas réussi encore à le remplacer.

Ayant perdu leurs traditions et leurs dieux, ils ont cherché à édifier sur la raison pure des principes nouveaux destinés à servir de soutien à l'édifice social, mais ces principes sont devenus de plus en plus discutés et flottants. La raison humaine ne s'est pas montrée encore assez forte ni assez haute pour construire les bases d'un édifice social. Elle n'a servi qu'à bâtir des édifices fragiles, qui tombent en ruines avant même d'être terminés. Elle n'a rien édifié de solide, mais a tout ébranlé. Les peuples qui se sont confiés à elle ne croient plus à leurs dieux, à leurs traditions et à leurs principes. Ils ne croient pas davantage à leurs chefs, et les renversent dès qu'ils les ont acclamés. Ne possédant à aucun degré le sens des possibilités et des réalités, ils vivent de plus en plus dans l'irréalisable et l'irréel, poursuivant sans cesse d'hallucinantes chimères.

Comment réussir à édifier un idéal social sur d'aussi inconstantes bases, sur d'aussi fragiles incertitudes ? Sous peine de périr, il faut y arriver pourtant. Une nation peut bien subsister quelque temps sans idéal, mais l'histoire nous apprend que, dans ces conditions, elle ne saurait durer. Un peuple n'a jamais survécu longtemps à la mort de ses dieux.

Cet idéal à défendre est toujours fils du temps et jamais de nos volontés. Ne pouvant le créer par notre volonté, nous sommes condamnés à l'accepter sans chercher à le discuter.

Trop de choses ont été détruites en France pour que beaucoup d'idéals aient survécu. Il nous en reste un cependant, constitué par la notion de patrie. C'est à peu près le seul qui demeure debout sur les vestiges des religions et des croyances que le temps a brisées.

Cette notion de patrie qui, heureusement pour nous, survit encore dans la majorité des âmes, représente cet héritage de sentiments, de traditions, de pensées et d'intérêts communs dont je parlais plus haut. Elle est le dernier lien qui maintienne encore l'existence des sociétés latines. Il faut dès l'enfance apprendre à l'aimer et le défendre. On ne doit le discuter jamais. C'est parce que pendant près d'un siècle les Universités allemandes l'ont sans cesse exalté que l'Allemagne est devenue si forte et si grande. En Angleterre, un tel idéal n'a pas besoin d'être enseigné, parce qu'il est depuis longtemps fixé par l'hérédité dans les âmes. En Amérique, où l'idée de patrie est encore un peu neuve et pourrait être ébranlée par l'apport constant de sang étranger, — si dangereux pour les pays qui ne sont pas assez forts pour l'absorber, — il constitue un des points les plus fondamentaux de l'enseignement, un de ceux sur lesquels les éducateurs insistent le plus.

« Que le professeur, écrit l'un d'eux, n'oublie jamais que chaque élève est un citoyen américain, et que, dans tous les enseignements, et en particulier dans celui de la géographie et de l'histoire, c'est la question de patriotisme qui doit dominer, afin d'inspirer à l'enfant une admiration presque sans bornes pour la grande nation qu'il doit appeler sienne. »

Ce ne sont plus malheureusement de telles idées qui semblent dominer dans notre Université. Elle est très imbue de socialisme, de cosmopolitisme et de rationalisme. L'idée de patrie paraît à beaucoup de jeunes professeurs une vieillerie quelque peu méprisable [1]. Un universitaire éminent, devenu depuis académicien, a marqué en termes très forts, longtemps avant de verser dans la politique, ce vice profond de notre Université, vice qui rend si dangereuse l'éducation qu'elle donne.

Quand on n'a pas assez de philosophie pour comprendre les nécessités qui ont créé un idéal, il faut au moins ne pas oublier que, sans cet idéal, il n'est pas de société possible. Critiquer l'idée de patrie, vouloir affaiblir les armées qui la défendent, c'est se condamner à subir les invasions, les révolutions sanglantes, les Césars libérateurs, c'est-à-dire toutes les formes de cette basse décadence par laquelle tant de peuples ont vu clore leur histoire.

L'esprit nouveau qui se répand de plus en plus dans l'Université constitue, je le répète, un redoutable danger pour notre avenir. Ce danger est trop visible pour ne pas avoir frappé tous les esprits qui s'intéressent aux destinées de notre pays.

1. Quelques-uns vont beaucoup plus loin encore. Le Ministre de l'Instruction publique a dû révoquer récemment un professeur qui enseignait à ses élèves que le drapeau français devrait être planté dans du fumier, et assimilait les soldats à des cambrioleurs. Une souscription fut immédiatement ouverte en sa faveur par un de ses collègues chargé de cours à la Sorbonne, contre lequel le Ministre dut également sévir. Interpellé à la Chambre des Députés à propos de ces faits, M. Leygues prononça les paroles suivantes qui — heureusement — furent couvertes d'applaudissements :

« ... C'en serait fait, non pas de l'Université seulement, mais de la France elle-même, si le drapeau pouvait être outragé, si l'idée supérieure de la patrie, du dévouement et des sacrifices qu'aux heures de péril chacun doit être prêt à lui consentir, pouvait être reniée et condamnée par ceux-là mêmes qui sont chargés de préparer la France de demain. »

Les faits que le Ministre de l'Instruction publique a dû réprimer jettent le plus triste jour sur l'état mental de certains de nos professeurs. Des faits semblables seraient impossibles en Allemagne et en Angleterre, où le respect de l'idée de patrie est universel. Une guerre récente a montré sa puissance au Japon.

... Il semble, disait récemment dans un discours un ancien ministre, M. Raymond Poincaré, que, depuis quelque temps, un vent mauvais ait soufflé sur certaines âmes françaises et ait effacé en elles des souvenirs qu'on aurait pu croire ineffaçables! Il s'est trouvé, jusque dans l'Université, des esprits qui se sont laissé séduire et dévoyer par une sorte de mysticisme humanitaire. Il s'est rencontré des gens pour ne plus reconnaître dans le drapeau tricolore l'emblème de notre unité nationale, le symbole sacré de nos regrets et de nos espérances, et pour proférer contre l'armée des injures criminelles. Maudite soit la philosophie mensongère dont se couvrent ces attentats contre la patrie! Elle méconnaît, sous prétexte d'humanité, les sentiments qui contribuent le plus à élever le cœur des hommes, à fortifier leur caractère et à ennoblir leur destinée.

Ce qui est grave, dans certaine affaire récente, dit de son côté M. P. Deschanel, Président de la Chambre des Députés, dans un de ses discours, ce n'est pas seulement qu'un Français, un maître de la jeunesse, un professeur de l'Université ait outragé le drapeau et traité d' « escarpes » les soldats et les marins français morts à Madagascar : c'est qu'il se soit trouvé dans les premiers rangs de la hiérarchie universitaire d'autres professeurs pour le défendre, un parti pour organiser des manifestations en son honneur, c'est qu'ici même, au milieu de nos populations si pondérées, si sages, et qui ont vu, il y a trente ans, l'invasion, plusieurs journaux, au lieu de se faire l'écho de l'indignation publique, aient cherché des excuses à de pareilles insultes contre nos soldats et contre le drapeau.

Et quelle est la cause profonde de ces accès d'humanitarisme apparent? Simplement cette soif intense d'inégalité qui fait le fond secret des principes d'égalité que nous proclamons bien haut. Sortis le plus souvent des couches les plus obscures de la démocratie, nos professeurs ne veulent souffrir aucun contact avec les membres de la classe où ils sont nés. Leurs diplômes leur confèrent, suivant eux, une véritable aristocratie, qui doit leur éviter de tels contacts. M. Georges Goyan a fort bien mis à nu ces mobiles dans un article de la *Revue des Deux Mondes* dont voici quelques extraits :

... On entrevoyait, dès 1894, que si la servitu...e du militarisme, dénoncée par ces écrivains, leur en faisait oublier la grandeur, c'est

que cette servitude avait choqué surtout, en eux, une certaine
indolence d'agir et un aristocratique besoin d'inégalité. Le temps
et l'audace aidant, ils ont mis leurs âmes à nu; et si laides soient-
elles, il nous faut regarder.

Ce qui l'irrite et l'exaspère durant son année de caserne, c'est
qu'il a pour camarades des faubouriens et des paysans, rustres pour
tout de bon, grossiers sans morbidesse, brutaux sans raffinement,
faisant l'amour sans érotisme. Un rêveur voluptueux et distingué
se répute déclassé, lorsque la caserne l'oblige à de pareils contacts.

Mais ce qu'il y a d'éminemment paradoxal et — pourquoi ne pas
le dire? — de sophistique, c'est de s'emparer du mot de « démocratie, » et de le faire vibrer comme on claque un fouet, pour
venger certaines susceptibilités et certaines souffrances de caserne
provenant précisément, chez nos « intellectuels, » d'un dégoût inné
de la démocratie.

La masse prolétarienne, assure un écrivain, n'a aucun intérêt à
rendre un culte à cette entité indéfinie, embrouillardée, qui est la
patrie. Dès lors, faisons savoir au prolétaire que les conséquences
d'une défaite intéressent peu sa destinée, et que son bien personnel
ne lui commande point de se battre; il ne se battra plus. Voilà
l'avant-dernier mot de la propagande anti-militariste : c'est une
leçon de lâcheté, qui fait intervenir l'égoïsme comme mobile.

En un pareil tournant, c'est un vilain spectacle que celui de
l'humanitarisme. L'homme qui faillit à son devoir aime bien se
donner l'illusion d'un motif élevé, se considérer, au moment même
où il se désintéresse de ses semblables, comme un fragment de
l'humanité en mue, et intercaler sa défaillance dans l'évolution de
cette humanité.

On ne saurait trop insister sur cette question, elle
est vitale aujourd'hui. Un peuple ne peut vivre qu'en
possédant quelques idées communes. Il ne nous en
reste plus qu'une, qui soit défendable par tous les
partis : l'idée de patrie.

Et pas n'est besoin de considérations métaphysiques
ou sentimentales pour enseigner à la jeunesse la valeur
de cet idéal. Il n'y a qu'à lui montrer ce que deviennent les peuples qui ont perdu leur patrie. L'histoire
de l'Irlande, de la Pologne, du Transvaal, de l'Armé-
nie, etc., nous disent le sort des nations qui tombent
sous la loi de maîtres étrangers. Polonais bâtonnés par

les Allemands, bâtonnés aussi par les Russes, et de plus expédiés en Sibérie dès qu'ils protestent contre le régime de fer qu'ils subissent, Arméniens et Bulgares périodiquement massacrés en bloc quand ils ne se résignent pas à voir leurs vieillards et leurs enfants écorchés vifs ou sciés entre deux planches pour distraire les loisirs de pachas fanatiques, Irlandais condamnés à mourir de faim par les Anglais, etc., nous montrent le sort des peuples qui n'ont plus de patrie. En la perdant, ils ont tout perdu, jusqu'au droit d'avoir une histoire.

L'idée de patrie implique naturellement le respect de l'armée chargée de la protéger.

Certes, le militarisme est une des plaies de l'Europe. Il est dangereux et ruineux, mais il serait beaucoup plus dangereux et beaucoup plus ruineux encore de vouloir le supprimer. Les gendarmes sont également d'un entretien fort coûteux. Personne ne parle cependant de s'en passer, parce que chacun sait bien que sans eux nous serions promptement victimes des voleurs et des assassins.

Rien n'est plus funeste pour l'avenir d'un pays que les discours de quelques philanthropes à courte vue, parlant de désarmement, de fraternité et de paix universelle. Leur humanitarisme vague finirait par saper entièrement notre patriotisme et nous laisserait désarmés devant des adversaires qui ne désarment jamais. Attendons pour écouter tous ces discoureurs que nous n'ayons plus d'ennemis.

Et nous sommes bien loin, hélas! de n'en plus avoir. A la vérité, nous n'en avons jamais eu davantage. Il faut être singulièrement aveuglé par des chimères pour ne pas le voir.

M. Faguet, a montré dans de belles pages, dont je vais reproduire quelques fragments, qu'en ne se plaçant même qu'à un point de vue strictement utilitaire, nous devons respecter profondément notre patrie et respecter profondément aussi l'armée chargée de la défendre.

La France est presque universellement détestée et ces trois mobiles : la haine, la crainte et la cupidité, qui ont réuni contre la Pologne ses puissants voisins, animent parfaitement contre la France des voisins tout aussi redoutables.

La disparition de la France est en train de devenir un rêve européen. Comme la Pologne, la France a longtemps troublé l'Europe par ses incursions ; comme la Pologne, elle l'a longtemps gênée du contre-coup de ses agitations intérieures ; comme la Pologne, elle est un peuple qu'on juge trop brave et trop aventureux, bien que, sans perdre sa bravoure, elle semble avoir perdu le goût des aventures ; comme la Pologne, elle est facile à partager, ayant des voisins de tous les côtés..

Il faut donc aimer la Patrie profondément ; mais comment convient-il de l'aimer ? Ne cherchons ni subterfuges ni circonlocutions, et disons nettement qu'il faut l'aimer dans son moyen de défense, c'est-à-dire dans son armée, comme tous les peuples du monde ont aimé leur pays dans la force organisée pour le défendre. Le patriotisme n'est pas le militarisme ; il va plus loin, il va, si vous voulez, plus haut, il va ailleurs ; mais c'est là qu'il va d'abord, et le militarisme est le signe et la mesure du patriotisme.

Qu'il y ait une majorité anti-militariste dans un pays, c'est parfaitement le signe que ce pays se renonce ; qu'il y ait seulement un parti anti-militariste dans un pays, c'est un très mauvais signe et il y a déjà lieu de pousser le cri d'alarme...

La Patrie, c'est l'armée, l'armée, c'est la Patrie elle-même, en ce sens qu'elle est l'organe que, lentement, depuis des siècles, la Patrie s'est construit et a ajusté au milieu qui lui a été fait, pour subsister et se maintenir.

... L'armée n'est pas seulement l'arme de la nation, elle en est l'armature. C'est l'armée qui fait que la nation n'est pas un être invertébré ; c'est l'armée qui fait que la nation se tient debout...

Ce n'est qu'à titre de soldats, ce n'est que comme membres de l'armée, que les Français se connaissent, comme coopérant à une même œuvre et comme réunis bien manifestement dans la même idée.

Les peuples très civilisés qui ont oublié d'être militaires ont péri, et, en périssant, ont laissé reculer, ce qui revient à dire, ont fait reculer la civilisation.

Si l'armée a ce premier caractère commun avec la démocratie d'être profondément conservatrice, elle en a d'autres. Elle est une école d'honneur, elle est une école d'égalité, elle est une école de pauvreté fière.

... Il est bon que dans une société comme la nôtre, quelque chose soit en dehors de l'influence de l'argent ; il est bon que quelque chose, et quelque chose de brillant et d'honoré, soit debout en face de la ploutocratie triomphante ou tout près de l'être ; il est bon que quelque chose contrebalance la puissance de l'or. Cette puissance matérialiste a besoin d'un contrepoids.

L'armée ne connaît pas l'argent, n'en a cure et le dédaigne. En cela encore elle représente la démocratie dans ce que la démocratie a de meilleur. Elle est comme l'expression brillante et noble de la démocratie elle-même. Et la démocratie ne s'y trompe pas. Il n'y a de franchement anti-militaristes que parmi les bourgeois...

Il serait à souhaiter que beaucoup d'universitaires partageassent les idées qui précèdent, au lieu de professer plus ou moins ouvertement des théories diamétralement contraires. Les Universités allemandes ont fait la grandeur de l'Allemagne par la force qu'elles ont su donner à l'idée de patrie. Notre Université ne semble malheureusement pas destinée à jouer un tel rôle. Si l'esprit qui s'infiltre de plus en plus chez nos professeurs continuait à s'y répandre, nous serions menacés d'une dissociation rapide. Un peuple peut perdre des batailles, perdre des provinces et se relever encore. Il a tout perdu et ne se relève pas quand il ne possède plus les sentiments qui formaient l'armature de son âme et le ressort de sa puissance.

CHAPITRE IV

L'enseignement de l'histoire et de la littérature.

---

§ I. — L'ENSEIGNEMENT DE L'HISTOIRE.

Ce sont principalement les universitaires ayant le plus contribué à surcharger les programmes d'enseignement de l'histoire, qui les ont maltraités devant la Commission d'enquête. L'expérience devait nécessairement leur apprendre que l'enseignement mnémonique de l'histoire, tel qu'il est donné par l'Université, constitue une perte totale de temps pour les élèves. Aujourd'hui, les plus savants professeurs reconnaissent eux-mêmes avoir inutilement surchargé les programmes.

L'histoire est une mnémotechnie ou une philosophie. Tant qu'elle reste une mnémotechnie, elle risque d'être pour l'enfant une fatigue en pure perte ; elle ne devient une philosophie qu'avec l'âge et surtout lorsque l'adolescent est appelé à appliquer sa réflexion au monde voisin de celui où il doit vivre.

Pour l'enfant, n'y aurait-il pas avantage à ne lui présenter que les grandes étapes de l'histoire ancienne et des premiers siècles de notre propre histoire sous forme de tableaux qui frappent son imagination et, en provoquant des comparaisons avec ce qu'il voit journellement autour de lui, lui laissent une impression durable[1] ?

1. *Enquête*, t. I, p. 10. Gréard, vice-recteur de l'Académie de Paris.

Actuellement, l'enseignement historique, pendant toute la classe de troisième et une partie de la classe de seconde, est consacré au moyen âge. C'est beaucoup trop, et pour un résultat très mince. Pour la très grande majorité des écoliers, et je crois que je pourrais dire pour tous, l'histoire du moyen âge, sauf les grands faits que l'on pourrait exposer en beaucoup moins de temps, est à peu près inintelligible. Il serait donc possible de faire de grandes économies sur le temps consacré aux Mérovingiens, aux Carlovingiens et aux premiers Capétiens [1].

« Fatigue en pure perte », dit M. Gréard. Enseignement de choses « à peu près inintelligibles », dit M. Lavisse. Voilà le bilan de l'enseignement universitaire de l'histoire. Sous peine de refus aux examens, les infortunés élèves sont bien obligés d'accumuler dans leur tête l'énorme entassement de dates de batailles, de généalogies de souverains, qui constituent les programmes classiques. Hors cela, ils ne veulent rien apprendre. Et c'est pourquoi, connaissant très bien l'histoire des Perses et la liste de tous les rois achéménides, ils ne savent que quelques mots de l'histoire moderne. Beaucoup de bacheliers, ainsi que nous l'avons vu dans une précédente citation, n'ont jamais entendu parler de la guerre de 1870 [2].

Je suis tout à fait de l'avis de MM. Lavisse et Gréard sur la nécessité de réduire l'étude de l'histoire ancienne à quelque bref tableau facile à renfermer

---

1. *Enquête*, t. I, p. 39. Lavisse, professeur à la Sorbonne.

2. Comme tout récemment encore, elle ne faisait pas partie des programmes, la plupart des élèves des écoles primaires n'en avaient pas entendu parler davantage. *Le Temps* du 8 mars 1901 publiait la lettre d'un chef d'escadron qui, tous les ans, fait une petite enquête sur les 50 recrues qu'il reçoit et qui doivent répondre par écrit aux questions très simples qu'on leur pose. Sur ces 50 recrues, 30 n'ont jamais entendu parler de nos désastres, 10 ont des notions très vagues à leur sujet, 10 seulement, les Parisiens surtout, savent ce que fut cette guerre. En fait, on peut dire que plus de la moitié des Français de la génération actuelle n'ont jamais entendu parler de la guerre franco-allemande et ne soupçonnent par conséquent aucun des enseignements profonds que nos défaites comportent.

dans un fort petit nombre de pages. Je serai peut-être moins d'accord avec eux en assurant que l'enseignement détaillé de l'histoire c mme on le trouve exposé dans les livres classiques, n'est propre qu'à fausser le jugement de l'élève et pervertir un peu sa moralité. Les faits historiques représentant presque toujours le triomphe de la ruse, de la violence et de la force, ne paraissent pas très aptes à former l'esprit des enfants. Pour peu d'ailleurs que ces derniers parcourent quelques œuvres d'historiens — et ils le feront tôt ou tard — ils s'apercevront bien vite que les mêmes faits sont présentés et jugés de la façon la plus opposée par des auteurs différents. Cette constatation, qu'ils étendront naturellement à ce qu'on leur enseigne, affaiblira leur confiance dans l'autorité des professeurs.

Il y aurait cependant beaucoup à tirer de l'enseignement de l'histoire pour la formation de l'intelligence de la jeunesse, si cet enseignement était donné dans un tout autre esprit que celui qui règne chez nos universitaires.

Au lieu des généalogies de souverains et des récits de bataille, il faudrait montrer à l'élève ce que chaque peuple a laissé derrière lui, c'est-à-dire expliquer l'histoire de sa civilisation. Elle se compr nd surtout par l'étude des monuments et des diverses œuvres d'art. Si ces œuvres sont mises sous les yeux de l'élève par des photographies, des projections, des visites dans les musées, il est intéressé et retient toujours ce qu'il a vu, alors qu'il ne retient jamais ce qu'il a appris par cœur [1].

1. Comme exemple des documents que peuvent fournir à l'histoire les œuvres d'art et les monuments, je renvoie le lecteur à mon *Histoire des Civilisations de l'Orient*, 3 vol. in-4° avec 1,200 gravures, exécutées la plupart d'après des photographies recueillies dans mes voyages.

§ 2. — L'ENSEIGNEMENT DE LA LITTÉRATURE.

L'étude de la littérature se borne, dans les lycées, à des analyses d'auteurs célèbres, dont on ne fait lire à l'élève que de courts fragments, à des étymologies, des exceptions grammaticales et toutes les subtilités qui peuvent germer dans des cervelles de cuistres inoccupés. L'élève saura très bien définir, au moment de l'examen, ce que c'est que la pastourelle, la fatrasie, etc. Il n'aura lu aucun auteur, mais saura réciter les byzantines discussions des commentateurs sur les grands écrivains. Voici d'ailleurs comment un universitaire distingué, ancien professeur à l'École Normale, M. Fouillée, juge la valeur de l'éducation littéraire de nos lycéens.

Voulez-vous voir maintenant les résultats intellectuels de toutes ces études mnémoniques? Qu'on lise les rapports de la Faculté des lettres de Paris sur le baccalauréat. Vous y verrez que les compositions françaises deviennent de plus en plus des compositions de mémoire sur l'histoire littéraire et théâtrale, qu'elles finissent par atteindre chez la masse des élèves un degré d'uniforme médiocrité qui rend presque impossible le classement...

... L'étude de la littérature, telle qu'elle est comprise par les plus lettrés, si elle était poussée à fond, serait une démoralisation de la jeunesse; heureusement elle est superficielle et au lieu de corrompre le cœur, elle se contente d'hébéter l'intelligence en surchargeant la mémoire [1].

La littérature est à peu près la seule connaissance qui puisse s'enseigner correctement par la lecture des livres, et c'est justement la seule pour laquelle l'Université proscrive l'emploi des livres. On se plaint du lamentable français de la plupart des bacheliers. Il

. A. Fouillée. *L'Échec pédagogique des lettrés et des savants*, p. 481.

n'est pas plus lamentable encore parce que les élèves lisent un peu en cachette malgré leurs professeurs.

Pour apprendre à penser clairement, à connaître la littérature de son pays, et à s'exprimer correctement, il n'y a qu'un moyen. Jeter d'abord au feu les grammaires savantes, les recueils de morceaux choisis, les résumés des manuels et surtout les dissertations des commentateurs, puis lire et relire une centaine de chefs-d'œuvre classiques. Pour le prix de deux ou trois de ces grammaires savantes, de ces traités de rhétorique insupportables avec lesquels on déprime aujourd'hui la jeunesse, les bibliothèques à 0 fr. 25 le volume donneraient à l'élève une centaine de chefs-d'œuvre des auteurs classiques anciens et modernes. Avec deux cents volumes on aurait une bibliothèque très complète. Le professeur pourrait alors se borner à faire analyser, non pas des analyses, mais bien ce que l'élève a lu, et les compositions consisteraient uniquement à faire traiter un sujet déjà traité par un écrivain, une simple anecdote, par exemple. Le professeur montrerait ensuite, ce que d'ailleurs la plupart des élèves verraient très bien eux-mêmes, la différence entre leur style et celui des grands auteurs. La comparaison leur apprendrait à se rectifier. Ils verraient vite les phrases longues et enchevêtrées, les épithètes trop abondantes, les idées mal enchaînées, etc. Par des rectifications successives, l'élève arriverait rapidement et inconsciemment à modifier son style, à trouver le mot juste, à préciser ce qui était confus. Je n'insiste pas d'ailleurs sur une méthode trop simple et beaucoup trop efficace pour être jamais appliquée par l'Université, mais que chaque élève peut heureusement appliquer tout seul. Pendant de longues années encore, les Universités latines donneront au monde le grotesque et stupéfiant spectacle d'obliger des garçons de quinze ans, ne sachant rien de la vie et ne pouvant comprendre les mobiles qui ont fait agir les héros de l'histoire, à composer ces ridicules harangues dont les grands concours donnent de si pitoyables exemples.

Sans vouloir défendre davantage la méthode que j'indique, j'ajouterai qu'elle éviterait aux élèves leur ignorance presque totale des auteurs de l'antiquité grecque et latine dont ils ne connaissent que quelques pages péniblement traduites à coups de dictionnaire. Homère est assommant quand on en lit des fragments au hasard en cherchant les mots un à un. Il est intéressant quand on le lit entièrement dans une traduction et il en est de même de beaucoup d'auteurs grecs et latins. Le nombre de pages traduites par un élève en huit ans d'études classiques est lamentablement restreint. Le nombre des chefs-d'œuvre d'auteurs grecs, latins, allemands, anglais et français, que l'on pourrait lire et relire en moins de deux ans, dans des traductions, serait au contraire considérable. Cette lecture aurait de plus le grand avantage d'intéresser l'élève, et elles sont singulièrement rares, dans notre Université, les choses enseignées de façon à intéresser.

CHAPITRE V

L'enseignement des langues.

On sait combien sont variables les aptitudes mentales des divers individus. Tel qui apprendra sans
difficulté la mécanique n'apprendra jamais la peinture,
et l'on peut être un grand physicien sans posséder la moindre aptitude musicale. Ce devrait être
même un des rôles les plus importants des professeurs de diagnostiquer les vraies aptitudes d'un élève
et de le diriger vers les études pour lesquelles il a des
dispositions naturelles.

Mais si variées que soient les aptitudes des individus, si impossible qu'il puisse être de leur apprendre
à tous les mêmes choses, il en est une cependant, la
langue parlée autour d'eux, que tous les enfants, des
plus intelligents aux plus bornés, apprennent sans
difficulté et sans travail.

Il n'y a d'exception que pour les individus atteints
d'idiotie congénitale complète. Le seul fait qu'un
individu ne peut apprendre sa langue maternelle
suffit, sans autre examen, à le faire enfermer dans un
établissement d'aliénés.

Et il ne s'agit pas, bien entendu, uniquement de la

langue maternelle, pour laquelle on pourrait supposer des aptitudes héréditaires spéciales. Un enfant quelconque, transporté dans un pays quelconque, ne mettra jamais plus de six mois, et le plus souvent beaucoup moins, pour parler et comprendre la langue des individus qui l'entourent. Il y arrivera par un travail tout à fait inconscient, sans avoir jamais ouvert un dictionnaire ou une grammaire.

Et pourtant cette chose si facile à apprendre, la seule que puissent acquérir les esprits les plus bornés, l'Université ne réussit pas à l'enseigner pendant les sept années de travail qu'elle impose à ses élèves. Nous avons vu qu'au moment de l'examen, l'immense majorité de ces élèves est incapable de lire sans dictionnaire une langue ancienne ou moderne, et à plus forte raison d'en parler quelques mots.

L'Université le sait d'ailleurs parfaitement, mais elle s'en console, en faisant la très gratuite et très erronée supposition, que les élèves ont retiré quelque chose de leurs inutiles efforts. Voici d'ailleurs comment elle s'exprime dans un document officiel.

Si grand est le nombre des élèves qui sortent des lycées et collèges sans être en état de lire un texte latin, grec, anglais ou allemand, que notre système d'études serait vraiment criminel si ces élèves n'avaient tiré cependant quelque sérieux profit des efforts qu'ils ont faits et du temps qu'ils ont consacré pour les apprendre sans parvenir à les savoir [1].

Je ne puis qu'approuver l'expression de « criminel » appliquée à notre système d'enseignement des langues par un document officiel. J'ajouterai seulement que

<hr>

1. *Instructions concernant les plans d'études de l'enseignement secondaire classique*, p. 14 (cité dans l'enquête parlementaire, t. VI, rapport général, p. 33).

c'est une « criminelle » bêtise d'insinuer que les élèves pourraient avoir retiré un profit quelconque de tout ce temps inutilement perdu, de tout ce gaspillage d'heures précieuses qui ne reviendront plus et pendant lesquelles tant de choses intéressantes ou utiles auraient pu être apprises à la jeunesse.

Au point de vue de la psychologie pure, les résultats négatifs obtenus par l'Université sont fort curieux et fertiles en enseignements.

Ce n'est d'ailleurs qu'à une époque récente, depuis le développement de l'agrégation et de la formation de professeurs par les concours subtils et savants, que ces résultats négatifs ont été observés. Depuis l'époque de la Renaissance jusqu'au dernier siècle, le latin était une langue courante au moyen de laquelle se passaient les examens, s'écrivaient les livres et correspondaient les lettrés. Tous les élèves des Jésuites la lisaient et l'écrivaient très suffisamment. On ne connaissait pas, il est vrai, à cette époque, les grammaires savantes des érudits, les byzantines discussions des commentateurs et toutes les chinoiseries que, sous prétexte d'enseignement linguistique, on fait apprendre aujourd'hui par cœur aux élèves.

Il n'y a pas à espérer que l'enseignement des langues se modifie tant que les professeurs resteront imbus des mêmes principes et se recruteront comme aujourd'hui parmi des normaliens et des agrégés, qui, se croyant des savants, se considéreraient comme déshonorés s'ils ne consacraient pas leur temps à discuter des subtilités grammaticales et à épiloguer sur les grands auteurs. MM. Berthelot et Poincaré, tous deux anciens Ministres de l'Instruction publique, ont fort bien mis ce point fondamental en évidence devant la Commission.

Un certain nombre de professeurs de langues vivantes dédaignent leur besogne; ils la considèrent comme au-dessous d'eux. Eux aussi sont des agrégés, eux aussi ont des prétentions, d'ailleurs légitimes, à être des littérateurs ou des savants, et ils dédaignent d'être des « maîtres de langues »[1].

L'esprit de ces professeurs est rompu ainsi à de certaines méthodes, en dehors desquelles ils ne comprennent pas leur rôle éducateur. J'ai entendu maintes fois des professeurs d'allemand ou d'anglais, qui se considéreraient comme déshonorés s'ils apprenaient à leurs élèves à parler et à écrire pour l'usage courant les langues qu'ils enseignent. « C'est aux maîtres de langues à faire cette besogne », et ils la méprisent.

L'idée fondamentale de ces professeurs, fort honorables et fort instruits d'ailleurs, c'est qu'ils doivent enseigner avant tout les auteurs classiques allemands ou anglais, c'est qu'ils doivent commenter Gœthe, Shakspeare, Schiller, comme on le fait dans les classes de lettres, pour les grands auteurs grecs ou latins, Homère, Sophocle, Cicéron[2].

C'est un préjugé assez répandu que les Français sont réfractaires à l'étude des langues, alors qu'en réalité il n'y a pas d'êtres humains, comme je le disais plus haut, réfractaires à cette étude. Ce qu'il faut dire, c'est que ce sont les professeurs de l'Université qui sont totalement réfractaires à l'enseignement des langues. La preuve en est fournie par les résultats obtenus dans certains établissements congréganistes qui savent recruter des professeurs convenables. La chose n'est pas difficile, puisqu'il suffit d'individus parlant la langue qu'ils veulent enseigner et ignorant le plus possible les grammaires savantes, les auteurs obscurs, les critiques des érudits, etc. Il n'y aurait qu'à procéder comme les Pères Maristes dont il a été parlé devant la Commission d'enquête.

1. *Enquête*, t. II, p. 681. Poincaré, ancien Ministre de l'Instruction publique.
2. *Enquête*, t. I, p. 25. Berthelot, ancien Ministre de l'Instruction publique.

Les Pères Maristes, qui résident à côté de nous et nous font une concurrence sérieuse, ont chez eux des Frères anglais et allemands, ils font des échanges avec leurs maisons de l'étranger ; ces Frères parlent toute la journée anglais ou allemand, en récréation comme en classe, et ils font chez eux ce que nous ne pouvons pas faire chez nous [1].

Telle est la très simple méthode par laquelle on apprend sûrement à un enfant *quelconque* à comprendre et parler une langue étrangère sans lui imposer aucun travail. Les peuples qui ont besoin de connaître les langues étrangères, tels que les Suisses, les Hollandais, les Allemands, n'en emploient pas d'autres, et c'est grâce en partie à la connaissance des langues ainsi acquises qu'ils envahissent de plus en plus nos marchés et nous font une si redoutable concurrence à l'étranger.

Le fait est trop connu pour qu'il soit utile d'y insister. Voici cependant quelques-unes des dépositions faites à ce sujet devant la Commission.

Les Allemands ont des heures de récréation, pendant lesquelles les enfants sont obligés de parler français ou anglais ; ils s'en tirent comme ils peuvent ; certaines classes sont faites entièrement en français, les questions comme les réponses. Je crois que c'est ce système vivant qu'il faut appliquer aux langues vivantes, sinon on arrivera à d'aussi misérables résultats que ceux qu'on obtient pour le grec et le latin [2].

Leur méthode (des Hollandais) est si parfaite qu'elle donne des résultats sérieux, même dans des conditions défavorables. Ç'a été pour moi une grande surprise de voir à Java des jeunes gens qui n'étaient jamais venus en Europe, qui n'avaient jamais ou presque jamais occasion de parler nos langues, et qui cependant, par la seule application des méthodes de leurs écoles, savaient parfaitement l'anglais, l'allemand et le français [3].

Il existe en Suisse des écoles pratiques — Je le sais, parce que

1. *Enquête*, t. 1, p. 561. Dalimier, professeur au lycée Buffon.
2. *Enquête*, t. I, p. 205. Sabatier, doyen de la Faculté de théologie.
3. *Enquête*, t. I, p. 364. Chailley-Bert, professeur à l'École des Sciences politiques.

J'ai un neveu qui a été dans une de ces écoles — où, dans l'espace d'une année scolaire ou même d'un semestre, on met des enfants en état de se servir convenablement de trois langues ; or jamais, dans nos lycées, les enfants ne seraient capables d'arriver à ce résultat, par la raison très simple qu'on leur apprend les langues vivantes comme le grec et le latin et nullement d'une façon active [1].

Il faut bien avouer que c'est avec raison que les Allemands se montrent pleins de mépris pour notre système d'enseignement des langues aussi bien d'ailleurs que pour tout notre système universitaire.

Voici une conversation que nous lisons dans le *Temps* du 6 janvier 1899, entre un Allemand et le rédacteur du journal :

« Tandis que nous autres, Allemands, nous nous sommes fait un devoir de réduire, pour la grande majorité de la nation, le temps d'études et de modifier en conséquence les programmes de nos établissements d'instruction, vous autres, Français, vous vous appliquez au contraire à les surcharger de plus en plus, à retenir sur les bancs de l'école vos enfants, jusqu'à l'heure où le service militaire vous les prend, à leur donner à tous, dans la classe bourgeoise, une éducation surannée, capable évidemment de faire d'eux, dans toute l'acception du mot, des lettrés, incapable de leur fournir aucune arme dans cette lutte de plus en plus sérieuse pour la vie, à laquelle toutes les nations à présent se trouvent acculées. A l'heure où nos enfants savent un minimum de trois langues et se jettent dans l'inconnu, comme j'ai fait, courant le monde, les vôtres se préparent encore à ce ridicule examen du baccalauréat. Ils y dépensent le meilleur de leurs forces, et quand ils sont bacheliers, que savent-ils ? Un atome de grec, quelques mots de latin qui leur seront parfaitement inutiles. »

Il n'y a pas à espérer une modification de nos pitoyables méthodes d'enseignement, et nous continuerons longtemps, par notre ignorance des langues étrangères, à être la risée des autres peuples. Tout a été inutilement essayé, et ce n'est pas avec des règlements qu'on changera la mauvaise volonté et l'inca-

---

1. *Enquête*, t. II, p. 644. Payot, Inspecteur d'Académie.

pacité des professeurs. Il faut donc y renoncer entière-ment, jusqu'au jour où l'opinion publique, suffisamment révoltée, obligera l'Université à évoluer.

En attendant cet âge lointain, il faut s'accommoder de ce qui existe. Recherchons donc si, à défaut de l'art de parler et comprendre une langue étrangère, que nous sommes incapables d'enseigner aux élèves, nous ne pouvons au moins leur apprendre l'art de la lire couramment, ce qui serait déjà un fort utile résultat.

Nous allons voir que, sans professeur, sans gram-maire, sans dictionnaire, et presque sans travail, un individu quelconque peut, comme je l'ai cons-taté sur moi-même et sur d'autres, arriver à ce résultat en moins de deux mois, pour une langue de difficulté moyenne, comme l'anglais, avec une dépense de temps de deux heures par jour. Je me hâte d'ajouter que je ne suis nullement l'inventeur de cette très ancienne méthode, qui fut employée jadis pour enseigner rapidement le latin à la reine Anne d'Angleterre.

Elle repose sur notre principe général de substituer le plus rapidement possible le travail inconscient au travail conscient, et je ne lui ai ajouté que le fait de choisir des livres tellement captivants que l'élève les lise par curiosité et n'ait par conséquent à faire aucun travail fastidieux.

Dans le travail de deux mois dont j'ai parlé, quinze jours au plus, en effet, sont consacrés à un travail ennuyeux. Quinze jours de travail, à deux heures par jour, sont en réalité le seul effort que je demande à l'individu le plus obtus pour apprendre à lire couram-ment l'anglais. Pour les six semaines à ajouter à ces quinze jours, je lui propose, non du travail, mais une intéressante distraction.

Et d'ailleurs ce travail de quinze jours est bien peu fatigant, puisqu'il n'exige pas qu'on ouvre une seule fois une grammaire, ni un dictionnaire. Il faut même éviter soigneusement d'en posséder pour éviter de perdre son temps à les consulter.

Voici d'ailleurs comment j'ai opéré sur moi-même à l'époque lointaine où j'ignorais l'anglais.

Puisque pour lire il n'y a qu'à reconnaître visuellement les mots sans qu'il soit nécessaire de les apprendre par cœur — chose beaucoup plus difficile — il fallait tout d'abord être capable d'en reconnaître un certain nombre. Je pris simplement un livre anglais quelconque, *le Vicaire de Wakefield*, ayant sur une page le texte anglais, et sur l'autre page, le mot à mot français[1]. Je lisais d'abord une ligne d'anglais, puis une ligne de français et répétais la même opération jusqu'à ce que je pusse comprendre la ligne anglaise sans regarder le texte français. Je passais alors à la ligne suivante. Au bout de quelques jours, je reconnaissais dans le texte anglais un grand nombre de mots déjà vus et j'étais de moins en moins obligé d'avoir recours au texte français.

Au bout d'une quinzaine de jours j'avais lu une bonne partie du livre anglais, mais comme l'histoire était passablement ennuyeuse et que je ne trouvais pas dans le commerce d'autres traductions analogues, je me demandai si je ne pourrais pas lire un texte anglais facile sans traduction. Je fis alors venir d'An-

---

1. Il faut éviter absolument les traductions dites interlinéaires qui maintiennent toujours sous les yeux le texte français sous le texte étranger. Elles constituent un détestable moyen pour apprendre à lire une langue.

gleterre les œuvres d'Alexandre Dumas, traduites en anglais, et que je n'avais jamais lues. Je commençai par essayer de lire *Monte-Cristo*. Comme je m'y attendais, je ne comprenais que fort peu de mots et le sens général m'échappait à peu près entièrement. Me fiant au lent travail de l'inconscient, qui finirait par deviner les mots inconnus d'après les indications des mots connus, je continuai la lecture incomprise du livre, me bornant pour tout travail à relire trois fois la même page. Au bout de trois à quatre jours le texte commença à s'éclairer et l'histoire étant fort captivante, je m'y intéressai vivement. Le plaisir devint bientôt tel, à mesure que se développait inconsciemment ma connaissance de la langue, que je dévorai la moitié du second volume en une seule nuit. Il y avait juste un mois que j'avais commencé l'anglais. Je profitai de ce que je me trouvais dans une période de vacances pour lire ainsi une vingtaine de romans, toujours des traductions de français en anglais.

Ce n'était pas sans intention que je choisissais des auteurs français traduits en anglais, et toujours le même auteur, me doutant bien que lorsque j'aborderais un auteur anglais, dont la pensée et le style sont différents, les difficultés seraient beaucoup plus considérables. Ayant épuisé cependant la lecture des œuvres de Dumas, j'entrepris la lecture d'un romancier anglais, et, dès les premières pages, les difficultés apparurent. Je ne comprenais guère que le quart de ce que je lisais. Je continuai cependant, et de même que pour *Monte-Cristo*, il arriva, par un travail inconscient de l'esprit, un moment où la lecture devint facile. Je pus lire ensuite d'autres auteurs aisément, mais toujours avec un peu de difficulté au début quand il s'agissait d'un nouvel auteur. Ce dernier point a des causes psychologiques très simples, et je ne le signale que pour montrer en passant l'intense absurdité des collections de morceaux choisis d'auteurs différents que l'Université met dans les mains des lycéens.

Il ne faudrait pas supposer que l'élève qui aura ainsi appris à lire une langue en ignorera la grammaire, il la connaîtra au contraire parfaitement, vu qu'il l'aura apprise incobsciemment par la pratique. Quand il aura lu des centaines de fois les mots *unhappy*, *unchangeable*, *unacceptable*, *uncertain*, il saura que *un* en anglais devant un mot indique la négation. De même en allemand. Le sens invariable des préfixes tels que *aus*, *mit*, *durch*, etc., se dégagera nettement de la lecture répétée des mots tels que *auf gehen* (se lever), *mit gehen* (accompagner), *um gehen* (aller autour), *nach gehen* (suivre), *aus gehen* (sortir), *durch gehen* (traverser), etc.

Si l'élève capable de bien lire l'anglais, veut passer ensuite à une autre langue, l'allemand par exemple, il devra d'abord prendre un livre allemand, dont la traduction littérale soit faite, non en français, mais en anglais, c'est-à-dire un livre fait pour les Anglais qui veulent apprendre l'allemand. Quand il saura reconnaître quelques mots, il évitera soigneusement d'essayer de lire d'abord les grands auteurs classiques. Il commencera toujours par des traductions de français en allemand d'ouvrages intéressants, tels par exemple que les *Mille et une Nuits*, dont il existe une bonne traduction allemande en deux volumes, ou encore les innombrables romans français, ceux d'Alexandre

Dumas notamment, traduits en allemand dans la collection à 25 centimes le volume.

La méthode qui précède, pour apprendre rapidement à lire une langue, est naturellement applicable à toutes, y compris le latin. Elle n'implique qu'une seule condition fondamentale, lire au moins une vingtaine de volumes. Comme elle rend absolument inutile l'intervention des professeurs, il est de toute évidence qu'elle n'a aucune chance d'être jamais conseillée par eux. Si je l'ai exposée, c'est parce qu'il se pourrait que, parmi mes lecteurs, il se trouvât au moins un père de famille comprenant que son fils perd totalement son temps au collège, et voulant le rendre capable de lire une ou deux langues étrangères.

CHAPITRE VI

L'enseignement des mathématiques.

————

Au point de vue de leur rôle éducateur, on peut classer les sciences de la façon suivante :

1° Les sciences naturelles, qui exercent l'esprit d'observation ;

2° Les sciences physiques et chimiques, qui exercent à la fois l'esprit d'observation et le jugement ;

3° Les sciences mathématiques, qui sont considérées comme des sciences exclusivement de raisonnement, mais que nous montrerons être expérimentales et devant être enseignées d'abord d'une façon expérimentale.

L'enseignement des mathématiques est très développé chez tous les peuples latins. Ce sont les connaissances qui exercent chez eux le plus de prestige. Elles constituent le moyen de sélection employé pour recruter les candidats des grandes écoles. Les programmes d'admission à l'École Polytechnique ou à l'École Centrale, roulent presque exclusivement sur les mathématiques, et l'enseignement y est surtout mathématique. Les démonstrations au tableau y remplacent entièrement les expériences.

Ce n'est pas ici le lieu de rechercher si l'aptitude aux mathématiques constitue une supériorité transcendante, comme pourraient le faire croire les programmes d'admission aux grandes écoles. On montrerait aisément que c'est une faculté de même ordre que toute autre aptitude à un art ou une science quelconque.

Mais prétendre que le développement de l'enseignement des mathématiques, tel que le donnent nos grandes écoles, fortifie le raisonnement et développe le jugement, est une assertion illusoire. Cet avis est, du reste, celui des savants qui sont le mieux à même de connaître les élèves adonnés presque exclusivement à ces études. Voici, par exemple, comment s'est exprimé M. Buquet, directeur de l'École Centrale, devant la Commission d'enquête :

C'est par les mathématiques élémentaires, par la géométrie, que les élèves se rendent compte des choses, raisonnent. Quand on s'enfonce plus avant dans les mathématiques spéciales, on arrive à une certaine gymnastique de chiffres, de lettres et de formules, qui ne forme pas beaucoup l'intelligence, et pas du tout le jugement quand ils ne sont pas suivis d'explications qu'on devrait donner et qu'à mon avis on ne donne pas assez, ou précédés d'études approfondies [1].

Les mathématiques peuvent développer le goût des raisonnements subtils, mais il est faux qu'elles exercent le jugement. Les mathématiciens les plus éminents ne savent pas souvent se conduire dans la vie et sont embarrassés par les choses les plus simples. Napoléon en réalisa l'expérience quand il voulut faire de Laplace, le plus illustre mathématicien de son temps, un administrateur. Voici comment il raconte lui-même l'aventure :

1. *Enquête*, t. II, p. 503. Buquet, directeur de l'École Centrale.

Géomètre de premier rang, Laplace ne tarda pas à se montrer administrateur plus que médiocre. Dès son premier travail, nous reconnûmes que nous nous étions trompés. Laplace ne saisissait aucune question sous son véritable point de vue ; il cherchait des subtilités partout, n'avait que des idées problématiques et portait enfin l'esprit des infiniment petits jusque dans l'administration [1].

Ce fut, comme on le sait, à un des plus célèbres mathématiciens modernes, qu'un facétieux escroc vendit, pendant plusieurs années, des autographes fabriqués de toutes pièces, de divers savants illustres, autographes qui furent d'ailleurs reproduits dans les comptes rendus de l'Académie des sciences. Parmi les documents ainsi achetés par le candide mathématicien, il y en avait, paraît-il, de Cléopâtre et de Jésus-Christ ! On peut raisonner parfaitement sur les quantités toujours très simples qui entrent dans une équation et ne rien comprendre à l'enchaînement des phénomènes.

Mais de telles considérations ne sauraient nous arrêter ici. Les mathématiques constituent une langue dont la connaissance ne développe pas plus l'intelligence que celle des autres langues. Un idiome ne s'apprend pas pour exercer l'intelligence, mais

1. Cité par A. Rebierre, *Mathématiques et Mathématiciens*, 2ᵉ édition, p. 185.
2. Comme exemple typique de cette habitude, on pourrait citer le gros traité d'électricité d'un académicien bien connu. L'auteur s'est donné un mal énorme pour mettre péniblement sous forme d'équations des propositions très simples qu'il aurait pu exprimer bien plus utilement en langage ordinaire. Cette habitude latine de remplacer l'expérience par des discussions mathématiques semble incompréhensible aux physiciens anglais. Un des plus éminents d'entre eux, J. Thomson, signalait récemment encore cette manie latine de tout vouloir mettre sous forme d'équations — ce qui dispense d'expérimenter et de comprendre — alors que les plus illustres physiciens anglais cherchent toujours à obtenir la représentation mécanique de leurs théories les plus savantes. Quand on sait parler aux yeux, on peut se dispenser de parler à la mémoire et d'abriter ses incertitudes derrière d'obscures formules.

uniquement parce qu'il est utile à connaître. Or l'habitude d'écrire les choses les plus simples en langage mathématique[2] est tellement répandue aujourd'hui qu'il y a nécessité pour les élèves d'apprendre ce langage, tout comme ils seraient obligés d'apprendre le japonais ou le sanscrit si tous les livres de sciences étaient écrits dans ces langues.

Le seul point important est de savoir comment on peut apprendre rapidement à comprendre puis à parler la langue spéciale des mathématiciens. Les débuts seuls de cette étude, comme ceux de toutes les langues, sont difficiles.

Il faut la commencer dès la plus tendre enfance, en même temps que la lecture et l'écriture, mais d'une façon diamétralement opposée à celle qui s'emploie aujourd'hui.

Elle doit s'enseigner par l'expérience, en substituant aux raisonnements effectués sur des symboles, l'observation directe de quantités qu'on peut voir et toucher. Ce qui rend si difficile l'instruction mathématique de l'enfant, c'est l'indéracinable habitude latine de toujours commencer par l'abstrait sans passer d'abord par le concret.

Si l'ignorance de la psychologie infantile n'était pas si universelle et si profonde, tous les pédagogues sauraient que l'enfant ne peut comprendre les définitions abstraites de grammaire, d'arithmétique ou de géométrie, et qu'il les récite comme il le ferait pour les mots d'une langue inconnue. Seul le concret lui est accessible. Quand les cas concrets se seront suffisamment multipliés, c'est son inconscient qui se chargera d'en dégager les généralités abstraites.

Donc les mathématiques doivent, à leur début surtout, s'enseigner expérimentalement, car, contrairement à l'idée courante, ce sont des sciences expérimentales. C'est une opinion que j'ai été heureux de voir défendre par un mathématicien aussi connu que M. Laisant :

Je considère, dit-il, *que toutes les sciences* sans exception sont expérimentales au moins dans une certaine mesure. En dépit de certaines doctrines qui ont voulu faire des sciences mathématiques une suite d'opérations de pure logique reposant sur des idées pures, il est permis d'affirmer qu'en mathématiques aussi bien que dans tous les autres domaines scientifiques, il n'existe pas une notion, pas une idée qui pourrait pénétrer dans notre cerveau sans la contemplation préalable du monde extérieur et des faits que ce monde présente à notre observation[1].

Joignant l'exemple à la théorie, M. Laisant montre comment on peut, avec la règle, le compas, quelques morceaux de carton et du papier quadrillé, apprendre expérimentalement à un enfant une partie de l'algèbre, y compris les quantités négatives et une foule de connaissances géométriques, telles que l'équivalence du parallélogramme et du rectangle de même base et de même hauteur, l'aire du triangle, le carré de l'hypoténuse, etc. J'ajouterai qu'avec un ruban gradué et un cylindre, on peut lui faire trouver tout seul le rapport du diamètre à la circonférence et bien d'autres choses encore.

M. Duclaux, membre de l'Académie des sciences, a traité le même sujet dans un mémoire sur l'enseignement des mathématiques[2] et est arrivé à des conclusions analogues.

M. Duclaux est, comme M. Laisant et comme nous-même, d'avis que c'est dès la plus tendre enfance,

1. Laisant, examinateur à l'École Polytechnique. *L'Instruction mathématique, revue scientifique*, 1899, p. 358.
2. *Revue scientifique*, 1899, p. 353.

c'est-à-dire à l'âge où se créent certaines habitudes d'esprit, qu'il faut commencer l'étude des mathématiques, de la géométrie notamment. Il s'est rencontré avec le célèbre philosophe Schopenhauer, sur les dangers pédagogiques de la géométrie d'Euclide, livre auquel 2,000 ans de vénération respectueuse ont donné une autorité presque divine dans l'enseignement, et qui n'a guère réussi qu'à donner à des milliers d'êtres l'horreur intense de la géométrie. Voici comment s'exprime Schopenhauer :

Nous sommes certainement forcés de reconnaître, en vertu du principe de contradiction, que ce qu'Euclide démontre est bien tel qu'il le démontre ; mais nous n'apprenons pas pourquoi il en est ainsi. Aussi éprouve-t-on presque le même sentiment de malaise qu'on éprouve après avoir assisté à des tours d'escamotage, auxquels, en effet, la plupart des démonstrations d'Euclide ressemblent étonnamment. Presque toujours, chez lui, la vérité s'introduit par la petite porte dérobée, car elle résulte, par accident, de quelque circonstance accessoire ; dans certains cas la preuve par l'absurde ferme successivement toutes les portes, et n'en laisse ouverte qu'une seule, par laquelle nous sommes contraints de passer, pour ce seul motif. Dans d'autres, comme dans le théorème de Pythagore, on tire des lignes, on ne sait pas pour quelle raison ; on s'aperçoit, plus tard, que c'étaient des nœuds coulants qui se serrent à l'improviste, pour surprendre le consentement du curieux qui cherchait à s'instruire ; celui-ci, tout saisi, est obligé d'admettre une chose dont la contexture intime lui est encore parfaitement incomprise, et cela à tel point qu'il pourra étudier l'Euclide entier sans avoir une compréhension effective des relations de l'espace ; à leur place, il aura seulement appris par cœur quelques-unes de leurs résultats... A nos yeux, la méthode d'Euclide n'est qu'une brillante absurdité [1].

M. Duclaux définit très justement l'ouvrage d'Euclide de livre « terriblement ennuyeux, méticuleux, pédant et qui subtilise sur tout ». Il montre l'absurdité de vouloir démontrer des vérités qu'on saisit par intuition, telles par exemple que celle-ci : un côté quelconque d'un triangle est plus petit que la somme des

1. *Le Monde comme volonté et comme représentation*, t. I, p. 76.

deux autres — proposition connue du plus humble caniche, qui sait fort bien que la ligne droite est le plus court chemin d'un point à un autre. Pourquoi vouloir démontrer à l'enfant que deux circonférences de même rayon sont égales? L'élève sait fort bien que si après avoir fait un tour avec son compas, il en fait un second, il tracera la même ligne que la première fois. « Rien n'est plus pitoyable, conclut M. Duclaux, que l'enseignement de la géométrie. Voici plus de trente ans que je fais passer des examens du baccalauréat et que je constate cette décadence. Je ne crois pas qu'il y ait en ce moment plus d'un élève sur vingt qui ait le sentiment net de la méthode euclidienne. C'est bien la peine de l'avoir suivie, et vraiment je crois que l'enseignement secondaire ferait bien d'y renoncer. »

Il faut avouer que peu d'auteurs ont tenté de présenter les mathématiques sous forme concrète, ou du moins de n'arriver à l'abstrait qu'après être passé par le concret [1]. Il faudrait, il est vrai, avoir presque du génie pour réussir à écrire un livre qui conduirait l'élève par des méthodes expérimentales de l'enseignement primaire jusqu'au calcul infinitésimal. Un tel ouvrage n'ayant aucune chance d'être adopté dans les écoles ne sera certainement jamais écrit.

Pour qu'il puisse l'être, il faudrait d'abord que les pédagogues voulussent essayer de se faire une idée de la psychologie de l'enfant, qu'ils ne soupçonnent guère, à en juger par leurs méthodes d'enseignement. Seulement alors ils pourraient comprendre l'absur-

[1]. Je ne vois que quatre auteurs à citer. Macé pour l'arithmétique, Clairaut pour la géométrie, Legout, ingénieur en chef des Ponts et Chaussées, pour l'algèbre et la géométrie et Laisant pour l'Enseignement général des mathématiques.

dité de commencer l'enseignement de toutes choses, langues, mathématiques, etc., par l'apprentissage mnémonique de règles et de symboles abstraits, alors que l'intelligence de l'enfant — et sur ce point beaucoup d'hommes restent longtemps enfants — ne peut saisir que le concret.

Le principe général de tout ce qui précède : donner la notion expérimentale des choses avant d'expliquer les transformations de leurs symboles, ne s'applique pas seulement à l'enseignement primaire des mathématiques, mais bien à l'enseignement secondaire et même supérieur. Il existe une méthode, la méthode graphique, qui a transformé l'art de l'ingénieur et qui permet de représenter les diverses phases des phénomènes, les variations des grandeurs, et révèle, tout aussi bien aux mathématiciens qu'aux élèves, les relations voilées sous les symboles.

Une grandeur quelconque, force, poids, durée, quantité, etc., peut s'exprimer soit par des chiffres ou des lettres équivalentes, soit par des lignes. L'expression par des chiffres ou des lettres représente la méthode numérique et algébrique, l'expression par des lignes, la méthode graphique. Quand il s'agit de traduire, et surtout de comparer, les rapports et les changements de grandeurs variables, la seconde est à la première ce que serait la carte d'un fleuve à la description en langage ordinaire des sinuosités de ce fleuve.

Rien n'est plus facile que de faire comprendre à un jeune élève par la méthode graphique les principes fondamentaux de la géométrie analytique, qui ne fait que traduire les relations existant entre les coordonnées d'une courbe. On lui montrera très facilement, d'une façon expérimentale, qu'une courbe quelconque est graphiquement déterminée quand on connaît la distance de plusieurs de ses points à deux axes fixes, perpendiculaires l'un à l'autre. Il sera bien facile alors de lui faire saisir que le géomètre, l'astronome, le géographe, l'architecte, n'emploient pas d'autre méthode que ce procédé graphique pour déterminer sur la carte la position d'un point quelconque. Il suffit de lui montrer expérimentalement que la position d'une partie quelconque d'un objet est déterminée sur un plan quand on connaît ses distances horizontales et verticales à ce plan. On lui expliquera ensuite que le nom seul de ces deux longueurs, dites coordonnées, varie suivant les choses auxquelles on les applique. En géographie, les deux coordonnées d'un point s'appellent longitude et latitude ; en astronomie, ascension droite et déclinaison ; en géométrie analytique, abscisse et ordonnée. Sous des noms différents, c'est exactement la même chose. Que, si l'élève arrive en réfléchissant, à voir qu'avec l'emploi de deux coordonnées on ne donne que deux des dimensions d'un même objet, c'est-à-dire la longueur et la largeur, mais non son épaisseur, rien ne sera plus simple que de lui montrer expérimentalement que la troisième dimension des corps, la hauteur d'une montagne par exemple, peut être représentée également par la méthode graphique. Il suffira de lui indiquer avec un verre d'eau et un corps solide quelconque plus ou moins immergé comment se construisent les courbes dites d'égal niveau, avec lesquelles se fabriquent les plans en relief et qu'un enfant peut apprendre facilement à construire.

Les équations et les formules par lesquelles les

mathématiciens expriment les relations entre les diverses grandeurs, constituent un mode de raisonnement très abrégé, très utile à connaître, mais qui présente, surtout au début de l'enseignement, l'inconvénient de faire perdre de vue la nature des faits sous les transformations des signes qui les représentent. Les règles qui déterminent l'emploi et la transformation de ces signes étant apprises, on arrive, après quelques exercices, à s'en servir à peu près comme d'une machine à calcul ou à équations. En tournant une manivelle, on voit apparaître le chiffre cherché, sans avoir besoin de comprendre comment il s'est formé.

Les résultats que la méthode graphique fournit sont fort différents. Elle donne aux grandeurs des valeurs figurées, dont l'aspect est frappant, et dont il est facile de saisir les relations, alors même que ces relations ne pourraient être traduites que par des équations d'une complexité extrême. Sans doute ces lignes sont, elles aussi, des symboles, mais ces symboles ont une clarté que les chiffres ou les lettres ne sauraient offrir à l'esprit [1].

Appliquée à la recherche des relations des diverses grandeurs entre elles, la méthode graphique a sur l'expression algébrique et numérique une supériorité incontestable, et il serait fort utile de l'introduire dans

1. On connaît les applications de la méthode graphique à la statistique. Elle a été aussi, bien que trop rarement, appliquée à l'histoire. Elle y remplacerait utilement bien des pages de littérature. Je citerai comme exemple de cette application le graphique construit autrefois par Minard et destiné à représenter les pertes de l'armée française dans la campagne de Russie de 1812. Il constitue la plus concise, la plus éloquente et la plus instructive des pages d'histoire que je connaisse. L'armée française, au moment où elle franchit le Niemen, est représentée par un ruban qui va en décroissant toujours dans la proportion des pertes qu'elle subit. La large bande du départ n'est plus qu'un mince filet au retour. Ce tableau montre tout de suite combien sont erronées les idées qu'on se fait

l'enseignement des mathématiques élémentaires. On leur ôterait ainsi ce qu'elles ont parfois d'empirique et d'abstrait. Loin de développer l'aptitude à raisonner, les mathématiques, telles qu'on les enseigne, produisent souvent un résultat tout à fait contraire.

La plupart des raisonnements mathématiques sont d'ailleurs d'une simplicité très grande. C'est uniquement la difficulté de manier des formules, dont on ne saisit pas le sens pendant la série de leurs transformations, et l'impossibilité de considérer les choses en elles-mêmes, qui rendent ces formules d'un maniement compliqué. « Ce qui a pu faire illusion à quelques esprits, dit le grand mathématicien Poinsot, sur cette espèce de force qu'ils supposent aux formules de l'analyse, c'est qu'on en retire avec assez de facilité des vérités déjà connues, et qu'on y a pour ainsi dire soi-même introduites, et alors il semble que l'analyse nous donne ce qu'elle ne fait que nous rendre dans un autre langage. »

La simplicité des raisonnements mathématiques est prouvée d'ailleurs par ce fait que l'on construit des machines peu compliquées résolvant aisément les plus difficiles problèmes de l'algèbre et du calcul intégral. (Résolution des équations, quadrature des surfaces, etc.). On ne voit pas d'autres sciences où le raisonnement direct du cerveau pourrait être remplacé par celui d'une machine.

souvent de cette campagne, lorsqu'on répète que ce sont les froids et la neige qui ont anéanti la grande armée. La vérité est que plus des trois quarts en étaient détruits avant que la retraite fût commencée. Des 422,000 hommes qui franchirent le Niémen, et dont 10,000 à peine devaient le revoir, 322,000 hommes étaient morts avant d'arriver à Moscou, et, quand les grands froids commencèrent, des 100,000 repartis de Moscou, il en restait à peine la moitié. Le froid n'est donc à sévir que sur des débris, et sans son action, la campagne n'en fût pas moins restée un des plus gigantesques désastres des temps modernes.

CHAPITRE VII

L'enseignement des sciences physiques
et naturelles.

Les connaissances dont nous nous sommes précédemment occupé, les langues notamment, doivent être apprises fort jeune, parce que pendant l'enfance la mémoire est très vive. Elles ont une utilité considérable, mais ne possèdent aucune vertu éducative et ne développent ni l'esprit d'observation, ni le jugement. Seules les sciences physiques et naturelles peuvent exercer un tel rôle.

§ 1ᵉʳ. — L'ENSEIGNEMENT DES SCIENCES NATURELLES.

De tous les moyens de développer chez l'enfant, le jeune homme ou l'adulte, l'esprit d'observation sans fatigue ni ennui, il n'en est pas de meilleur que l'enseignement des sciences naturelles. Elles apprennent à voir et montrent que l'objet en apparence le plus insignifiant, l'herbe ou la plante foulée par nos pieds, l'insecte qui voltige sont des mondes de faits merveilleux qu'on découvre, dès qu'on apprend à les observer.

De cette étude, si attrayante et si utile comme moyen d'éducation, l'Université a trouvé moyen de faire la plus lourde des corvées, la plus fastidieuse des récitations mnémoniques. Continuant à appliquer son principe de remplacer la vue des choses par leur description, elle oblige l'élève à entasser dans sa mémoire la définition d'objets qu'on ne lui montre jamais et des classifications qu'il ne peut comprendre.

Et pourtant ce n'est pas le matériel qui serait coûteux, puisque avec les plantes, les pierres, les insectes rencontrés dans une promenade, un professeur doué d'un peu d'esprit pédagogique, pourrait enseigner à l'élève les points les plus essentiels de la zoologie, de la botanique et de la minéralogie. Il est de toute évidence que ce n'est pas par des manuels, mais par la vue des êtres, que les sciences naturelles peuvent s'enseigner. Voici du reste comment s'exprime à ce sujet un savant éminent, doublé d'un philosophe, M. Dastre, professeur de physiologie à la Sorbonne :

Je comprendrais l'enseignement des sciences naturelles d'une manière toute différente. Il se ferait non point entre quatre murs, devant un tableau noir et avec un morceau de craie; il se donnerait en plein air, dans des excursions, dans des visites aux jardins zoologiques, dans les musées anatomiques ou dans les galeries d'histoire naturelle. En d'autres termes, pour que l'enseignement des sciences naturelles portât tous ses fruits, il devrait avoir lieu en présence de la nature même. Alors il remplirait son but éducationnel. Tandis que les sciences mathématiques développent la réflexion interne et la faculté logique, l'étude des sciences naturelles aurait pour fonction de développer l'esprit d'observation. Les premières apprennent à l'enfant et à l'homme à regarder au dedans de lui-même; les autres le transportent au dehors et le rendent attentif à l'immensité des phénomènes qui se déroulent sous ses yeux [1].

Il n'y a pas à espérer que les professeurs formés par l'Université consentent à employer d'aussi fécondes méthodes. Il serait donc préférable de supprimer totalement l'enseignement de l'histoire naturelle dans les lycées. Les élèves ne seront ni plus ni moins instruits qu'aujourd'hui, car six mois après l'examen, ils ont oublié toutes les définitions et les classifications qu'ils ont apprises, mais au moins n'auront-ils pas acquis l'horreur profonde d'une science qui est peut-être de toutes la plus attrayante et certainement la plus facile à enseigner.

§ 2. — L'ENSEIGNEMENT UNIVERSITAIRE DES SCIENCES EXPÉRIMENTALES.

Quand on possède une méthode, on l'applique nécessairement au plus grand nombre de sujets possible. L'Université ne connaît que la méthode mnémonique, et naturellement elle l'applique à tout ce qu'elle enseigne. Les sciences expérimentales, telles que la physique et la chimie, sont enseignées comme l'histoire naturelle ou les langues, à coups de manuels. Si par hasard un instrument est montré à l'élève, c'est de loin, de façon que personne ne puisse y toucher. Le professeur y touchera lui-même le moins possible, d'abord parce qu'il n'est pas très sûr de pouvoir le faire fonctionner, et ensuite parce qu'en le maniant, on finirait par altérer le poli des

1. *Leçons d'anatomie* de Besson. Préface.

cuivres dont l'éclat fait très bon effet dans les vitrines.

Ces rares exhibitions sont d'ailleurs de pure forme. Professeurs et élèves se soucient fort peu des expériences. On n'en demande pas aux examens, et il est bien préférable de consacrer son temps à étudier dans les livres la description d'instruments sur lesquels l'examinateur pourra tâcher de « coller le candidat ».

Aussi, en prévision de ces futures « colles », les manuels grossissent chaque année, et pour peu qu'un appareil ait été imaginé récemment par un examinateur, il figure bientôt dans la prochaine édition du manuel.

On devine ce que peut être un semblable enseignement et ce que peuvent être de tels manuels. Un de nos plus distingués universitaires, M. H. Lechatelier, professeur au Collège de France, l'a fort bien montré dans un mémoire sur l'enseignement scientifique paru dans la *Revue des Sciences*, et dont j'extrais le passage suivant :

On arrive, sous la préoccupation dominante des examens, à augmenter outre mesure le nombre des appareils décrits, ce qui présente de graves inconvénients. Quand, par exemple, on donne treize méthodes calorimétriques, comme dans certains ouvrages destinés à l'enseignement, on trompe les élèves en leur laissant croire qu'elles ont une existence réelle; en fait, il y en a deux: la calorimétrie à eau et la calorimétrie à glace. En outre, en décrivant ces méthodes au pas de course, comme on est obligé nécessairement de le faire, on passe sous silence la seule chose intéressante et utile à connaître : le degré de précision. On ne trouverait pas un élève sur cent qui soupçonne quel intérêt il y a à se servir en calorimétrie de thermomètres donnant le centième de degré plutôt que le dixième. La seule impression qui puisse rester de ces descriptions d'appareils est que leur choix est surtout une question de mode. Il n'en résulte aucune notion de ce que peut être une expérience de mesure.

L'enseignement de la chimie n'est pas naturellement meilleur. Voici comment s'exprimait le grand chimiste Dumas dans l'instruction de 1854 sur le plan d'études des lycées à propos de cette science. Les lignes suivantes sont aussi vraies aujourd'hui qu'elles l'étaient de son temps.

Rien de plus facile, avec la souplesse et la sûreté de mémoire qu'on rencontre chez nos jeunes élèves, que de leur faire apprendre par cœur un cours de chimie. Ils retiendront tout, principes généraux, formules, chiffres, développements, et pourront se faire illusion sur leur savoir réel, mais, à peine sortis du lycée, ils s'apercevront qu'ils s'étaient bien trompés, *car il ne leur restera rien de ce qu'ils avaient si aisément appris.*

Un demi-siècle s'est écoulé et l'enseignement ne s'est pas amélioré. Voici ce qu'écrit M. Lechatelier, dans le travail cité plus haut.

L'enseignement de la chimie est celui qui est le plus en souffrance; il a conservé de la tradition des alchimistes, des collections de recettes, de préparation souvent démodées, et des listes de petits faits certainement intéressants en eux-mêmes, mais dont la place serait plutôt dans les dictionnaires de chimie.

Les lois générales, ou tout au moins, les relations qualitatives d'analogie et de causalité, là où les lois précises font défaut, sont tout à fait laissées au second plan. Les listes des petits faits sont stériles, parce qu'il y a bien peu de chances que ceux que l'on a appris soient précisément ceux que l'on ait besoin de connaître plus tard.

C'est une erreur trop répandue de penser que l'idéal, en fait d'enseignement scientifique, est d'infuser à de jeunes esprits des idées toutes faites, choisies parmi celles qui passent pour les plus exactes. De là le système actuel d'occuper la moitié du temps des études à prendre des notes et l'autre moitié à les apprendre. On oublie trop facilement que, si la formule apprise est adéquate à la formule enseignée, l'idée attachée dans les deux cas à cette même formule est toute différente. Pour le professeur, derrière les mots employés il y a tout un ensemble de faits, empruntés à son expérience personnelle, qui viennent se presser dans sa mémoire; pour l'élève, il n'y a rien, à moins que, par un effort personnel, il n'ait, en rapprochant une série de faits antérieurement connus de lui, fait cette idée sienne. Ce sont ces idées personnelles qui seules ont *une valeur pratique quelconque ; les autres, celles qui ont été apprises mécaniquement, glissent sur l'entendement sans y pénétrer. Au bout de quelques années leur trace est totalement effacée.*

M. H. Lechatelier attribue, « tout le monde, dit-il, est d'accord sur ce point », l'état de stagnation de notre enseignement scientifique aux examens et aux concours qui uniformisent et immobilisent l'enseignement « *après lui avoir imprimé la direction la plus funeste* ». Il indique aussi comme cause de notre décadence scientifique l'insuffisance de nos professeurs. « Il faudrait avant tout et surtout avoir un recrutement de professeurs de l'enseignement secondaire pour lesquels la préoccupation de l'examinateur ne soit pas le commencement et la fin de la sagesse. »

Tout cela est assurément très juste, mais comme, avec les idées latines actuelles, les concours et les professeurs ne sont pas modifiables, il n'y a à espérer aucune réforme de notre enseignement scientifique.

Ce n'est donc qu'à un point de vue philosophique pur et tout en sachant très bien que les idées qui vont être exposées ne sont pas réalisables aujourd'hui que nous allons indiquer ce que pourrait être un enseignement des sciences physiques organisé de façon à ce que l'élève pût en retirer grand profit.

§ 3. — IMPORTANCE DE L'ENSEIGNEMENT DES SCIENCES EXPÉRIMENTALES DANS L'ENSEIGNEMENT PRIMAIRE.

L'enseignement expérimental a une telle puissance éducative qu'on ne saurait le commencer trop tôt.

Il faut s'y prendre de très bonne heure pour tâcher de donner à l'enfant de l'esprit d'observation et du jugement.

Avant donc de rechercher ce que devrait être l'étude des sciences expérimentales dans l'enseignement secondaire, nous allons montrer ce qu'elle pourrait être dans l'enseignement primaire.

Ce n'est pas d'aujourd'hui, d'ailleurs, que des pédagogues éminents ont compris l'importance des sciences expérimentales dans l'éducation de l'enfant. On sait les résultats obtenus en Allemagne par Frœbel et Pestalozzi, au moyen de ce qu'ils appelaient les leçons de choses.

Malheureusement tout ce qui est expérimental et ressemble au travail manuel est tenu en grand mépris par les Universités latines, et c'est là une des causes de l'impossibilité pour elles d'accomplir aucune réforme sérieuse.

Cette disposition d'esprit, les Allemands l'ont partagée longtemps, mais ils ont su s'y soustraire, et c'est parce qu'ils sont arrivés à comprendre l'importance de l'enseignement expérimental que les sciences et l'industrie ont pris chez eux le développement prodigieux que l'on constate aujourd'hui.

Les Anglais n'avaient pas à entrer dans cette voie, puisqu'ils n'en ont jamais connu d'autre, car, chez eux, l'enseignement a toujours été expérimental. Leurs ingénieurs commencent toujours par être ouvriers.

Dès l'école primaire, les Anglais manifestent leur goût pour l'enseignement expérimental et leur conviction bien arrêtée que rien n'entre dans l'esprit que par la voie de l'expérience.

27.

A l'école de Bradford, fréquentée par des enfants de petite classe moyenne, j'ai vu, dit M. Leclerc, des élèves de douze à quinze ans travaillant chacun pour son compte et de son côté, chacun sachant ce qu'il avait à faire, dessinant, maniant des produits chimiques ou des appareils de physique, tous faisant en toute liberté, silencieusement et sérieusement, leur besogne sans perdre une minute [1].

Même dans les grandes écoles anglaises, dont le prix ne permet l'accès qu'aux fils des classes les plus riches ne devant jamais gagner leur vie, le travail manuel est tenu en grande estime à cause de son rôle éducateur. A Harrow, dont les professeurs reçoivent de 20 à 60,000 francs d'appointements et le directeur 200,000 francs, il existe un atelier de menuiserie dirigé par un contremaître et où travaillent tour à tour tous les élèves. Il y a quelques années, le professeur de rhétorique était en même temps menuisier et mécanicien tellement habile qu'il fut chargé d'installer entièrement l'électricité dans l'établissement.

C'est dès les classes primaires que l'instruction expérimentale devrait être commencée, pour être continuée ensuite dans l'enseignement secondaire et supérieur. Cette opinion n'a été soutenue devant la Commission d'enquête que par quelques rares professeurs. Je citerai parmi eux M. Morlet, qui a préconisé le travail manuel, la vue des objets ou la projection de leurs images, alors que « trop souvent les leçons des meilleurs maîtres ne laissent pas plus de traces que de beaux caractères marqués sur le sable » [2].

On ne saurait mieux dire, ni dans un sens plus contraire à notre esprit universitaire.

L'opinion la plus répandue dans l'Université sur les

1. *Education des classes moyennes en Angleterre.*
2. *Enquête*, t. II, p. 317. Morlet, censeur à Rollin.

leçons de choses a été traduite de la façon suivante, par un inspecteur général de l'Université :

> Les leçons de choses constituent un petit enseignement scientifique très prématuré.
>
> Les enfants ne sont pas aptes à le recevoir, car ils n'ont encore à leur disposition que la mémoire. Cette faculté leur permet d'emmagasiner des mots, dont ils n'arrivent pas toujours à comprendre le sens. Ils saisissent les mots par leur ressemblance extérieure, ils les confondent ensuite et diront volontiers « acide » pour « silice » ou inversement [1].

Ce raisonnement très pauvre montre une fois de plus à quel point la psychologie de l'enfant est ignorée dans l'Université. Que l'enfant confonde les mots silice et acide, quelle importance cela peut-il bien avoir? Ce qui importe, c'est qu'il ne confonde pas les choses qu'on lui montre, et quand il les aura vues et touchées, il ne les confondra jamais. Si on lui met dans la main des morceaux de coke et d'anthracite ou des fragments de plomb et d'aluminium, il pourra confondre le nom de ces substances, mais les reconnaîtra toujours à leur différence de densité quand on les lui présentera de nouveau. Ce sont des réalités et non des mots qu'on se propose de lui enseigner par les leçons de choses. Voilà ce que les universitaires, qui raisonnent comme l'inspecteur que je viens de citer, n'ont pas encore réussi à comprendre.

Dans une conférence fort intéressante, M. Laisant a insisté longuement sur l'utilité, pour le développement de l'esprit, de donner à l'enfant dès le jeune âge l'habitude de l'observation et de la réflexion par des expériences scientifiques faites avec les objets usuels. C'est là ce qu'on a appelé les récréations scien-

---

1. *Enquête*, t. I, p. 247. Dupuy, inspecteur général de l'enseignement, ancien professeur de rhétorique.

tifiques. Des savants éminents n'ont pas dédaigné d'y consacrer des ouvrages spéciaux. Elles permettent de constater des lois physiques importantes avec des objets qu'on a partout sous la main ou de petits instruments très peu coûteux. Ainsi peuvent être étudiées les lois de la gravitation, de la chute des corps, les propriétés du centre de gravité, du levier, de l'équilibre des liquides, les principales données de l'acoustique et de l'optique, et même certaines opérations chimiques, telles que la production du gaz d'éclairage avec un fourneau de cuisine, un peu de terre glaise et une pipe.

Les hommes chargés, par leurs fonctions, du développement intellectuel de la jeunesse, dit M. le professeur Laisant [1], auraient dû se précipiter avec avidité sur les nouveaux moyens qui leur étaient offerts, les analyser, les étudier, en tirer la quintessence, réformer de fond en comble l'enseignement avec le secours de ces éléments inespérés. Tout au contraire ils sont passés à côté de ces tentatives avec une suprême indifférence, accompagnée d'un dédain non dissimulé. Les auteurs des *Récréations scientifiques* n'étaient à leurs yeux que de vulgaires amuseurs. Songez donc ! apprendre quelque chose à l'enfant sans l'ennuyer, quelle folie ! Lui mettre dans le cerveau une longue suite d'observations, de faits, de résultats, et le préparer ainsi à recevoir plus tard des idées justes, à réfléchir, à raisonner ; quelle entreprise révolutionnaire ! Le spectacle que nous donne l'administration pédagogique m'autorise à dire que nous ne sommes pas beaucoup plus avancés à ce point de vue qu'on ne l'était au moyen âge.

C'est également mon avis.

§ 4. — L'ENSEIGNEMENT DES SCIENCES EXPÉRIMENTALES DANS L'INSTRUCTION SECONDAIRE.

L'enfant préparé comme il vient d'être dit aborderait au lycée sans difficulté l'étude de la phy-

1. *Revue scientifique*, 9 mars 1901.

sique et de la chimie. La valeur éducative de ces sciences est immense à condition que leur enseignement soit exclusivement expérimental. Le matériel de la plupart des expériences n'est ni encombrant ni coûteux, et aucune manipulation n'est dangereuse quand on opère sur de petites quantités. Pour la chimie, quelques tubes et éprouvettes, une lampe à alcool et un petit nombre de produits chimiques suffisent. Plusieurs auteurs ont déjà montré dans divers ouvrages le parti qu'on peut tirer de pareils éléments.

Pour la physique ce serait à peine plus coûteux. Il n'y aurait qu'à imiter ce que font les Anglais et les Allemands. Grâce à l'ingéniosité de leurs constructeurs, ils ont pu mettre entre les mains des enfants, à des prix insignifiants, des collections d'instruments de physique, de chimie, de mécanique, etc.; qui leur permettent de résoudre expérimentalement des problèmes très difficiles. Pour ne parler que de la physique, je citerai une collection d'appareils que j'ai achetée par curiosité. Pour 35 francs, on a tout ce qui concerne l'optique, y compris la polarisation et la diffraction (banc d'optique, lentilles, prisme, matériel d'analyse spectrale), c'est-à-dire une collection d'objets qui, construits en France, avec le luxe des appareils de nos constructeurs, coûterait plus d'un millier de francs. Pour la même somme, on a tout ce qui concerne l'électricité. Le plus souvent l'élève doit fabriquer lui-même les instruments avec le matériel qui lui est livré. La brochure qui les accompagne lui pose environ 500 problèmes à résoudre, qui embarrasseraient la plupart des licenciés de notre Université. En voici quelques-uns : mesurer la résistance de la bobine d'un galvanomètre, d'un élément thermo-électrique, la résistance intérieure d'une pile, combiner des résistances de 1, 2, 5 ohms, etc., fabriquer avec le matériel livré un spectroscope et déterminer les raies des métaux incandescents, fabriquer un polariscope, un sextant à réflexion, un appareil de diffraction, une longue-vue terrestre à réticule et mesurer son grossissement, rechercher si des lames de verre ont leurs faces parallèles, etc., etc.

En Angleterre et en Amérique, les élèves apprennent à travailler dans des laboratoires bien outillés. Là, les étudiants font des expériences relatives à la science qu'ils étudient, sous la direction d'un professeur qui fait ensuite la critique des résultats obtenus. On met en pratique la méthode de redécouverte (*the method of rediscovery*). Sans doute, on ne va pas jusqu'à espérer que les élèves pourront eux-mêmes retrouver les lois de la nature ; mais un mélange harmonieux de découvertes, de vérifications et de corrections, semble être l'idéal des meilleurs professeurs de sciences naturelles. On attache beaucoup d'importance au compte rendu exact des observations et des expériences. Les carnets d'observations et de notes des élèves sont considérés comme une des meilleures preuves de l'excellence de leur travail [1].

Il n'y a rien de nouveau assurément dans ce qui précède, et les Allemands comme les Anglais n'ont fait qu'appliquer chez eux des idées exposées depuis bien longtemps chez nous. Voici comment s'exprimait à ce propos, il y a près d'un demi-siècle, l'illustre savant français Dumas, dans une instruction sur le plan d'études des lycées, instruction dont les principaux passages ont été reproduits dans le règlement de 1890. Ces recommandations n'ont pas eu d'ailleurs plus de succès auprès des professeurs de 1890 qu'auprès de leurs prédécesseurs.

Le Temps, 13 octobre 1901.

... C'est dans la nature bien plus que dans les livres qu'il faut chercher des inspirations...

L'homme n'a pas inventé la physique ; il a saisi des observations données par le hasard ; il en a varié les conditions, et il en a déduit les conséquences.

Persuader aux jeunes gens que l'esprit humain pouvait se passer du fait qui sert de base à chaque découverte importante, qu'il pouvait créer la science par le raisonnement seul, c'est préparer au pays une jeunesse orgueilleuse et stérile...

On ne saurait trop recommander aux professeurs de physique de commencer l'exposition de toutes les grandes théories par un précis historique très fidèle, et, au besoin, par l'exacte reproduction de l'expérience d'où l'inventeur est parti. Ils n'oublieront pas que la physique est une science expérimentale qui tire parti des mathématiques pour coordonner et pour exposer ses découvertes, et non point une science mathématique qui se soumettrait au contrôle de l'expérience.

Les professeurs de physique ne sauraient trop se défier d'ailleurs d'une particularité de leur enseignement qui se rattache plus qu'il ne semble à la considération précédente. On veut parler de ces appareils de luxe que l'usage a introduits dans leurs cabinets.

Le plus souvent, la pensée première de l'inventeur, dénaturée dans ces appareils pour revêtir une forme qui en fait disparaître toute la naïveté, s'éloigne trop des dispositions premières qu'il avait adoptées.

Presque toujours, ces appareils offrent des dispositions accessoires compliquées, sur lesquelles l'attention des élèves s'égare et qui les distraient de l'objet essentiel de la démonstration.

Leur prix élevé éloigne de l'esprit des élèves toute pensée de s'occuper un jour de physique, cette science leur semble réservée aux personnes qui disposent d'un grand cabinet ou d'une grande fortune.

Nous ne saurions donc trop rappeler aux élèves de l'École Normale l'utilité des travaux d'atelier qu'ils ont à accomplir ; aux proviseurs, le parti qu'ils peuvent tirer, au profit de l'enseignement, d'un cabinet placé près du cabinet de physique comme sa dépendance nécessaire ; nous ne saurions trop encourager les professeurs de physique à simplifier leurs appareils ; à les construire eux-mêmes toutes les fois qu'ils le peuvent ; à n'y employer que des matériaux communs ; à se rapprocher dans leur construction des appareils primitifs des inventeurs ; à éviter ces machines à double et triple fin dont la description devient presque toujours inintelligible pour les élèves.

Quoi de plus simple que les moyens à l'aide desquels Volta,

Dalton, Gay-Lussac, Biot, Arago, Malus, Fresnel, ont fondé la physique moderne ?

Il y a quarante ou cinquante ans, lorsque cette génération de physiciens illustres reconstituait sur de nouvelles bases tout l'édifice de la science, elle y parvenait avec des outils si communs, d'un prix si modique et d'une démonstration si facile, qu'on a le droit de se demander si l'enseignement de la physique ne s'est pas trop soumis à l'empire des constructeurs d'instruments...

Prétendre, par exemple, qu'on ne peut parler de la dilatation des gaz par la chaleur sans faire connaître les appareils délicats qui en ont donné la dernière mesure, c'est une erreur...

... Gay-Lussac s'était assuré que tous les gaz se dilatent de la même manière, au moyen de tubes gradués contenant des quantités égales de divers gaz et disposés dans une étuve qu'on chauffait de 10 à 100 degrés. La mesure directe du volume occupé par chaque gaz au commencement et à la fin de l'expérience lui avait suffi pour donner la loi du phénomène.

On ne saurait trop insister sur la justesse des idées qui viennent d'être exposées. Leur vérité profonde ne peut être bien comprise que par les personnes qui ont exploré des champs nouveaux de la science. Il y a bien d'autres noms, ceux d'OErsted et de Faraday par exemple, à ajouter à ceux des savants cités par Dumas, qui ont fait de très grandes découvertes avec des appareils infiniment simples. Bien des inventions récentes, telles que le téléphone, par exemple, ont été faites avec des appareils fort rudimentaires, comme on pouvait s'en convaincre en parcourant les salles consacrées aux instruments de science rétrospective à la grande Exposition de 1900. Les appareils compliqués ne sont nécessaires que lorsqu'on veut vérifier avec une grande précision des résultats déjà trouvés avec des appareils simples. L'emploi des appareils coûteux, compliqués et nécessairement longs à manier, empêche souvent de bien observer les phénomènes. Si l'on a mis vingt ans à découvrir — et encore par hasard — que toutes les fois qu'on fait fonctionner un tube de Crookes il en sort des rayons particuliers, dits rayons X, c'est que ces tubes, étant jadis difficiles à fabriquer, on s'en servait fort rarement. Si, dans les expériences que je publie depuis dix ans sur la lumière noire, la phosphorescence invisible, l'opacité de certains corps pour les ondes hertziennes, la généralité dans la nature des phénomènes radioactifs, etc., il m'a été possible de découvrir quelques faits entièrement nouveaux, c'est en partie parce que, travaillant dans mon propre laboratoire et à mes frais, j'étais toujours obligé de me servir d'instruments simples et peu coûteux.

Dans le passage précédemment cité, Dumas insiste avec raison sur l'utilité de répéter les expériences avec des instruments aussi simples que ceux dont les inventeurs faisaient usage. Il serait tout à fait capital pour le développement mental de l'élève de lui montrer, ce que les livres n'indiquent guère, comment les grands fondateurs de la science ont fait leurs découvertes et les difficultés auxquelles ils se sont heurtés. La chose est d'autant plus facile que ces illustres novateurs, comme le dit fort bien Dumas, ont presque toujours fait usage d'appareils rudimentaires, qui ne sont devenus compliqués que plus tard. L'expérience fondamentale d'OErstedt, de la déviation de la boussole par un courant, peut se répéter avec une dépense de quelques francs, et le professeur ne manquera pas de montrer à l'élève pourquoi OErstedt n'arriva pas à la réussir pendant longtemps. L'expérience fondamentale de l'induction (déviation d'un galvanomètre relié par un fil aux deux pôles d'un aimant, quand on introduit un morceau de fer entre les deux branches de l'aimant) demanda beaucoup de recherches à Faraday, bien qu'elle soit des plus faciles à répéter. L'histoire de la découverte de la longue-vue peut se représenter avec deux lentilles ne valant pas un franc, etc. Pour un professeur ayant un peu de philosophie dans l'esprit, il y aurait à faire avec l'histoire des découvertes scientifiques et la lecture des fragments des mémoires originaux, un cours qui remplacerait fort avantageusement la lecture des plus volumineux traités de logique. Alors seulement l'élève comprendrait l'évolution de l'esprit humain, les difficultés auxquelles se heurtent toujours les expérimentateurs, comment on sort des sentiers battus, et avec quelles difficultés un chercheur se soustrait au poids des idées antérieurement admises.

Il faut donc attacher une importance spéciale à l'histoire des découvertes scientifiques, si parfaitement ignorée et dédaignée par l'Université, aussi bien dans l'enseignement secondaire que dans l'enseignement supérieur. Le nombre des savants qui ont compris la force éducatrice de cet enseignement est fort rare. Je puis cependant, en dehors de Dumas, en citer deux, l'un Anglais, l'autre Français, occupant chacun des situations éminentes dans l'enseignement.

L'entraînement à espérer de la science est le résultat, non de l'accumulation des connaissances scientifiques, mais de la pratique de l'enquête scientifique. Un homme peut connaître à fond tous les résultats obtenus et toutes les opinions courantes sur une branche quelconque, ou même sur toutes les branches de la science, et ne pas avoir l'esprit scientifique, mais personne ne saurait mener à bien la plus humble recherche sans que l'esprit scientifique lui reste dans une certaine mesure. Cet esprit peut d'ailleurs être acquis, même sans recherche d'une vérité nouvelle. L'élève peut être amené de plus d'une façon à de vieilles vérités; il peut être mis en leur présence brutalement comme un voleur sautant par-dessus un mur, et malheureusement la hâte de la vie moderne pousse beaucoup de gens à adopter cette voie rapide. *Mais il peut aussi être amené aux mêmes vérités en suivant les voies suivies par ceux qui les mirent en évidence. C'est par cette dernière méthode, et par celle-là seulement, que l'élève peut espérer acquérir au moins quelque chose de l'esprit du chercheur scientifique* [1].

La méthode indiquée ici pour retrouver les vieilles vérités est la méthode expérimentale, si chère aux Anglais. M. H. Lechatelier, sans contester nullement la valeur de cette méthode, recommande avec raison la lecture de mémoires originaux des créateurs de la science.

On pourrait faire analyser les mémoires scientifiques originaux qui sont restés classiques : ceux de Lavoisier, Gay-Lussac, Dumas, Sadi-Carnot, Regnault, Poinsot, en demandant de bien mettre en relief leurs points essentiels, ou discuter les avantages comparatifs de deux méthodes expérimentales ayant un même objet, celle du calorimètre à glace et du calorimètre à eau, par exemple ; faire des programmes d'expériences pour des recherches sur un sujet donné ; en un mot, imiter ce qui se fait avec beaucoup de raison dans l'enseignement littéraire. Avant tout, ce qu'il faudrait emprunter à cet enseignement est la lecture régulière des auteurs classiques. En apprenant dans un cours les résumés des expériences de Lavoisier ou de Dumas, on n'étudie pas mieux la science qu'on étudierait la poésie dramatique en apprenant des résumés des pièces de Corneille. A côté et autour des faits, il y a tout un cortège d'idées dans un cas, de sentiment et de mélodie dans l'autre, qui constituent bien plus que les faits matériels la science ou la poésie. Les résumés, bons pour la préparation aux examens, sont stériles pour le développement de l'esprit et de l'imagination.

Mais avant tout, pour communiquer à l'esprit des jeunes gens cette activité indispensable, il faut d'abord l'obtenir de leurs professeurs. Pour apprendre à leurs élèves à penser et à vouloir, il faut qu'ils commencent par penser et par vouloir eux-mêmes. S'ils ne sont pas activement mêlés au mouvement des recherches scientifiques, s'ils ne parlent de la science que par oui-dire et sans conviction, ils ne peuvent avoir de prise sur l'esprit de leurs auditeurs. Ils prépareront peut-être d'excellents candidats aux examens, ils ne formeront pas d'intelligences [1].

1. Michael Forster. Discours prononcé au congrès de l'Association britannique pour l'avancement des sciences. *Revue scientifique*, 1899, p. 333.

Bien rares sont les professeurs ne se bornant pas à parler de la science autrement que par ouï dire, et c'est pourquoi bien rares aussi sont les intelligences qu'ils réussissent à former.

Dans un discours prononcé devant la Chambre des Députés, M. Ribot, président de la Commission d'enquête, a parfaitement montré en quelques lignes cette importance de l'histoire des découvertes. Tout le monde semble donc bien d'accord en théorie — en théorie seulement — sur ce point.

> Si l'on apprend aux élèves, non pas seulement les notions positives, les chiffres, tout ce qui est technique, tout ce qui s'oublie, si on leur enseigne la voie qu'on a suivie pour créer la science de nos jours, si on leur montre par quel effort et par quelle méthode l'esprit humain s'est élevé jusqu'à ces vérités éternelles, si on leur fait l'histoire des découvertes d'un Pasteur, on peut saisir l'intelligence, et quelque chose encore de plus noble que l'intelligence, la cœur de l'enfant.
>
> Je crois qu'on peut inspirer à l'enfant, pour notre société, pour les prodiges qu'elle crée en développant la science, cet amour et cette admiration, qui font de lui un véritable citoyen de la société moderne.
>
> Je le crois de toutes mes forces, c'est une question de méthode et, je le répète, d'éducation des professeurs eux-mêmes[2].

Écoutant ou lisant l'histoire des découvertes scientifiques, répétant les expériences des créateurs de la science, ainsi que celles qui en découlent, et pouvant ainsi juger des progrès accomplis, l'élève acquerrait vite, avec le jugement et l'habitude de l'observation, ce qu'on peut appeler l'esprit scientifique.

Il oublierait sans doute, après la sortie du lycée, les formules et les théories, mais il aurait le jugement formé, saurait réfléchir, et posséderait l'art d'apprendre quand cela deviendrait nécessaire. Il n'ou-

---

1. Le Chatelier. — *L'Enseignement scientifique. Revue des sciences.*
2. Chambre des Députés, séance du 13 février 1902. Page 657 du *Journal officiel.*

blierait jamais, parce que cela serait passé dans son inconscient, ce qu'il y a de plus fondamental à connaître dans les sciences, les méthodes. Ces méthodes et ces qualités de jugement, s'appliquent aussi bien aux obligations courantes de la vie qu'à des entreprises scientifiques, industrielles ou commerciales.

Et telle est la force d'une bonne méthode qu'elle donne même aux esprits médiocres l'aptitude au travail utile. Un des déposants de l'enquête, M. Blondel, l'a fort bien marqué dans le passage suivant :

L'essor économique du peuple allemand est si inquiétant pour nous parce qu'il fait de l'industrie et de la science comme il fait de la guerre, en calculant tout d'avance, en apprenant aux étudiants si nombreux qui, après une bonne préparation générale, viennent fréquenter les laboratoires des Universités, non pas seulement la science faite, mais le métier de savant, métier qui ne s'improvise pas, qui exige un apprentissage, et que les dons naturels ne sauraient remplacer. Ce qui caractérise la production allemande, c'est que, grâce à un enseignement mieux conçu que le nôtre, un grand nombre de travaux de détail, secondaires mais utiles, sont faits et bien faits par des jeunes gens médiocres, qui n'ont pas l'intelligence aussi vive que les nôtres, mais qui savent en définitive (façonnés par une meilleure formation) produire une somme plus considérable de travail utile.

La force de certaines usines allemandes, j'en ai visité cette année un bon nombre, c'est le caractère de laboratoires de recherches scientifiques qu'on a su leur donner [1].

La conséquence finale de l'enseignement des Universités allemandes a été ce prodigieux essor de la science et de l'industrie, que nous ne comprenons pas encore et que nous attribuons bien vainement à des laboratoires qui ne dépassent pas matériellement les nôtres, puisque nous les avons copiés. Cet essor est dû tout entier à des méthodes d'enseignement que nous n'avons pas su saisir. C'est grâce à elles que les Allemands absorbent de plus en plus

1. *Enquête*, t. II, p. 442. Blondel, ancien professeur à la Faculté de Lyon.

toutes les industries basées sur des méthodes scientifiques. Il faut aller en Allemagne pour trouver des usines d'électricité employant 17.000 ouvriers, des usines métallurgiques qui en occupent 43,000, des établissements capables de fournir 300 locomotives par an, des usines de produits chimiques fabriquant annuellement pour un milliard de produits[1]. Et la force de production de l'industrie allemande est telle que, pour éviter les droits de douane protecteurs, les patrons n'hésitent pas à aller établir des usines dans les pays étrangers. Il existe à Paris une fabrique allemande d'objectifs photographiques et microscopiques qui occupe déjà 300 ouvriers, et dont les produits sont tellement supérieurs aux nôtres que, en quelques années, les objectifs français sont devenus invendables et ne sont plus utilisés que pour les instruments de pacotille.

Et pendant que se poursuit ce formidable mouvement, nos enfants continuent à apprendre les connaissances les plus futiles, enseignées de la plus futile façon. Ils préparent des examens et des concours, pendant que les autres peuples préparent leurs fils aux réalités de la vie. Vainement nous nous débattrons tant que nous ne comprendrons pas les causes de notre impuissance.

---

1. On trouvera les détails dans les catalogues collectifs des industries de chimie et de physique allemandes de l'Exposition de 1900. Deux vol. in-8°.

CHAPITRE VIII

L'éducation par l'Armée.

§ I. — ROLE POSSIBLE DU SERVICE MILITAIRE DANS L'ÉDUCATION.

Nous avons montré que si l'instruction universitaire est très faible, son éducation est tout à fait nulle. Or, dans l'évolution actuelle des civilisations, ce qu'il importe le plus de développer, ce sont surtout les qualités du caractère.

Sur la nullité de l'éducation donnée par l'Université, tout le monde, nous l'avons vu, est d'accord, et l'on peut répéter aujourd'hui ce qu'écrivait il y a déjà longtemps un ancien Ministre de l'Instruction publique, Jules Simon.

Il n'y a plus d'éducation; on fait un bachelier, un licencié, un docteur, mais un homme, il n'en est pas question; au contraire, on passe quinze années à détruire sa virilité. On rend à la société un petit mandarin ridicule qui n'a pas de muscles, qui ne sait pas sauter une barrière, qui a peur de tout, qui, en revanche, s'est bourré de toutes sortes de connaissances inutiles, qui ne sait pas les choses les plus nécessaires, qui ne peut donner un conseil à personne, ni s'en donner à lui-même, qui a besoin d'être dirigé en toutes choses, et qui, sentant sa faiblesse et ayant perdu ses lisières, se jette pour dernière ressource au socialisme d'État. — Il faut que l'État me prenne par la main, comme l'a fait jusqu'ici l'Université. On ne m'a appris qu'à être passif. Un citoyen, dites-vous? Je serais peut-être un citoyen, si j'étais un homme.

Que l'on considère la valeur et le sort de l'individu où la dignité et la destinée de la nation, écrivait récemment un autre Ministre de l'Intruction publique, M. Léon Bourgeois, le caractère pèse d'un bien autre poids que l'esprit. Qu'importe ce que sait un homme en comparaison de ce qu'il veut, et qu'importe ce qu'il pense au prix de ce qu'il fait[1].

Ce qui manque le plus aux Latins, ce sont les qualités qui font la force des Anglais, la discipline, la solidarité, l'endurance, l'énergie, l'initiative et le sentiment du devoir.

Ces qualités, non seulement l'Université ne les donne pas, mais son lourd régime les ôte à qui les possède.

Existe-t-il un moyen de faire des hommes de cette armée de bacheliers et de licenciés impuissants, ridicules et nuls, que l'Université nous fabrique?

Étant donné que le régime universitaire n'est pas modifiable avec les idées latines actuelles, et que tous les projets de réforme sont d'irréalisables chimères, il faut chercher ailleurs, mais ne chercher que dans le cycle des choses possibles, c'est-à-dire dans le cycle des choses ne heurtant pas trop le courant des opinions actuelles.

Or, ce moyen existe et il n'en existe qu'un seul. Aujourd'hui, la totalité de nos bacheliers et licenciés est obligée de faire un court service militaire. L'armée pourrait les transformer car elle est, ou au moins pourrait être, un centre éducateur par excellence. Elle peut devenir l'agent efficace du perfectionnement et du relèvement de la race française, dégradée par l'Université. D'éminents officiers, tels que les généraux Bonnal et Gallieni,

1. Léon Bourgeois. *Instructions*, etc., p. 183.

ont démontré expérimentalement de quel développement physique et moral est susceptible le soldat bien commandé.

Que si l'on voulait compléter fort utilement la loi récente sur le service obligatoire, obtenir un corps de sous-officiers excellent, et réduire un peu le nombre écrasant des candidats fonctionnaires, il n'y aurait qu'à y inscrire que, en dehors de quelques professions techniques — magistrats et ingénieurs par exemple — nul ne pourra entrer dans une administration de l'État avant d'avoir été sous-officier pendant cinq ans. Après un an de surnumérariat, un bon sous-officier est parfaitement apte à remplir tous les emplois publics dans lesquels il n'y a qu'à appliquer des règlements, c'est-à-dire la très immense majorité de ces emplois.

Il faut bien reconnaître malheureusement que le service militaire n'a produit chez les intellectuels qu'une antipathie croissante pour l'armée, dont ils ne voient que les côtés gênants. Si ces sentiments s'étendaient à la masse populaire, qui fut seule pendant longtemps à subir les duretés nécessaires du régime militaire, ce serait la fin irrémédiable de la France comme nation. Ce sont les sentiments subsistant encore dans la foule, non intellectualisée, qui rendent possible le maintien de l'armée, dernier soutien d'une société en proie aux plus profondes divisions et prête à se dissocier suivant le rêve des socialistes.

La seule raison qu'on ait pu invoquer autrefois pour dispenser toute une classe de la nation du service militaire, c'est qu'il constituait une entrave aux études, mais personne n'a jamais pu fournir une seule preuve à l'appui d'une telle assertion. Dans leurs deux années de service militaire, les jeunes gens pourraient acquérir des qualités qui leur seraient bien autrement utiles dans la vie que ce qu'ils apprendraient dans leurs manuels pendant le même temps. Si d'ailleurs la raison invoquée était sérieuse, elle serait applicable à toutes les professions.

Personne, écrit M. Gouzy, ne s'est jamais informé si une interruption de trois ans dans leurs travaux ne diminuait pas la valeur professionnelle des charpentiers, des serruriers ou des laboureurs, catégorie de citoyens tout aussi intéressante dans une démocratie, que celle des avocats, des médecins ou des receveurs de l'enregistrement. On a accepté comme tout naturel le sacrifice qu'ils font à leur pays d'aptitudes acquises par un pénible apprentissage. On semble avoir dit, sans s'en soucier autrement : Si après trois ans de service militaire ils ont oublié leur métier, eh bien, ils le rapprendront.

§ 2. — LES CONSÉQUENCES SOCIALES DES ANCIENNES LOIS MILITAIRES

La loi qui multipliait il y a quelques années le nombre des exemptés a multiplié du même coup le nombre des diplômés. Elle a détourné des fonctions utiles l'élite de la jeunesse française pour la lancer dans des carrières ultra-encombrées et créer un nombre chaque jour plus grand de mécontents et de déclassés. Les documents statistiques fournis à ce propos devant la Commission d'enquête, et dont je vais reproduire quelques-uns, sont catégoriques.

La loi militaire de 1889 a supprimé le volontariat et a établi d'autres cas de dispense dont les conséquences sociales et économiques sont infiniment plus profondes.

... En France, sous une apparence trompeuse d'encouragement aux études spéciales, la loi militaire a nui profondément au commerce et à l'industrie. Elle a faussé nombre de vocations, elle a jeté dans certaines carrières dites libérales, une foule de jeunes gens qui se seraient tournés naturellement vers les professions productives.

...Pour la médecine, il y avait 590 docteurs en 1875, 591 en 1891, avant que la loi ait pu produire ses effets, et 1,202 en 1897[1].

...A l'Ecole des langues orientales, le nombre des élèves a décuplé en 14 ans, passant de 38 à 372. Je vous demande si ces jeunes gens, qui vont prendre là quelques notions de persan, de grec moderne, d'arménien, d'arabe ou de javanais, le font parce qu'ils seront consuls,

---

1. L'augmentation est analogue pour les docteurs en droit. Il y en avait 117 par an en 1889 et 416 en 1899, d'après le rapport de M. Raiberti.

« La dispense, telle que la loi de 1889 l'a comprise, écrit cet auteur, abaisse donc la valeur des examens ou le niveau d'entrée dans les grandes écoles. Elle encombre les carrières libérales et elle écarte des affaires, du commerce et de l'industrie, un grand nombre de jeunes gens qui y auraient réussi et qui échoueront ailleurs. Elle frappe donc le pays dans les forces vives de sa production. »

drogmans, professeurs, traducteurs, ou parce qu'ils se fixeront dans le pays dont ils auront commencé d'apprendre la langue ; non, c'est parce qu'ils cherchent la dispense de deux ans de service militaire.

...A l'École des Beaux-Arts, vous voyez le même phénomène d'afflux artificiel se produire : de 586 candidats à l'entrée, en 1890-1891, nous passons à 830 en 1896-1897 ; et, à la sortie, il y avait 20 dispensés en 1890, et, en 1897, il y en avait 78.

...A l'Institut agronomique, la situation est presque aussi extraordinaire qu'à l'École des langues orientales. L'Institut agronomique forme des ingénieurs agronomes, et je ne crois pas que notre agriculture ait besoin d'un nombre infini d'ingénieurs, elle a surtout besoin de gens qui apprennent l'agriculture par la pratique, il y avait 32 candidats à l'Institut agronomique à l'entrée en 1876 ; et en 1893, peu de temps après le vote de la loi militaire, il y en avait 348 ; et en 1896, il y en a encore 312.

...A l'École Centrale, phénomène analogue : en 1889, avant l'application de la loi militaire, il y avait 376 candidats, et en 1896 ce chiffre monte à 721. Et je vous demande si notre industrie a, d'après les chiffres que vous savez, profité en quoi que ce soit de cet afflux vers les écoles spéciales [1].

Le même auteur donne des chiffres analogues pour les écoles dites commerciales, écoles de théorie pure et dont le diplôme confère également la dispense. Le modeste et ignoré « *Institut Commercial de Paris* », qui comptait dix candidats par an avant la loi, en compte une centaine maintenant.

On voit à quel point le service militaire est redouté en France des classes lettrées. Ceux qui le fuient ne se doutent pas combien ils gagneraient à le subir, et puisqu'ils ne s'en doutent pas, il faut bien le leur imposer. Certes, comme l'a dit justement un Ministre de l'Instruction publique, M. Georges Leygues, dans un récent discours, le but de l'enseignement classique devrait être de former une élite, car c'est cette élite qui fait la grandeur d'un pays, mais cette élite n'est

<hr>

1. *Enquête*, t. II, p. 89. Max Leclerc, chargé de missions scientifiques par le Gouvernement

apte à remplir son rôle que si son caractère est à
la hauteur de son instruction. Si elle veut commander un jour, il faut d'abord qu'elle apprenne à
obéir.

Il lui faut avant tout acquérir l'esprit de solidarité et
de discipline dont manquent si complètement les peuples latinisés. A l'armée, on apprend d'abord à se supporter, puis à s'aider, et enfin à s'aimer. On apprend la
discipline quand on en subit la nécessité. On apprend
à se dominer et on acquiert le sentiment du devoir
quand le milieu l'impose. Pour se discipliner soi-
même, si on ne l'est pas héréditairement, il faut
d'abord avoir été discipliné par d'autres. A la discipline
externe la discipline interne succède bientôt par association inconsciente de réflexes. L'homme qui ne sait
pas subir la première pour acquérir la seconde, restera
dans le cours de sa vie une insignifiante épave.

Le séjour au régiment, surtout quand le soldat
passe quelque temps aux colonies, lui apprend bien
autre chose encore. Il lui enseigne surtout à se
« débrouiller », comme on dit vulgairement. On sait
tout le parti qu'un général habile a su tirer à Madagascar de soldats transformés en colons comme les
anciens légionnaires romains. Dans tous les pays du
monde où l'on a eu à utiliser des soldats, on a été
frappé du parti qu'il est possible d'en tirer.

Pour ne citer qu'un fait, écrit M. Léon Chomé, dans la *Belgique
militaire*, les chemins de fer qu'on a réussi à établir jusqu'ici
en Afrique intertropicale anglaise, française, allemande, portu-
gaise et surtout congolaise sont dus à des hommes appartenant
tous à l'armée. Toutes les grandes missions scientifiques ont
été confiées à des soldats. C'est donc sans doute que cette
éducation militaire tant honnie des « intellectuels »; a encore
quelque vertu efficiente, et pour notre part nous le déclarons très
nettement, cette éducation est restée la première de toutes, et elle

le montre toutes les fois que l'occasion lui en est fournie ; aussi bien dans les milieux éclairés que dans le milieu humble des travailleurs, où l'ancien bon soldat prime toujours.

§ 3. — LE ROLE ÉDUCATEUR DES OFFICIERS.

L'action tout à fait prépondérante que pourrait produire le service militaire universel a été signalée depuis longtemps par divers écrivains. Voici comment s'exprimait à ce sujet, il y a déjà longtemps, M. Melchior de Vogüé.

> Le service militaire universel jouera un rôle décisif dans notre reconstitution sociale. Le legs de la défaite, le lourd présent de l'ennemi, peut être l'instrument de notre rédemption. Nous ne sentons aujourd'hui que ses charges ; j'en attends des bénéfices incalculables : fusion des dissidences politiques, restauration de l'esprit de sacrifice dans les classes aisées, de l'esprit de discipline dans les classes populaires, bref, de toutes les vertus qui repoussent toujours à l'ombre du drapeau...

Malheureusement les résultats obtenus n'ont répondu en aucune façon à ces espérances. Les écrivains militaires les plus autorisés commencent à le reconnaître. Il faut attribuer principalement les causes de cet échec à ce que les officiers ne sont nullement préparés au rôle d'éducateurs qu'ils devaient remplir. Ce n'est que quand leur insuffisance sur ce point sera universellement reconnue qu'il sera possible de songer aux remèdes. Je n'en vois que deux à proposer. Le premier consisterait à enseigner aux officiers, dans toutes les écoles militaires, à l'École supérieure de Guerre surtout, leur rôle d'éducateurs. Le second, fort supérieur au précédent, est d'obliger tous les futurs officiers, ainsi d'ailleurs qu'on le tente maintenant, à servir d'abord comme simples soldats pendant un an,

C'est uniquement en vivant parmi les hommes qu'ils réussiront à comprendre leur psychologie qu'ils connaissent si peu. Dans le rang, ils apprendront d'abord à obéir, ce qui est la seule façon d'apprendre ensuite à commander.

Aujourd'hui, je le répète, nos officiers ne comprennent pas encore très bien leur rôle d'éducateurs. Et, pour qu'il ne reste aucun doute sur ce point, je vais reproduire quelques passages des remarquables conférences faites à l'École de Saint-Cyr, avec approbation du Ministre de la Guerre, par le commandant Ebener, professeur à cette école. Elles sont pleines de très graves et très tristes enseignements. Si ce qu'écrit cet officier est encore vrai dans vingt ans, il n'y aura plus pour nous de relèvement possible, et nous verrons apparaître l'ère funeste des *pronunciamientos.*

Le service obligatoire, en faisant passer toute la nation par les mains de l'officier, a grandi dans la mesure la plus large son rôle d'éducateur.

La préparation du corps d'officiers à ce rôle, sa formation morale, intéressent donc la société tout entière.

Il ne le remplit qu'imparfaitement, parce que, s'il y est apte, *il n'y est nullement préparé, et que l'idée de sa mission sociale ne tient presque aucune place, ni dans son éducation, ni dans l'exercice de sa profession.*

Nous sommes seuls à ne pas nous apercevoir que nous avons à côté de notre rôle de préparation à la guerre, à remplir une mission sociale d'une importance capitale, et qu'il nous appartient de contribuer à l'éducation de la démocratie. De là ce malentendu entre les classes intelligentes et le corps d'officiers, malentendu qu'il serait puéril de nier...

On pourrait s'attendre à retrouver dans le peuple la trace d'une influence heureuse et durable exercée par l'officier sur les jeunes Français qui, chaque année, lui passent par les mains. Il s'en faut malheureusement, et nous sommes obligés de constater que les résultats ne sont pas ce qu'ils pourraient être. En somme, ce que nous rendons au pays ne paraît pas valoir beaucoup mieux que ce que nous en avons reçu ; dans le bain de l'armée, le fer ne se change pas en acier.

… Les officiers, dit-on, ne savent pas profiter des longues heures d'oisiveté dont jouissent les militaires — si toutefois c'est une jouissance de se traîner dans les rues ou d'errer dans les corridors des quartiers — et qui, mises bout à bout, forment un total respectable. Ils ne savent pas les employer en partie à cultiver l'esprit de leurs soldats, à façonner leur caractère, à transformer leurs âmes, à en faire, en un mot, des individualités solidaires et conscientes, à préparer à l'État des citoyens au courant de toutes leurs obligations sociales. Il n'y a que dans l'armée, ajoute-t-on, que se rencontre un pareil gaspillage de temps.

… Dans les régiments, la partie éducation se borne presque toujours à quelques théories, dites morales, prévues à l'avance comme toutes les autres parties du service.

… Les officiers espèrent sauvegarder leur supériorité en tenant l'homme à distance, en se renfermant dans une sorte de morgue indifférente.

Les généraux de notre glorieuse époque étaient loin d'avoir vis-à-vis de leurs compagnons d'armes la morgue et le dédain qu'affichent beaucoup trop de jeunes officiers de nos jours. Il est vrai que ceux-ci ont pour excuse de n'avoir fait que passer des examens à un âge où leurs anciens avaient gagné des batailles.

… Nous avons, nous, officiers, à remplir un devoir dont beaucoup d'entre nous ne se doutent même pas. Il n'est pas inutile de le rappeler, à notre époque où l'armée se dresse encore debout, mais où elle sent sa base entamée par les théories subversives, tel un phare dont les fondations sont minées par les flots.

… Le désir de paraître n'est pas le seul reproche qu'on fasse, dans l'armée, aux dernières générations d'officiers prises dans leur ensemble. On trouve le plus grand nombre d'entre eux trop personnels, trop préoccupés du culte de leur « moi ».

… Un fait certain c'est qu'on est assez mécontent, dans l'armée, de l'état d'esprit des jeunes officiers : on leur trouve trop de prétentions et pas assez de zèle, plus préoccupés de leur propre carrière que de l'accomplissement de leurs devoirs professionnels[1].

Le tableau n'est pas brillant sans doute. Lorsque la démoralisation et l'indifférence s'étendent à l'armée, l'heure de la décadence finale est bien proche. Quand une armée cesse d'être le soutien d'une société, elle

1. *Rôle social de l'officier*, conférences faites en 1901 aux élèves de l'École spéciale militaire, par le commandant Ebener. In-8°, Paris, Librairie militaire.

en devient très vite le danger. Les nouvelles générations formées à l'École de Guerre comprennent d'ailleurs parfaitement la grandeur et l'importance du
rôle éducateur qui leur incombe.

Malgré les nuages qui s'amoncellent de toute part,
il ne faut pas désespérer de l'avenir. La France a tra-
versé des heures plus sombres. L'éducation seule peut
nous donner les qualités indispensables aux peuples
qui veulent ne pas finir. L'Université et l'Armée ont
pris, en Allemagne, une influence qu'elles pourraient
avoir en France, mais qu'elles n'ont pas su exercer
encore.

Y réussiront-elles ? Là est le problème. Les
générations qui grandissent sont appelées à le
résoudre. Si elles n'y parviennent pas, ce sera la
continuation d'une lente décadence, puis des défaites
économiques et sociales qui marqueront la fin de
notre histoire.

* *

Et voici enfin terminé un livre qui restera sans
doute le plus inutile de tous ceux que j'ai écrits.
Récriminer contre des fatalités est toujours une
pauvre tâche, indigne en vérité des labeurs d'un
philosophe.

Si, cependant, j'ai publié cet ouvrage, sans grandes
illusions sur son efficacité, c'est que les idées semées
par la plume finissent quelquefois par germer, si
dur que soit le roc où elles sont tombées. Malgré
tant d'apparences trompeuses, les pensées qui mènent
les hommes de chaque race ne se modifient guère
dans le cours des âges. Elles changent cependant
quelquefois.

Il semble que nous soyons arrivés à un de ces

rares moments de l'histoire où nos idées puissent se transformer un peu. Le choix des méthodes d'enseignement est autrement capital pour un peuple que celui de ses institutions ou de son gouvernement. Si l'enquête parlementaire a prouvé que le problème de l'éducation est généralement fort peu compris, elle a montré en même temps que ce sujet commence à préoccuper les esprits. Il faut souhaiter qu'il les préoccupe davantage et que l'opinion finisse par se transformer. L'avenir de la France dépend surtout de la solution qu'elle saura donner au problème de l'éducation.

Le monde évolue rapidement et sous peine de périr il faut savoir s'adapter à cette évolution. L'éloquence, le beau langage, le goût des finesses grammaticales, les aptitudes littéraires et artistiques pouvaient suffire à maintenir un peuple à la tête de la civilisation à l'époque où il remettait ses destinées entre les mains des dieux ou des rois qui les représentaient. Aujourd'hui les dieux sont morts et il ne reste guère de nations qui soient complètement dans la main d'un maître. Les événements échappent de plus en plus à l'action des gouvernements. Les volontés des plus autocratiques souverains sont actuellement conditionnées par des nécessités économiques et sociales, proches ou lointaines, hors de la sphère de leur action. L'homme, gouverné jadis par ses dieux et ses rois, est régi maintenant par un engrenage de nécessités qui ne fléchissent pas. Les conditions d'existence de chaque pays sont de plus en plus subordonnées à des lois générales, que les relations commerciales et industrielles des peuples imposent.

N'ayant plus à espérer l'aide de la providence bienveillante qui guidait jadis le cours des choses, l'homme moderne ne doit compter que sur lui-même pour trouver sa place dans la vie. Elle sera marquée par ce qu'il sait, et surtout par ce qu'il peut.

Dans la phase d'évolution où la science et l'industrie ont conduit le monde, les qualités de caractère jouent un rôle de plus en plus prépondérant. L'initiative, la persévérance, le jugement, l'énergie, la volonté, la domination de soi-même sont des aptitudes sans lesquelles tous les dons de l'intelligence restent à peu près sans vertu. L'éducation seule peut les créer un peu quand l'hérédité ne les a pas données.

Nous avons vu combien est misérable notre éducation et à quel point elle laisse l'homme désarmé dans la vie. Nous avons montré que notre instruction universitaire, à tous ses degrés, est plus misérable encore puisqu'elle se borne à entasser dans la mémoire un chaos de choses inutiles, destinées à être oubliées totalement quelques mois après l'examen.

Nous avons fait voir aussi combien seront illusoires nos projets de réforme tant que nos professeurs resteront ce qu'ils sont aujourd'hui.

Nos citations ont prouvé que si les tristes résultats de notre enseignement éclatent à tous les yeux, les causes profondes de ces résultats sont généralement méconnues.

L'édifice entier de notre enseignement, de sa base à son sommet, serait à refaire. Ce livre a prouvé pourquoi une telle tâche ne peut être maintenant tentée. Tout ce que nous pouvons espérer, c'est de parvenir à utiliser le moins mal possible les éléments si défectueux que nous avons entre les mains.

Un peu de bonne volonté y suffirait sans doute, mais à qui demander cette petite dose de bon vouloir devant la lourde indifférence de l'Université et du public pour toutes ces questions. Elles passionnent parfois un court instant, mais l'oubli les submerge bientôt.

Quoi qu'il en soit, j'ai terminé ma tâche. Elle devait se borner à éclairer une opinion très incertaine et très égarée aujourd'hui. C'est aux apôtres maintenant à agiter les foules, à provoquer ces grands courants auxquels les institutions usées et vieillies ne résistent guère. Il s'agit ici d'une œuvre qui ne peut rencontrer les hostilités d'aucun parti, et qu'appuieront bientôt, je l'espère, tous les partis. De son succès l'avenir de la France dépend. Ce grand pays, qui fut pendant longtemps un des phares de la civilisation, s'éloigne chaque jour du premier rang qu'il occupait jadis. Si notre Université ne change pas, il descendra bientôt à ce degré où une nation ne compte plus et devient la victime de tous les hasards.

TABLE DES MATIERES

Constants insuccès de toutes les tentatives faites pour réformer l'enseignement universitaire. — Les maîtres de l'Université sont d'accord pour proclamer l'infériorité de cet enseignement mais ils sont incapables d'en découvrir les causes. — Preuves fournies par les récents discours de MM. Lippmann et Appell. — L'enseignement en Angleterre et en Allemagne. — Complète différence des principes directeurs.

Importance documentaire de l'enquête. — Principes psychologiques qui ont dirigé les dépositions. — Les discussions ont porté sur des programmes et non sur les méthodes de l'enseignement. — Importance illusoire attachée aux programmes. — Puissance que leur attribue l'Université. — Faible importance qu'elle attache aux méthodes. — Pourquoi l'infériorité de notre éducation a été vue facilement par les auteurs de l'enquête et pourquoi les causes de cette infériorité leur ont échappé. — Raisons qui rendent actuellement impossibles les réformes. — Les illusions et la volonté des parents. — L'état mental des professeurs. — Comment ils sont formés en France et ce qu'ils enseignent. — Comment ils sont formés en Allemagne. — But de cet ouvrage.

LIVRE II

L'INSTRUCTION ET L'ÉDUCATION AUX ÉTATS-UNIS

LIVRE III

L'ENSEIGNEMENT UNIVERSITAIRE EN FRANCE

L'enseignement universitaire est la continuation des méthodes d'enseignement du moyen âge. — L'éducation dogmatique. — L'Université continue les traditions des Jésuites. — Elle n'a pas su évoluer. — Ses méthodes, sa discipline, son enseignement sont encore ce que les Jésuites les avaient faits. Extraits des rapports présentés devant la Commission d'enquête.

§ 1. *La Méthode mnémonique.* — Cette méthode est la seule acceptée par l'Université. Examen successif des résultats qu'elle produit dans les diverses branches de connaissances. — § 2. *Les résultats de l'enseignement du latin et des langues vivantes.* — Rapports présentés à la Commission d'enquête sur le degré de connaissance des langues par les élèves de l'Université. — Ignorance totale de l'immense majorité des élèves après sept ans d'études. — § 3. *Les résultats de l'enseignement de la littérature et de l'histoire.* — Les élèves se bornent à apprendre des dates, des subtilités, des dissertations sur des auteurs qu'ils ne lisent jamais. — Leur ignorance complète de la littérature et de l'histoire. — Extraits des rapports présentés à la commission d'enquête. — § 4. *Les résultats de l'enseignement des sciences.* — Les méthodes d'enseignement des sciences sont les mêmes que celles employées pour les autres branches de connaissances et produisent les mêmes résultats négatifs. — Documents présentés à la Commission d'enquête. — § 5. *Les résultats de l'enseigne-*

LIVRE IV

LES RÉFORMES PROPOSÉES ET LES RÉFORMATEURS

l'éducation universitaire se borne à la lourde discipline du lycée, destinée principalement à maintenir le silence dans les salles où se trouvent les élèves. — Illusions de quelques auteurs de l'enquête sur l'utilité de s'adresser à la raison des élèves. — Résultats obtenus par les éducateurs anglais en s'adressant à l'intérêt de l'élève et non à sa raison. — Motifs de l'impuissance des parents français à éduquer convenablement leurs enfants. — C'est à l'éducation universitaire que les Latins doivent en partie leur égoïsme individuel. — C'est à leur éducation que les Anglais doivent l'égoïsme collectif qui est un des grands facteurs de la puissance politique de l'Angleterre.

LIVRE V

PSYCHOLOGIE DE L'INSTRUCTION ET DE L'ÉDUCATION

§ 1. *Les fondements psychologiques de l'instruction, d'après les idées universitaires.* — Pourquoi les déposants de l'enquête ont disserté longuement sur l'instruction sans se demander comment les choses pénètrent dans l'esprit et s'y fixent. — Tout le monde étant d'accord sur le principe de l'enseignement mnémonique, personne ne pouvait songer à le discuter. — § 2. *Théorie psychologique de l'instruction et de l'éducation.* — *Transformation du conscient en inconscient.* — Toute éducation consiste dans l'art de faire passer le conscient dans l'inconscient. — On y arrive par la création d'associations, d'abord conscientes, qui deviennent inconscientes ensuite. — La loi des associations et la création des réflexes. — La dissociation des réflexes. — Leur domination. — L'homme n'est sorti de la barbarie qu'après avoir appris à dominer ses réflexes héréditaires. — La discipline interne. — L'éducation doit agir sur l'inconscient de l'enfant et non sur sa faible raison. — Les principes qui précèdent s'appliquent à toutes les choses qui peuvent s'enseigner. — Les lois d'acquisition sont les mêmes pour toutes les branches de l'instruction et de l'éducation. — § 3. *Comment la théorie des associations conscientes devenues inconscientes explique la formation des instincts et celle des caractères des peuples.* — Application des principes généraux qui précèdent à des cas particuliers. — Formation des instincts des animaux. — Formation des caractères des peuples. — Comment l'expérience crée l'habitude, et comment celle-ci finit par devenir héréditaire, c'est-à-dire un instinct, et constitue alors un caractère de race. — § 4. *La pédagogie actuelle.* — Opinion des professeurs sur la faible valeur des règles pédagogiques. — Ignorance générale de la psychologie de l'enfant. — Notre pédagogie n'a que l'empirisme pour base. — Possibilité de lui donner une base psychologique. — § 5. *L'instruction expérimentale.* — Tout enseignement doit

8111-7-10. — PARIS. — IMP. HEMMERLÉ ET Cⁱᵉ.

ERNEST FLAMMARION, ÉDITEUR, 26, RUE RACINE, PARIS

BIBLIOTHÈQUE

DE

PHILOSOPHIE SCIENTIFIQUE

Publiée sous la direction du Dr Gustave Le Bon

Collection in-18 jésus à 3 fr. 50 le volume

1re SÉRIE. — Sciences physiques et naturelles

BOINET (E.), *Professeur de Clinique médicale*. — **Les Doctrines médicales. — Leur Évolution.**

La nécessité d'une doctrine directrice s'impose à la médecine, qui est à la fois un art par ses applications et une science par ses moyens d'étude. Les doctrines médicales ont donc une portée pratique et théorique, et leur évolution marque les étapes de la médecine. — Un vol.

BONNIER (Gaston), *Membre de l'Institut, Professeur à la Sorbonne*. — **Le Monde végétal.**

Dans *Le Monde Végétal*, l'auteur, avant tout, expose les faits qui éclairent la philosophie des sciences naturelles; il y passe en revue la succession des idées que les savants ont émises sur les végétaux; il les commente et il les discute. — Un vol. illustré de 230 figures.

BOUTY (E.), *Professeur à la Faculté des Sciences*. — **La Vérité scientifique. — Sa Poursuite.**

Mettre en lumière les caractères généraux de la vérité scientifique, le rôle que jouent l'expérience et le raisonnement dans sa découverte; montrer l'unité réelle de l'effort sous la diversité indéfinie de ses formes, l'étroite solidarité des sciences considérées à la fois dans leur développement logique et historique, tel est l'objet essentiel de ce livre. — Un vol.

BRUNHES (Bernard), *Directeur de l'Observatoire du Puy de Dôme*. — **La Dégradation de l'Énergie.**

Quand le public cultivé parle de « conservation de l'énergie », il croit en général à la conservation de « l'énergie utilisable » ou de la « capacité de produire du travail ». Non content de dénoncer, une fois de plus, le contre-sens si usuel, l'auteur a voulu dans ce livre en rechercher les origines historiques et en expliquer la genèse. — Un vol. illustré.

COMBARIEU (Jules), *Chargé du Cours d'Histoire musicale au Collège de France.* — **La Musique.** — **Ses Lois et son Evolution.**

Dans ce travail, l'auteur ne s'est pas contenté d'exposer en langage très clair, avec exemples à l'appui, les *lois* de la musique : il les explique, en rattachant un état donné de l'art et de la théorie à l'état correspondant de la vie sociale. — Un vol. illustré.

DASTRE, *Professeur de Physiologie à la Sorbonne, Membre de l'Institut.* — **La Vie et la Mort.**

Ce livre traite des questions relatives à la Vie et à la Mort au point de vue de la philosophie et de la science. — Un vol.

DELAGE (Yves) et GOLDSMITH (M.). — **Les Théories de l'Evolution.**

Sur le principe de l'évolution, c'est-à-dire sur l'idée que les êtres animés descendent les uns des autres, on est à peu près d'accord. Mais sur le *modus agendi* de cette évolution, il est loin d'en être ainsi. Le lecteur curieux de ces questions trouvera dans ce livre un fil d'Ariane qui lui permettra de se retrouver dans le dédale des opinions contradictoires et de se faire une idée d'ensemble sur une question qui intéresse l'humanité entière en raison de ses applications aux théories sociologiques. — Un vol.

DEPÉRET (Charles), *Doyen de la Faculté des Sciences de Lyon.* — **Les Transformations du Monde animal.**

Ce livre est destiné à exposer ce que nous savons, actuellement, des lois qui ont présidé aux transformations du monde animal, depuis l'apparition de la vie sur le globe jusqu'à nos jours. — Un vol.

HÉRICOURT (Dr J.). — **Les Frontières de la Maladie.**

Les frontières de la maladie, ce sont toutes les maladies qui laissent aux patients les apparences de la santé, et qui, par cela même, sont abandonnées à leur libre évolution dans leur phase maniable par l'hygiène, jusqu'à leur transformation en états graves, contre lesquels la thérapeutique est alors le plus souvent impuissante. — Un vol.

— **L'Hygiène moderne.**

Sous une forme toute nouvelle, l'auteur présente aux lecteurs un ensemble d'idées générales capables de les guider avec sûreté pour la solution de tous les problèmes concernant la conservation et la protection de leur santé. — Un vol.

HOUSSAY (Frédéric), *Professeur de Zoologie à la Sorbonne.* — **Nature et Sciences naturelles.**

Ce nouveau livre, accessible à tous les esprits cultivés et réfléchis, a pour noyau la plus originale tentative pour montrer, dans l'édification de la science, la continuité de pensée depuis l'antiquité jusqu'à notre époque. — Un vol.

LAUNAY (L. de), *Professeur à l'École des Mines.* — **L'Histoire de la Terre**

Faire une *Histoire de la Terre*, qui soit, à proprement parler, une

Histoire, c'est-à-dire qui raconte simplement les faits du passé dans leur succession chronologique et qui ne devienne pas, pour cela, un roman, tel est le but difficile que s'est proposé M. De Launay. — Un vol.

— La Conquête minérale.

Le but de cet ouvrage est d'étudier le rôle industriel, économique, social et politique de la richesse minérale dans l'histoire, en indiquant l'évolution subie, dans son mode de découverte, d'extraction et d'application dans l'industrie. — Un vol.

LE BON (Dr Gustave). — L'Évolution de la Matière.

Cet ouvrage présente un intérêt scientifique et philosophique considérable. L'auteur y a développé les recherches nombreuses que sous ces titres : *La Lumière Noire*, *La Dématérialisation de la Matière*, etc., il a publié depuis plusieurs années. — Un vol. illustré de 63 gravures photographiées au laboratoire de l'auteur.

— L'Évolution des Forces.

Ce livre est consacré à développer les conséquences des principes exposés par Gustave Le Bon dans son ouvrage l'*Evolution de la Matière*, dont le 18e mille a paru récemment. — Un vol. illustré de 42 figures.

LE DANTEC (Félix), *Chargé de Cours à la Sorbonne.* — Les Influences Ancestrales.

L'auteur montre comment, de la seule notion de la continuité des lignées, on conclut sans peine aux principes de Lamarck et Darwin. Le premier livre de l'ouvrage est un véritable résumé de la biologie tout entière. — Un vol.

— La Lutte universelle.

Contrairement à Saint Augustin qui affirme que les corps de la nature se soutiennent réciproquement et « s'aiment en quelque sorte » M. Le Dantec prétend, dans ce nouveau livre, que l'existence même d'un corps quelconque est le résultat d'une lutte. — Un vol.

— Philosophie du XXe Siècle ★ DE L'HOMME A LA SCIENCE.

Les études biologiques de M. Le Dantec, ses efforts pour placer la vie au milieu des autres phénomènes naturels, devaient l'amener à écrire une œuvre de synthèse. — Un vol.

— ★★ SCIENCE ET CONSCIENCE.

Science et Conscience nous est donné par M. Le Dantec comme son dernier livre de Biologie. Son œuvre considérable ne saurait manquer d'avoir une grande influence sur la pensée moderne. — Un vol.

MARTEL (E.-A.). — L'Évolution souterraine.

Sous ce titre, l'auteur montre l'histoire souterraine de la planète c'est-à-dire l'évolution grandiose et continue de la Terre. — Un vol. illustré de 80 belles gravures.

OSTWALD (W.), *Professeur de Chimie à l'Université de Leipzig.* — L'Évolution d'une Science. — La Chimie, traduction du Docteur DUFOUR, *Professeur agrégé à la Faculté de Médecine de Nancy)*

Bien que l'*Évolution d'une Science* ne soit pas à proprement parler une histoire de la chimie, l'auteur a cherché à ne laisser de côté aucun point essentiel. Son livre est une pierre apportée à l'histoire de la chimie, et c'est aussi une contribution à l'histoire générale de la science. — Un vol.

PICARD (Émile), *Membre de l'Institut, Professeur à la Sorbonne.* — La Science moderne et son État actuel.

M. PICARD s'est proposé de donner, dans ce volume, une idée d'ensemble sur l'état des sciences mathématiques, physiques et naturelles dans les premières années du xxᵉ siècle. — Un vol.

POINCARÉ (H.), *de l'Académie Française.* — La Science et l'Hypothèse.

M. POINCARÉ a réuni sous ce titre les résultats de ses réflexions sur la logique des sciences mathématiques et physiques. — Un vol.

— La Valeur de la Science.

Cet ouvrage a pour but de rechercher quelle est la véritable valeur objective de la science. — Un vol.

— Science et Méthode.

M. POINCARÉ a réuni dans cet ouvrage diverses études se rapportant à des questions de méthodologie scientifique. — Un vol.

POINCARÉ (Lucien), *Inspecteur général de l'Instruction publique.* — La Physique moderne. — Son Évolution, Ouvrage couronné par l'Académie des Sciences.

L'auteur a pensé qu'il serait utile d'écrire un livre où, tout en évitant d'insister sur les détails techniques, il ferait connaître, d'une façon aussi précise que possible, les résultats si remarquables qui, depuis une dizaine d'années, sont venus enrichir le domaine de la physique et modifier profondément les idées des philosophes aussi bien que celles des savants. — Un vol.

— L'Électricité.

Dans ce volume, M. LUCIEN POINCARÉ étudie les modes de production et d'utilisation des courants électriques et les principales applications qui appartiennent au domaine de l'électrotechnique. — Un vol.

RENARD (Commandant Paul). — L'Aéronautique.

Ce volume embrasse l'aéronautique tout entière et bien qu'un tel sujet comporte nécessairement des parties abstraites, l'auteur a su exposer avec clarté les questions les plus arides sans rien sacrifier de la précision nécessaire et en se mettant à la portée de tous les lecteurs. — Un vol. illustré.

2ᵉ Série. — Psychologie et Histoire.

BINET (Alfred), *Directeur de Laboratoire à la Sorbonne.* — **Les Idées Modernes sur les Enfants.**

Depuis une trentaine d'années, en Allemagne, en Amérique, en Italie, en France, des médecins, des physiologistes et des psychologues ont cherché à introduire les méthodes scientifiques dans les choses de l'éducation. Voilà ce que l'auteur examine en toute impartialité. Son livre s'adresse aux pères de famille, aux éducateurs, aux hommes politiques et à tous ceux qui s'intéressent au problème de l'enfance. — Un vol.

— L'Ame et le Corps.

M. BINET a voulu montrer que les progrès récents de la psychologie expérimentale ont eu un retentissement sur les spéculations les plus hautes et les plus abstraites de la philosophie. — Un vol.

BIOTTOT (Colonel). — **Les Grands Inspirés devant la Science.** — JEANNE D'ARC.

Cette œuvre s'adresse également aux penseurs et aux simples curieux d'une explication scientifique de Jeanne d'Arc, l'héroïne du patriotisme. — Un vol.

BOHN (Georges). — **La Naissance de l'Intelligence.**

Ce volume est un exposé de l'état actuel des problèmes de la psychologie animale. — Un vol.

BOUTROUX (Émile), *Membre de l'Institut.* — **Science et Religion** DANS LA PHILOSOPHIE CONTEMPORAINE.

Étude critique des principales solutions que reçoit actuellement, parmi les hommes qui réfléchissent, le problème des rapports de la religion et de la science. — Un vol.

BRUYSSEL (Ernest van), *Consul général de Belgique.* — **La Vie Sociale.** — **Ses Évolutions.**

Ce livre expose dans son ensemble toute l'histoire de l'humanité. Il a pour but l'étude des idées sociales dès leur origine et à travers leurs évolutions, durant la succession des siècles. — Un vol.

CROISET (Alfred), *Membre de l'Institut, Doyen de la Faculté des Lettres de l'Université de Paris.* — **Les Démocraties Antiques.**

Faire connaître, par un exposé rapide, non seulement les traits saillants des institutions démocratiques de l'antiquité, mais aussi les grandes lignes de leur évolution et, autant que possible, les causes économiques, politiques, morales qui en ont réglé le développement ou déterminé le caractère, tel est l'objet du présent ouvrage. — Un vol.

CRUET (Jean), *Docteur en droit, Avocat à la Cour d'appel.*
— **La Vie du Droit ET L'IMPUISSANCE DES LOIS.**

Cet ouvrage examine s'il n'y a pas, contre le droit du législateur
et à côté de lui, un droit du juge et un droit des mœurs. Il convient
d'apporter au moule dans lequel doit être coulée la pensée législa-
tive, certaines retouches ou corrections. Le législateur ne doit
pas promettre ce qu'il ne saurait tenir. — Un vol.

DUBUFE (Guillaume). — La Valeur de l'Art.

Ce que représente l'art chez les divers peuples, les aspirations
dont il est la synthèse, les besoins qu'il traduit, les éléments qu'il
fournit à l'étude des civilisations, telles sont les questions abordées dans cet ouvrage.

JANET (D' Pierre), *Professeur de Psychologie au Collège de
France.* — **Les Névroses.**

Cet ouvrage présente un résumé rapide d'un grand nombre
d'études que l'auteur a publiées depuis vingt ans sur la plupart
des troubles névropathiques. — Un vol.

LE BON (D' Gustave). — Psychologie de l'Éducation.

Ce livre a été écrit pour tous les membres de l'enseignement,
et au moins autant pour les pères de famille, soucieux de l'avenir
de leurs fils. — Un vol.

LE DANTEC (Félix). — L'Athéisme.

Voici, nous dit l'auteur, un livre de bonne foi; et, réellement,
le ton de l'ouvrage est tel qu'on pourrait se demander, le plus
souvent, si l'on est en présence d'un plaidoyer pour l'athéisme ou
pour la nécessité d'une foi religieuse. — Un vol.

LICHTENBERGER (Henri), *Maître de Conférences à la Sorbonne.* — **L'Allemagne moderne. — Son Évolution.**

Dans cet ouvrage on a essayé de donner, en quatre livres,
un tableau sommaire de l'évolution économique, politique, intellectuelle, artistique de l'Allemagne moderne. — Un vol.

MACH (H.), *Professeur à l'Université de Vienne.* — **La Connaissance et l'Erreur,** traduction du D' DUFOUR, *Professeur à la Faculté de Nancy.*

M. MACH est un physicien dont la pensée a été fortement influen-
cée par la théorie de l'évolution. Selon lui, le but de la science est
de mettre de l'ordre dans les données sensibles, et de chercher avec
toute *l'économie de pensée* possible les relations de dépendance
qui existent entre nos sensations. — Un vol.

MAXWELL (G.), *Docteur en médecine, Substitut du Procu-
reur général près la Cour d'appel de Paris.* — **Le Crime
et la Société.**

M. MAXWELL expose dans cet ouvrage les idées actuelles sur la
nature et les causes de la criminalité qui lui paraît être un phénomène social normal. Il analyse l'acte criminel et son auteur dans

les différentes variétés; la responsabilité pénale, l'aliéné criminel, la classification des criminels, l'évolution contemporaine de la criminalité politique, sont ensuite étudiés. — Un vol.

NAUDEAU (Ludovic). — Le Japon moderne, son Évolution.

L'auteur, capturé sur le champ de bataille de Moukden, par les vainqueurs, et amené par eux au Japon s'y attarda plus d'un an, car il sentait le désir intense de pénétrer leur mentalité. Aussi doit-on lire cet ouvrage si l'on veut connaître le Japon. — Un vol.

PICARD (Edmond), *Avocat à la Cour de Cassation de Belgique.* **— Le Droit pur.**

Ce livre est en quelque sorte un « Testament juridique », le legs d'un opulent patrimoine intellectuel accumulé au cours de l'existence prolongée de lutte et de travail du célèbre avocat et professeur à l'Université Nouvelle de Bruxelles. — Un vol.

REY (Abel), *Professeur agrégé de Philosophie.* **— La Philosophie moderne.**

Dans ce livre, l'auteur renouvelle les vieilles questions philosophiques de la matière et de la vie, de l'esprit et de la raison, du vrai et du bien, et les résultats déjà obtenus. — Un vol.

DERNIERS VOLUMES PARUS

GUIGNEBERT (Charles), *Chargé du Cours d'Histoire ancienne du Christianisme à la Faculté des Lettres de Paris.* **— L'Évolution des Dogmes.**

Dans cet ouvrage, l'auteur s'est proposé d'établir que tout dogme naît, se développe, se transforme, vieillit et meurt, ainsi qu'il arrive à tous les organismes de la nature.

GENNEP (A. van), *Directeur de la « Revue des Études Ethnographiques ».* **— La Formation des Légendes.**

C'est à tous ceux qui s'intéressent aux problèmes de la production littéraire en général que s'adresse l'auteur dans ce livre original, bien documenté, agréable à lire et souvent amusant. — Un vol.

PIÉRON (Henri), *Maître de Conférences à l'Ecole des Hautes Etudes.* **— L'Évolution de la Mémoire.**

Sous quelles formes se présente la mémoire ?

Quels sont les aspects et les limites de la mémoire humaine, en quoi consistent ses troubles et quels peuvent être ses progrès ?

C'est à ces diverses questions que le lecteur trouvera en ce livre une réponse, basée sur l'ensemble des faits actuellement établis par la psychologie objective, humaine et comparée. — Un vol.

AVENEL (Vicomte Georges d'). — **Découvertes d'Histoire Sociale.**

L'idée maîtresse de ce livre est que les évolutions économiques, en bien ou en mal, ne dépendent pas des changements politiques ou sociaux. — Un vol.

JAMES (William), *Professeur à l'Université de Harvard, Membre associé de l'Institut.* — **La Philosophie de l'Expérience,** traduit par E. Le Brun et M. Paris.

D'après M. W. James, pour être un philosophe, il faut d'abord « une vision » portant sur « la nature intime du réel, » et ensuite une méthode par laquelle interpréter cette vision. — Un vol.

ROZ (Firmin). — **L'Énergie Américaine,** Évolution des États-Unis.

Ce livre essaie d'ordonner en une philosophie de leur histoire les études et les témoignages de toute sorte dont les Etats-Unis ont été l'objet depuis quelques années. — Un vol.

HANOTAUX (Gabriel), *de l'Académie Française.* — **La Démocratie et le Travail.**

Dans ce livre, d'un intérêt si actuel, M. Gabriel Hanotaux apporte sa solution de la question sociale, mais, c'est la plus simple, la plus naturelle, la plus unie, la plus conforme à la marche des choses : la solution par le travail. — Un vol.

PIRENNE (H.), *Professeur à l'Université de Gand.* — **Les Anciennes Démocraties des Pays-Bas.**

On verra dans ce livre comment furent résolus, jadis, des problèmes presque identiques à ceux qui s'agitent aujourd'hui. — Un vol.

CHARRIAUT (Henri), *Chargé de mission par le Gouvernement Français.* — **La Belgique Moderne,** Terre d'Expériences.

La plus haute leçon qui se dégage de la Belgique moderne est celle de la puissance de la volonté réfléchie et de la grandeur que peut atteindre un pays, si étroites que soient ses frontières, lorsque chaque citoyen constitue un foyer d'énergie. — Un vol.

LE BON (Gustave). — **La Psychologie Politique et la Défense Sociale.**

Sous ce titre, l'auteur de la Psychologie des foules fait voir que la plupart des grands mouvements populaires sont généralement une révolte de l'instinctif contre le rationnel. — Un vol.

MEUNIER (Stanislas), *Professeur au Muséum National d'Histoire Naturelle.* — **Les Convulsions de l'Écorce Terrestre.**

Tous les amateurs de sciences voudront connaître le dernier mot de la géologie quant à l'explication des tremblements de terre et des volcans, et apprécier le rôle de ces terribles phénomènes dans l'harmonie de la nature. — Un vol.

9 782013 358255